朱立群 著

从欧洲安全到中国外交

朱立群文集

社会科学文献出版社

SOCIAL SCIENCES ACADEMIC PRESS (CHINA)

朱立群
1958—2016

2007 年 6 月和应届博士毕业生

2005 年 6 月工作中

2011 年 11 月参加国内学术交流

2013 年 3 月参加
美国企业研究所
世界论坛年会

手稿一

囚徒困境：prisoner's dilemma

三、制度二功能

手稿二

代表人物：G. John Ikenberry 和 Daniel H. Deudney

① Security co-binding
② penetrated hegemony
③ Semi-Sovereignty
④ economic openness
⑤ Civic identity

参考书：Ikenberry 的《Structural Liberalism: The Nature and Sources of Postwar Western political order》

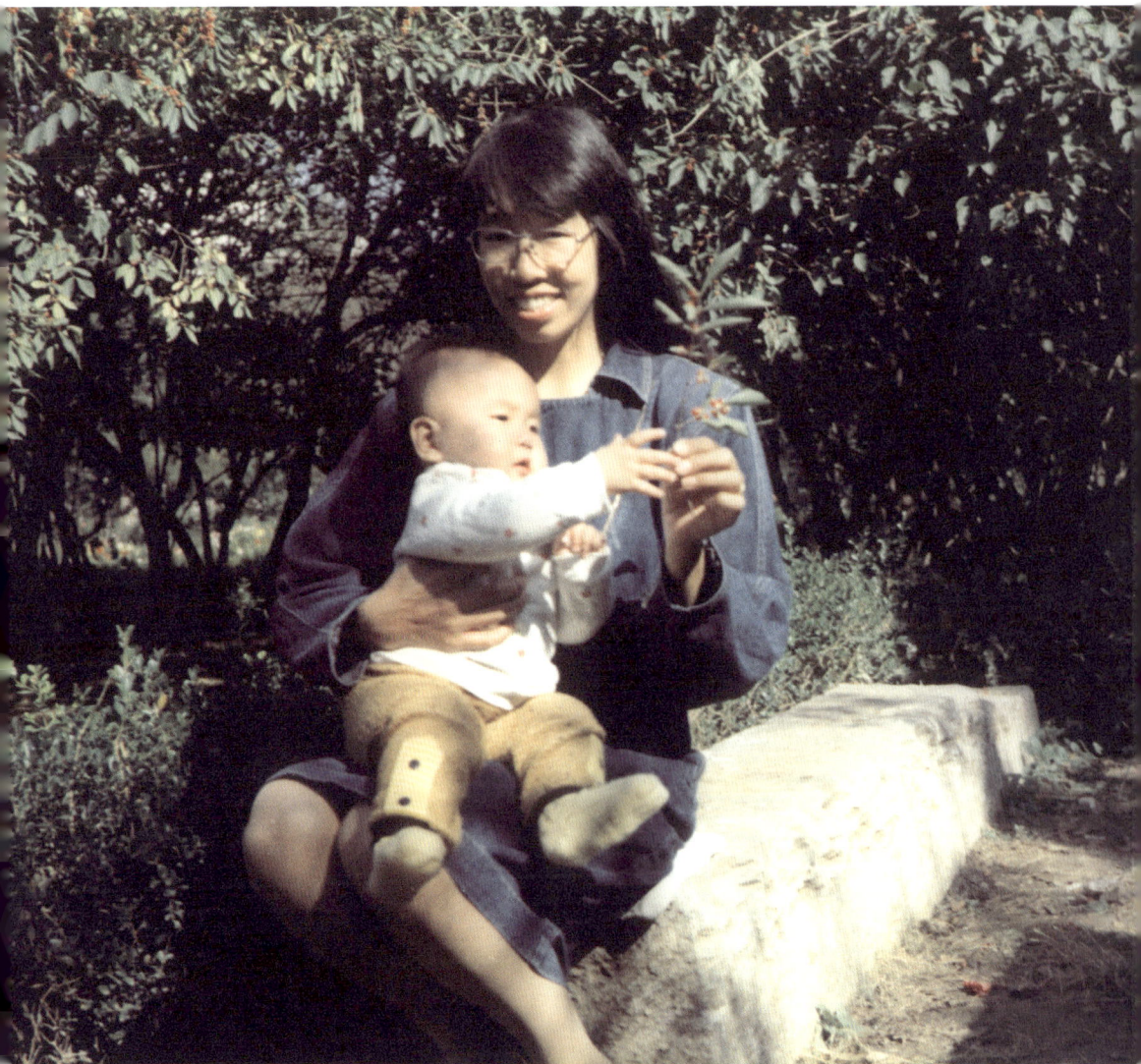

1990 年 5 月初为人母

目　录

纪念朱立群教授

秦亚青

朱立群教授离开我们一年了。她在外交学院工作了20多年，先后担任外交学院国际关系研究所所长、外交学院院长助理、副院长，中国国际关系学会秘书长，是国际关系专业博士生导师，教授过本科生、硕士生、博士生国际关系的课程。对于工作，她严肃认真，积极主动，既一丝不苟又富开创性，为学院的发展和国关学会活动的开展做出了重要贡献；对于学生，她倾其所有，言传身教，培养了一批优秀的博士生。如今她的文集即将出版，志瑞教授嘱我写一篇纪念文章。作为同事，追思以往，给我留下印象最深的是她对学问的认真、执着和勤奋。

学术的敏锐

朱立群教授在学术研究过程中表现出高度的学术敏锐。我认识她的时候，她的主要学术方向是欧洲研究，欧洲一体化和欧盟发展轨迹是她研究的重点。当时，她对国际关系理论已经表现出很浓的兴趣，因为我的主要学术兴趣是国际关系理论，所以她经常与我讨论理论方面的问题。在这些讨论中，我明显感觉到她在学术方面的敏锐和悟性。她曾说过，学术是需要理论支柱的，没有理论也就难成学科。她对欧盟的性质和地位、对欧洲一体化理论的研究是深入的，既敏锐地捕捉到国际关系地区研究理论的前沿，也表现出自己独到的见解，至今仍然是研究欧洲一体化的重要成果。

在后期研究中，朱立群教授转向了"实践理论"的探索。实践理论原本不是国际关系理论的研究内容。虽然布迪厄（Bourdieu）、塞尔（Searle）等学者对实践本体论和实践性知识的意义作过重要的阐释，社会学研究人员也系统讨论过实践的重要性，沙茨（Schatzki）等人在 2001 年出版的《当代理论的实践转向》（*The Practice Turn in Contemporary Theory*）一书中提出"实践转向"的概念，但国际关系学界是在 21 世纪开始之际才真正系统研究"实践"问题的。2008 年，加拿大学者文森特·普里奥（Vincent Pouliot）在《国际组织》杂志发表了《实践逻辑》的重要论文，标志着国际关系学界开始系统地讨论实践的意义。朱立群教授是国内国际关系学界很早关注实践理论的学者，记得在普里奥论文发表之后不久，她就和我讨论过实践理论的一些问题，比如实践在国家行为研究中的作用和在国际关系理论坐标中的定位，国际关系领域实践研究的可能走向，等等。2010 年，她和她的学生聂文娟博士共同发表的论文再次表现出她在学术研究方面的敏锐意识。后来，我们做的国家社科重大项目"中国积极参与国际体系变革进程研究"中实践理论这一子课题也是由她领衔的。

学问的求索

朱立群教授在追求学问的过程中表现出不断求索的韧性。她对自己研究的重要课题，往往首先提出一连串的问题。2007 年暑假，学院的几位同事一起去欧洲做一个研究对象为欧盟的项目。这一次的欧洲之行成为大家探讨问题的极好机会。当时使我感触最深的是她不断提出的问题。问题是学术研究的开始，能否提出有意义的问题是研究质量高低的一个重要评判标准，朱立群教授的问题总是激发思考的。至今仍然记得她当时反复提出的一个问题："欧盟仅仅是一个规范力量吗？"（Is the European Union a mere normative power?）

她的问题激发了许多讨论，她对问题的回答也表现出"唯真"的意识。当时欧洲的许多研究人员都将欧盟视为一个主要是在国际规范领域发挥作用的力量，欧盟对于国际体系的意义也主要表现在设定、践行和传播规范方面。但是朱立群教授认为这一观点是有偏颇的。欧盟在规范领域确实发挥了独特的作用，但在走访了诸多研究机构并综合考量欧盟之后，她认为欧盟是一个正在全面发展力量的世界行为体。回国不久，她拿了一篇论文的初稿给我看，里面综合了她对欧盟是一个什么样的力量这个问题的答案，以充分的论证表明欧盟作为综合性国际行为体的基本特征。不久之后，她的论文以《欧盟是个什么样的力量》为题发表在《世界经济与政治》杂志上。

学者的勤奋

朱立群教授是我见到的学者中极为勤奋的一位。她原本是学中国史的，后来转向国际关系研究，并对国际关系理论产生了浓厚的兴趣。应该说这是一个不小的转向，其中包含了极大的毅力和勤奋。

朱立群教授担任院领导之后，我们的办公室挨得很近。每天她都是很早就来到办公室，第一件事情就是打开电视观看英语的新闻频道。她告诉我，这样做一来是了解世界各地发生的事情，对国际关系学者来说这是不可或缺的，二来是练习英语，尤其是听力。她不是外语专业出身，但凭着这样一种勤奋的精神和高度的自律，学了英语并学好了英语。我们一起翻译过英文的国际关系著作，一起参加过很多国际会议，一起编纂过英文的论文集，她的英语交流能力和书写能力与日俱进。

还有一件事情在记忆中十分清晰。有一次，朱立群教授告诉我，她想去听我的国际关系理论课。不是听一次，而是完整地听一个学期。当时，她已是功成名就的教授，博士生导师、外交学院副院长，有家庭、有研究项目、有行政工作，但她的勤奋程度是出人意料的。她与其他博士生一起听课，一起讨论，一起写读书笔记。一个学期只有一次生病缺课。当时这门课不仅有大量的论文阅读，还有每周一次的读书笔记。朱立群教授不仅仔细研读每一篇布置的论文，而且每一次都写读书笔记，做得比许多博士生还要认真。这种精神着实令人感动。

朱立群教授因病过早地离开了我们。她是一个优秀的学者，孜孜不倦地追求学问。对于一个对学问如此执着的人，学界同仁是不会忘记的。

2017 年 11 月 17 日

求真与创新：朱立群的学术精神与思想境界

周启朋

朱立群教授是中国改革开放以来脱颖而出的新一代国际关系学者。她在几十年如一日的求索中奋然前行，取得骄人的学术成果，却不幸于2016年在事业渐入炉火纯青佳境之际英年早逝。我作为她的老师与多年的同事，不胜悲伤与惋惜。痛定思痛，觉得应该为她做一件事：认真回顾与总结她的学术成就、学术思想和学术境界，以此寄托我的哀思，表达我的敬意。

一

立群生前主持的科研项目以及主编和撰写的学术著作主要有：外交学院重点科研项目《冷战后国际关系》（1999）、《简明国际关系史（1945～2002）》（2003）；《欧洲安全组织与安全结构》（2002）；欧盟欧洲中心项目"欧盟——影响力日益扩大的国际行为体"的最终成果《国际体系与中欧关系》（2008）、《欧盟一体化理论》（译著）（2009）；北京市国际关系重点学

* 本文在写作中借鉴和采用了聂文娟、林民旺、贺刚提供的研究资料，且得到卢静、杨闯、陈志瑞的指正，特此致谢。

科建设项目《东亚地区合作与中美关系》(2006);北京市对外交流与外事管理研究基地项目《奥运会与北京国际化——规范社会化的视角》(2010)、《中国与国际体系:进程与实践》(2013);国家外专局"引进海外高层次文教专家重点支持计划",与美国佐治亚大学贸易与安全中心主任盖瑞·博驰教授合作《国际防扩散体系:中国与美国》(2011)、与意大利佛罗伦萨大学哲学系政治哲学教授富里奥·塞鲁蒂合作《全球治理:挑战与趋势》(2014)。

《冷战后国际关系》、《简明国际关系史(1945~2002)》是她主持和组织外交学院国际关系研究所的学者在国际关系史学科建设上领先的科研成果。前者将宏观的战略眼光与翔实可信的史实相结合,对雅尔塔体系的瓦解,冷战后一超多强的力量结构与多极化进程,邓小平的外交思想与中国外交战略调整进行了系统的阐述与分析。后者被列为北京市精品教材,贯穿全书的基本问题是20世纪国际关系的演化动力、主体角色的变迁、世界秩序的更替。该书以国际体系的变革为主线,论述了雅尔塔体制的内涵,冷战的根源与两极体系的结构,多极世界体系的出现,战后两极体系瓦解的动因与进程,并对冷战后作为国际体系演变重大标识的历史事件进行了梳理与解释。

专著《欧洲安全组织与安全结构》是她在博士论文基础上完成的。在此书中,立群着重探讨了北约、欧安组织、欧盟/西欧联盟这些冷战时期形成的安全组织在冷战后新的安全形势下所进行的内部调整和改造,尤其是职责和任务的重新确定,战略目标与手段的调整,以及这种调整给组织带来的变化,并从组织力量研究中揭示了各个安全组织在欧洲新安全结构中的地位和作用,新结构的控制机制、运行原则与方式。在此基础上,总结了冷战后欧洲安全结构的重要特征。在理论分析框架上,本书认为安全结构研究的重点是结构力量以及力量关系,控制形式形成的过程及其特点,尤其是实力强大的国家或国家集团建设系统结构过程中权力的应用、规范的制定及其政策和行为。因此,权力、规范和危机是影响冷战后欧洲安全结构形成的三个重要因素。就如何评估安全组织行为体的力量状况及其在结构中的位置，提出了组织的适应性、自主性、组织内部的协调性三个指标。

《国际体系与中欧关系》以国际体系的研究角度和社会本体论的研究立场，并采取一种面向未来的规范视角，论述了国际体系以及国际体系中的欧盟、中国和中欧关系模式，探讨了影响中欧关系发展的内在动力与外在环境，特别是影响中欧关系发展的美国因素和欧盟制度因素，并就中欧双边关系的若干具体领域如中欧经贸关系、人权问题、武器禁运问题、知识产权问题以及亚欧地区关系中的中欧关系，中欧关系的结构、互动模式与特征，进行了全面系统的分析。这项成果突破了以往研究方法的局限，拓宽了中欧研究的视野。

《中国与国际体系：进程与实践》是朱立群教授以中国外交实践为依据进行理论创新的探索。在前言中她指出，中国参与国际体系的本质是参与全球互动和集体决策，在全球治理中获取和维护中国的国家利益，促进国际社会的进步与发展，维护全球秩序。为解释中国与国际体系关系的历史性的深刻变化，她提出了一个新的以"参与实践"为核心概念的理论解释框架。她认为要将中国参与国际体系看成是一个连续不断的参与实践过程，这个参与实践不仅受到国际国内两个环境的影响，实践主体在参与实践的复杂互动中还不断学习、借鉴、创新，形成关于国际体系及其相互关系的新的认知，并通过各种实践活动获得国际体系的承认，形成新的身份。同时，中国在系统遵约和参与国际体系的实践中，通过反思和创新，在积极的沟通与合作中，创造影响和变革国际体系的时空条件，促进国际体系朝着更加公正、合理和有序的方向发展。由此，在"参与实践"与"身份重塑"和"秩序变革"之间建立起一个因果作用机制。

在以"参与实践"为核心概念的理论分析框架指导下，立群及其研究团队选择国际体系中的 11 个国际制度领域进行案例研究，系统讨论了中国参与世界贸易组织、国际货币基金组织和世界银行、G20、联合国及其专属机构的过程，梳理和分析了中国参与国际体系的现状、程度及其背后的核心动力，总结了中国 30 年参与国际体系的经验，发现规律并提出了政策性建议。通过研究，在总结中国自身经验的基础上创新理论，使国际关系理论具有更普遍的适用性和解释力，是她坚定不移的研究目标。

上述著作记载了朱立群教授在国际关系学科建设上的奋斗历程，体现了她从对国际关系史的历时性研究逐渐转向对国际关系体系与欧洲区域的系统研究，从一般的国际关系理论研究转向与中国外交实践相结合的理论创新的学术轨迹。

二

除了上述主要著作之外，朱立群教授还写作了 60 来篇学术论文及其他文章，表明她始终站在中国国际问题研究和国际关系学科建设的前沿，锐意进取，不断创新。文集精选的 14 篇论文，系统反映了她二十余年学术生涯的研究取向和研究成果，突出了她的问题意识和家国情怀。尤其是新世纪以来，她的学术造诣达到了新的水平。她将重点集中在欧洲研究、中国外交实践与国际关系理论等课题领域，并且始终把独立思考、立志创新的学术精神贯穿其中。

深化欧洲研究

朱立群教授在欧洲安全结构、北约改革、欧盟建设、中欧关系四个领域进行了长期的研究。文集中的几篇相关论文集中体现了她在深化欧洲研究的探索中对欧盟能力建设、中欧关系以及欧洲一体化理论研究的新视角、新思考。

《欧盟是个什么样的力量》关注欧盟的能力建设。总结起来有以下两点主要内容：一是欧盟防务能力的建设，二是欧盟塑造国际秩序的能力建设。立群在文中提出，正确认识国际体系的力量是建立国际稳定秩序的关键。欧盟是国际体系中几乎涉及所有领域的一个重要行为体。欧盟是一个正在发展全面力量的"世界行为体"，作为一个"次体系"的欧盟也是个复杂的行为体，在一体化中改造了权力政治关系的欧洲，它还是一个强大的变革力量，在从规范与合法性角度塑造全球秩序方面发挥着独特的作用和影响力。一个强大与和平的欧洲，是推动全球治理、实现国际体系稳定和进步的重要力量。

《中欧关系研究：三个重要的视角》是对方法论的思考与革新。论文提出中欧关系的研究应该从国际体系的角度、社会本体论的立场以及未来取向的规范三个重要的视角来看，从而全面揭示中欧关系的结构、进程特征与本质。朱立群强调国际体系是中欧互动的外部环境和影响变量，要从全球国际体系中的欧盟、欧洲次国际体系和欧盟各个成员国这样的一个三层体系理解中欧关系的复杂性与多面性，把握中欧关系的特性需要把握国际体系结构变化的特点和演变趋势。与此同时，她强调建构主义社会本体论研究立场的恰当性，指出了中欧关系发展模式呈现的一些新特点，中国与欧洲的互动实际上是一个多重复合互动的过程。深入中欧的互动进程，寻求探索彼此在不断互动中建构起来的具有主体间意义的社会关系和互动模式，对于了解中欧关系现状、预测未来走向十分重要。中欧关系的发展还需要一种面向未来的战略思维，中欧关系研究需要未来取向的研究定位。双方应塑造更多的共识，不断扩大共同利益，增强中欧关系的韧性，促使中欧全面战略伙伴关系在保持稳定的基础上良性发展。她还进一步分析了中欧关系未来发展的体系和国内政治因素，以及中欧关系发展的动力。

《欧洲一体化理论：研究问题、路径与特点》一文是对英国学者安特耶·维纳和德国学者托马斯·迪兹主编的《欧洲一体化理论》的述评。她强调注重理论研究是我们总结和反思欧洲实践经验的最佳方式之一。她从一体化发展的动力问题（国际关系的研究路径）、欧盟政治体系及其治理方式问题（比较政治学研究路径）以及欧盟政治秩序及其走向问题（规范分析路径）三个方面，概括了欧洲一体化理论的发展轨迹，进而归纳欧洲一体化理论的特点，指出欧洲一体化理论具有非常强的实践性，理论研究与政治实践关联紧密。但是不同的理论具有不同的解释力，并不存在一个关于欧洲一体化的宏理论，也并不存在一个独特的欧洲一体化理论研究方法。欧洲一体化理论是在不断地争鸣与融合中向前发展的。

在诸多的一体化理论中，她尤其关注的是建构主义视角下的欧洲研究，她指出欧洲一体化理论的核心问题是欧洲一体化的发展动力问题。欧盟最终要向何处去？要建立一个什么样的政体？将边界扩展到何方？欧盟的合法性从何而来？通过何种路径建构欧洲政治秩序？所有这些问题既是经验层面的，也是规范性问题，主要与欧盟治理的合法性相关，包括欧盟的民主政治、公民身份与公民权利、共同价值体系以及欧洲认同等问题。因此，欧洲一体化理论自 20 世纪 90 年代进入了"建构欧盟"阶段。建构主义强调能动者与结构的相互构成，更加关注欧洲化对成员国及其国内政策、政治和整体的影响。在行为体的行动逻辑方面，强调规范指导的行为，认为共有规范与理解界定了游戏的基本规则。进而，如果我们想理解并解释社会行为，就需要严肃地考虑文字、语言和沟通言辞。通过话语实践，能动者能够理解世界并且给他们的行动赋予意义，也使我们可以更加缜密地考察欧洲和欧盟是如何通过话语建构起来的，以及行为体如何努力把握欧洲一体化的意义。

中国外交实践课题探索

2007 年以来，作为北京市设在外交学院的"北京对外交流与外事管理基地"首席专家，以基地为依托，以中国外交以及中国与国际体系的关系为基地重点建设方向，朱立群不仅组织了一系列国际学术会议与交流，而且确立了理论创新与中国外交实践结合的研究取向。这一时期她相继发表的论文有《观念转变、领导能力与中国外交的变化》、《中国国际观念的变化与巩固：动力与趋势》、《中国与国际体系：双向社会化的实践逻辑》、《中国参与国际体系的实践解释模式》、《中国参与国际体系的评估指标及相关分析》、《从结构—施动者角度看实践施动——兼论中国参与国际体系的能动性问题》、《奥运会与北京国际化：理解中国与国际体系的互动》和《外交环境变化与中国外交能力建设》等。

在这些研究中，她主要回答的具体问题包括：中国融入国际体系的动因，中国融入国际体系的程度，中国继续融入国际体系的进程以及在融入体系的进程中，中国与国际体系是如何相互影响变化的。

她首先关注的是观念的转变在中国融入世界中的重要作用。同时，她很强调的一个因素是领导人的领导能力。在这一点上，事实上她将自己的研究和很多主流研究区分开来，既重视国际体系结构因素的影响，也并不忽视领导人的能动性，亦即遵循她所提出的"实践逻辑"。在研究方法上，她将定量和定性方法相结合，比如《中国国际观念的变化与巩固：动力与趋势》一文主要是定性分析中国国际观念的变化，而《中国参与国际体系的评估指标及相关分析》一文就主要依赖定量的方法进行研究。

在《中国国际观念的变化与巩固：动力与趋势》一文中，她提出国际观念是一个国家作为集体所持有的世界观，是关于国家在国际社会中实现自身利益有效手段的信念。它包括对国际社会性质的判断，对自我与国际社会关系的认定，以及与外部世界打交道的方法选择。30 年来，中国的国际观念发生了革命性的变化。这种变化的主导方向是融入主义的，即与国际社会主导规范接轨。论文采取文本分析的方法，从中归纳出中国国际观念演变的历程，指出中国"从现有国际秩序的批判者、打碎者、边缘者到有保留的认同者、建设性的融入者，并开始摆脱边缘化成为有重要影响者"。这种变化体现在：对时代主题的判断由"战争与革命"转向"和平与发展"，中国的国际观念由推进"世界革命"转向建设"和谐世界"；对国际社会性质的判断，从帝国主义和战争的时代转变为和平、发展与合作的时代；对自我与国际社会关系的认定，从强调独立自主、自力更生到强调相互依存中的独立自主和互利共赢；与外部世界打交道的方式，从革命、反抗到和平发展、建设和谐世界。

立群认为延续新的国际观念至少需要三种推动力量。一是利益驱动，二是社会驱动，三是领导驱动。其中，社会领导力量引领观念变化，主导社会变革，推动社会前进。领导驱动的内在动力在于执政地位的合法性需求。立群预言，随着综合国力的进一步提升，中国国际观念的演变会进入一个新的阶段。一方面，中国的发展将进入一个在观念和认同方面全面融入国际社会的阶段;另一方面,中国又将更多地展现自身思维和文化传统,以自己的方式影响世界。中国国际观念的整体论、变化论和关系论具有明显的进化式建构主义特征,它有可能提供一条修正当今自由主义取向国际制度弊端的合理路径。这项研究问题本身体现出她在学术上的前瞻性和政策上的敏感性。

《中国参与国际体系的评估指标及相关分析》关注中国参与国际体系的程度。该文认为,国际体系至少应该包括三方面的基本内涵:首先,国际关系行为体之间的联系和互动;其次,国际体系具有规范性,共同理解和预期构成了国际体系的规范结构;最后,国际体系是历史的产物,是在社会建构中不断演进的。中国参与国际体系的本质是参与全球互动和集体决策,在全球治理中获取和维护中国的国家利益,促进国际社会的进步和发展,维护全球秩序。全球市场体系、全球管理体系和全球公民社会是国际体系的三个组成部分,以这三个维度作为考察中国参与国际体系程度和范围的指标,并依此分析当前中国参与国际体系的程度以及特点,是这篇文章的主旨。

论文从回顾中国参与国际体系30年的历程出发,对中国参与国际体系的总体特征进行了归纳。第一,中国融入国际体系在规模上呈现全方位、多层次、宽领域、加速度的态势。从整体上看,中国参与了全球市场体系、全球管理体系和全球公民社会,其影响力与日俱增。外部世界越来越多地关注中国如何影响国际体系,以及应该如何应对中国对国际体系的影响。第二,中国参与国际体系在不同领域程度不同,发展不平衡。中国在全球市场体系中卷入最深,作用不断增大,影响力不断加强。在全球管理体系中,中国参与国际组织的数目不断增多,参与度较高。不仅如此,中国在国际制度的遵约方面也得到了积极正面的评价,尽管国际规范的内部社会化程度还有广阔空间,但是,在全球管理体系的决策权和议程控制能力方面还有待进一步提高。在全球公民社会中,尽管我国公民社会呈快速发展势头,但参与国际公民社会的能力,特别是影响力是有限的。第三,中国参与国际体系进程将会持续,融入国际体系与中国的改革开放是同步的,中国与国际体系关系的进一步发展,必将一步步深入中国的社会领域，进而导致文化和价值观层面的深层接触与碰撞。中国的社会层面如何与国际体系对接，或者中国如何从社会层面融入国际体系，是中国面临的一个巨大挑战。

朱立群生前发表的最后一篇论文《外交环境变化与中国外交能力建设》是她将多年的理论思考与中国外交实践结合的新的尝试。

她首先分析了当前中国外交运行环境的变化特点，其主要表现为内外事务的纠缠性、外交事权的分散化和外交运行的透明化。在新的环境下中国外交面临能力建设上的新挑战，主要体现在策略能力、协调能力和观念能力三个方面。这些挑战来自中国需要面对作为世界第二大经济体的国际责任与作为发展中国家的国内责任之间的平衡问题，也是中国政府全面提升执政能力建设的一个重要组成部分。

策略能力建设主要是指如何灵活娴熟地运用自身实力以及如何提升执行力等问题。外交是实践性突出的领域，"如何说"与"如何做"都十分重要。协调能力需要事权统一和功能界定清晰的制度安排作为基础。它还需要通过行政建制的调整来突出事务领域的优先次序，最终目的都是为了提升外交运行的效率。除此之外，中国外交还面临一个上下协调的大问题，表明中国外交工作的对象正呈现多元格局，面临妥善推动社会层面与国际对接的新形势。外交能力建设的挑战还来自观念方面，它是指在清晰界定国家利益的同时，外交的背后还需要明确的规范原则以及与国内核心价值一致的追求。

立群在文章中对于加强外交能力建设的认识问题予以特别关注，强调重新认识国际体系的结构特征，重视能动性，主动塑造战略机遇期；重新认识过程和过程管理的概念，将管理大国关系的互动过程作为新型大国关系建设的核心；重新认识功能主义，妥善处理好资源、能力和手段三者之间的关系。这其中有关重视能动性、主动塑造战略机遇期以及管控在大国关系建设中的重要性的主张最富有创见。

在加强对策略的研究上，她建议要处理好资源、能力和手段三者之间的关系。资源构成对外政策的"基础力量"。要使其达到可运用的手段层面，就必须将其转化为能力，也就是转化成可运用的手段以实现自身的目标。任何特定的手段都有它独特的从决策到结果的行动过程，因此能力实际上是在行动过程中向外投射的影响力。加强外交能力建设，不仅要明确我们所拥有的资源，还要研究如何运用各类手段，特别是研究结合特定行动过程巧妙运用手段的各种策略。

国际关系的实践理论创新

进入 21 世纪以来，随着中国实力的不断增长，中国与国际社会的关系成为国内外学者关注的重大课题。针对现有的对中国行为和意象的悲观论调，朱立群认为这种思维模式来自近几十年既有的国际关系理论的推论。若要改变这种状况，关键在于中国特色的国际关系理论的突破。当原有的国际关系理论范式被打破，新的思维模式建立，我们才可能理解并重构一种新的国家间行为模式。《国际关系理论研究的"实践转向"》（2010）、《社会结构的实践演变模式》（2012）以及《从结构—施动者角度看实践施动》（2013）这三篇论文，体现了朱立群所做的国际关系实践理论探索，恰似三部曲：以实践本体论打破结构主义的禁锢；在实践理论框架下重新阐释中国与国际体系的互动；在实践理论框架下为中国参与国际体系发挥能动性留下学理空间。

朱立群认为，现有理论都是一种结构理论，具有结构主义本身的局限性。首先，结构主义的静态观。结构主义强调结构功能的共时性，却忽视自身生成演变的历时性，是一种静态的理论。其次，结构主义的二元对立观。结构主义在国际关系领域则体现为微观与宏观、个体与社会、体系与单元、结构与施动者等二元对立。无论是结构还是施动者，都不可能先于另一方而存在，也不可能独立于另一方而存在。而实际上，社会结构既是人类行动的结果，又是人类行动的中介。社会活动的行为体既得益于历史所提供的道路和制度，同时也为这些道路和制度所制约。最后，结构主义的宿命论。在结构主义的功能论中，行为体被同质化，行为体不同的能力意图被祛除，而结构"只包含有复制的逻辑，却缺乏演变的逻辑"，因此行为体的能动性、创新性等一些变化的事物是无法从结构这一不变的事物那里得到解释的。

朱立群认为，目前中国面临的历史性问题恰恰是一场关于结构和施动者的理论论战，中国参与国际体系本质上是一个关于施动者如何发挥能动性的问题，尤其是要解决如何突破结构主义的宿命论难题，诸如现实主义的"修昔底德陷阱"和"大国政治的悲剧"。对此，朱立群所倡导的实践理论包括三个要素：第一，确定实践的本体论地位；第二，强调以实践进程代替结构；第三，强调以实践策略来代替所谓结构决定的"铁律"。

《国际关系理论研究的"实践转向"》要旨在于确定实践的本体论地位，明确提倡国际关系理论研究的"实践转向"。实践的本体论强调社会生活在本质上是实践的，强调人的实践活动产生了社会意义和包括规范、观念、文化等在内的社会因素。因而，是实践决定了人的社会存在以及社会生活的本质特征。

实践理论将使国际关系学者从关注静态转向关注动态，从关注结果转向关注过程，从关注社会事实到关注介入与操作，从关注如何"想—知"到关注如何"做—知"，从而将个体与社会、主观与客观、物质与精神、结构/进程与行为体等主观建构的二元对立统一于实践的进程中，以实践的逻辑代替理性的逻辑，还"事物的逻辑"于事物本身。

《社会结构的实践演变模式》在很大程度上是对国际关系理论研究中三大结构主义功能理论的一种扬弃，明确以实践进程代替结构，宣称结构主义的结构时刻处于一种动态的进程之中。结构并不是什么"外在之物"，它内在于人的活动，具体体现在各种社会实践中。

实践理论强调结构包含了自身生成、维持与变革的生命周期。因此，结构本质上处于一种动态的进程之中，以一种社会承认的形式体现在实践活动中，只有通过这种不断重复的体现，结构才得以存在。在此，一方面，实践理论提出实践惯习构成了结构生成和维持的主要机制。行为体的实践惯习不是一种简单的机械重复以及毫无意义的社会行为，相反它体现了一种对特定时空情境下社会结构的认同、认可或主观的调适反应，正是这种惯习行为表象和再造了社会结构，具有促结构化的特征，正是这种促结构化的功能维护了社会结构的相对稳定性。另一方面，实践理论提出危机构成了社会实践中推动结构变化的发生机制。社会结构的重大变革来自实践活动中日常惯例（routines）和危机（crisis）之间的互动。危机事件的特征在于它所带来的不确定性，从而促使行为体改变日常实践，推动社会结构的变革。回顾历史，国际关系重大创新性规则规范的建立都与重大危机性事件联系在一起。

《从结构—施动者角度看实践施动》深入分析了施动者的施动性问题，这篇文章最终完成了她研究视角的转变，也就是从传统研究的从结构到施动者"由上而下"的视角，转向一个从施动者到结构的"由下而上"的视角，以实践策略代替结构决定。在她的实践理论框架中，施动性不仅是指施动者具有按照结构命令行事的能力，更重要的是指它具有"换一种方式行事"的能力，也就是介入、干预这个世界的能力，或是摆脱这种介入和干预、影响事件的特定过程或事态效果的能力。

在此，实践理论特别强调行为体的策略类型纷繁复杂，具有无限的开放性。实践活动生成各种情景，催生和引导各种策略选择。策略既不受制于"工具理性"的逻辑，也不囿于"价值规范"的束缚，它受到实践逻辑的支配。随着中国综合国力不断提升，介入国际体系的程度不断加深，如何发挥能动性参与塑造国际体系，是今后一个时期中国面临的新的重大挑战。对此，突破结构主义的框架，使施动者归来，是中国特色大国外交理论建设的必经之路，而朱立群教授的实践理论对施动者能动性的内涵与作用方式的认识和理解，在一定程度上提供了一种可供分析使用的概念框架。

三

综上所述，朱立群以锲而不舍的探索精神在欧洲研究、中国外交实践分析以及国际关系理论创新三方面的研究站在了学科发展的前沿，达到求真务实、推陈出新的学术境界。

境界既是一种修为与感悟，更是一种创新程度与水平。扎实的历史功底和宽博的理论修养，使立群的学术境界具有开阔的视野和宏大的气魄，在历史研究与理论研究结合上有所作为。而知难而上的研究激情与使命感，立足中国外交实践的理论创新更是难能可贵。尽管这只是新的起点，尚需在理论规范与实证分析完善和充实的探索中继续前行。

立群之所以能有这样的建树，首先有赖于中国改革开放的时代为国际关系学科的发展提供了机遇与挑战，为一代研究者开辟了广阔的研究空间。作为一个青年学者，在这样的时代是幸运的。立群毕业于南开大学历史系，此后又在外交学院攻读硕士、博士学位，系统的专业训练培养了她独立思考和研究设计的能力。在其职业生涯中有幸前往爱尔兰利默里克大学欧洲中心、德国曼海姆大学、美国乔治·华盛顿大学国际事务学院等交流访学，得以了解国际领先的学科发展和理论研究动向，与国际知名学者交流探讨，认识自身在知识结构、理论思维和方法论上的不足，更坚定了"路漫漫其修远兮，吾将上下而求索"的进取心。

立群的成长也得益于外交学院国际关系研究的学术团队，这个群体保持和延续了几代人的传统：国际关系历史、理论与政策的结合；国际关系研究与中国外交现实需求的结合；学有专长，与时俱进。在这样的学术环境中，共同的研究取向和彼此的切磋与激励形成团队的合力。立群身在其中，既得到师承的素养，又将新领域新问题作为持续发展的目标。

在一个功利和浮躁的社会环境中，保持学术探求的真诚实属不易。不少学者在取得一定的成就之后，往往会出现某种停滞或瓶颈，他们或囿于以往的研究路径和惯性思维，或忙于各种社会角色从而难以突破自我。立群的勇气在于从不满足已有成绩，不断挑战自我，放眼中国外交实践的需求，追求创新。这恰恰是在她生命最后 10 年勇于拼搏奋斗的动力所在。

立群已离我们而去，但她用智慧和生命为我们留下的宝贵的学术资产和创新精神，理当受到珍惜，用以激励和启迪后继者攀登学术高峰。

2017 年 11 月 29 日

北约、欧盟"双扩"与欧洲新安全结构

  自 2001 年以来，随着北约、欧盟新一轮东扩的即将启动，欧洲一直成为国际社会关注的焦点之一。2001 年 2 月 26 日，《尼斯条约》正式签署，条约不仅确定了开始接纳中东欧新成员国的起始时间为 2004 年，而且还就 2004 年后理事会内各成员国包括申请国的表决权安排，以及自下一届起直到东扩完成前的委员会构成问题达成了协议。这为欧盟第五轮东扩，也即冷战后第二轮扩大奠定了基础。2002 年以来，北约与俄罗斯新关系的确立更是吸引了世人的目光。北约成员国对俄罗斯的"19 + 1"机制被北约和俄罗斯"20 机制"所取代，俄罗斯在反恐、防扩散、战区导弹防御、军事改革和科技合作等领域享有与北约其他 19 个正式成员国一样的磋商与决策权。北约与俄罗斯关系的重大改善为冷战后北约第二轮东扩扫清了道路。11 月份北约布拉格首脑会议极有可能接纳波罗的海三国和斯洛伐克、斯洛文尼亚入伙，甚至还有可能接纳罗马尼亚和保加利亚。欧盟、北约不仅东扩势头强劲，它们各自的对东南欧、地中海政策和对高加索政策等，都表现出了较强的整合欧洲大陆和周边地区的能力。欧洲地缘政治版图正在北约和欧盟的主导下发生深刻变化，欧洲复合中心圆结构经过冷战结束后十年的打造已经形成，这一新结构对欧亚大陆、对俄罗斯等国，甚至对整个国际关系都正在产生深远影响。

---

  * 原文载于《国际问题研究》2002 年第 6 期。

一　"双扩"　与欧洲新安全结构

毫无疑问，从整体上说，欧盟、北约"双扩"是西方国家挟冷战胜利之势扩张势力范围。这种扩张呈现出一种全方位的态势，不仅是力量的扩张，还表现为制度的扩张，可称为软、硬两种权力的扩张。从某种程度上说，欧盟代表的主要是制度性权力，其东扩是一种软权力的扩张；而北约作为重要的军事联盟组织，其东扩是一种军事权力的扩张，即硬权力的扩张。

北约和欧盟的双双东扩，给欧洲地缘政治带来了深刻变化，使冷战后的欧洲安全结构形成了一种前所未有的复合中心圆结构（comprehensive centric circles）。也就是说，在安全结构上，欧洲出现了以北约和欧盟为核心的两个中心圆。以北约为核心的是硬安全力量中心圆，以欧盟为核心的是软安全力量中心圆。复合中心的核心不仅力量强大，而且对周边构成强大的引力，周边力量受核心的吸引不断地被纳入中心圈。中心圆并不是封闭的，而是具有开放性和扩张性的特征，其对外开放和扩张的程度取决于核心力量的战略考虑。

在欧洲历史上，复合中心圆结构是第一次出现。它完全不同于欧洲以往的均势结构和两极结构，表现出如下一些重要特征。

（一）两个力量中心圆交叠而不重合

冷战后欧洲的复合中心圆主要是北约中心圆和欧盟中心圆。北约中心圆以北大西洋联盟为中心向外扩展，外围国家包括申请加入北约的国家[①]、参加北约和平伙伴关系计划（PfP）的国家[②]、欧洲—北大西洋伙伴关系委

[①]　申请加入北约的国家有阿尔巴尼亚、罗马尼亚、保加利亚、斯洛伐克、爱沙尼亚、斯洛文尼亚、拉脱维亚、马其顿、立陶宛。

[②]　参加北约和平伙伴关系计划的国家有爱尔兰、阿尔巴尼亚、瑞典、保加利亚、芬兰、爱沙尼亚、奥地利、拉脱维亚、瑞士、立陶宛、土库曼斯坦、罗马尼亚、吉尔吉斯斯坦、斯洛伐克、亚美尼亚、斯洛文尼亚、哈萨克斯坦、马其顿、克罗地亚、乌克兰、白俄罗斯、俄罗斯、乌兹别克斯坦、摩尔多瓦、格鲁吉亚、阿塞拜疆。资料来源：Department of Defense, US, "Strengthening Transatlantic Security: A U. S. Strategy for the 21st Century", Dec. 2000。

员会的国家①，甚至还包括北约东南欧政策和地中海政策涉及的国家，其涵盖的范围除了欧洲大西洋地区外，远及地中海和中亚地区。欧盟中心圆以拥有15个成员国的欧盟为中心，扩展到正在进行入盟谈判和申请加入欧盟的中东欧等国家②，还包括欧盟安全政策所涉及的前苏联地区国家（NIC）和欧盟地中海周边伙伴关系国家。这个中心所涵盖的范围也相当广泛，涉及欧、亚、非三大洲的国家。北约中心圆和欧盟中心圆相互交叠但并不完全重合。相互交叠主要是因为两个中心圆内的国家大多数具备双重身份，既是北约成员国，又是欧盟成员国，或者有的既要求加入北约，又要求加入欧洲联盟。例如，除爱尔兰、奥地利、瑞典和芬兰四国外，其余的欧盟成员国都是北约成员国；在15个希望加入欧盟的国家中，除塞浦路斯和马耳他外，绝大多数国家已经加入和正在申请加入北约。从其成员国往往具备双重身份的情况看，两个中心圆的相互交叠达到了相当高的程度。

两个中心圆所担负的安全职责不尽相同。由于北约是一个军事政治联盟组织，因而北约中心圆在欧洲安全结构中所扮演的角色主要是以军事安全为主。它为盟国提供集体防御，通过伙伴关系等合作手段与中心外围国家建立军事政治联系，凸显其军事职能。欧盟中心圆则因欧盟主要表现为经济联盟以及它的安全与防务政策还在建设之中，其作为安全中心的功能更多的是从"软安全"角度体现出来。从作为保障安全的最终手段仍然是军事手段的角度说，北约力量中心是两个力量中心中居主导地位的力量，占据结构的核心。但是承认这一点并不应否认欧盟的软安全作用，特别是它作为经济、政治和安全共同体为欧洲提供的类似"安全岛"的作用，是北约力量中心所不能取代的。

---

① 欧洲—大西洋伙伴关系委员会成员同上各国，再加上塔吉克斯坦。

② 目前申请加入欧盟的国家有马耳他、塞浦路斯、波兰、捷克、匈牙利、阿尔巴尼亚、土耳其、拉脱维亚、立陶宛、爱沙尼亚、马其顿、斯洛文尼亚、斯洛伐克、保加利亚。

（二）等级有序，内外有别

复合中心圆结构还意味着从中心到外缘的等级分别或内外有别。中心地区是一组承诺生死与共的国家或国家联盟，它们之间制定有集体防御条约，如北大西洋公约、布鲁塞尔条约，根据这些条约组建的北约和欧洲联盟明确规定了集体防御条款。即使在冷战结束后的 20 世纪 90 年代，在没有任何大规模武装侵略威胁的情况下，仍没有任何一个国家表示要放弃集体防御条款，而是依然将集体防御看成联盟的任务之一。盟国之间不仅形成了相互之间不以战争和武力相威胁的安全共同体，而且它们还是一组利益共享范围广泛的国家，在推进民主与保护人权方面、在共享经济繁荣方面、在共同对付 21 世纪安全挑战方面享有广泛的共同利益。[①] 它们不仅具有建立在西方自由、民主、人权等基本相同的价值观和意识形态基础上的政治经济体制，而且其富裕程度和福利水准远远高出其他地区，形成了一种独特的"集体利益"。美国前国防部长威廉·佩里在谈论北约军事战略改革时说，冷战结束后，"北约成员国面临的头等威胁不再是对它们集体领土可能的侵犯，而是对于它们集体利益的威胁，这些利益涉及的范围有时超出了北约的边界"[②]。正是出于保护这一独特阶层的利益和特权，它们将集体防御看作保护其生命和财产安全以及生活方式的重要手段。而且，这种集体防御的保护伞并不轻易向外提供，圈外国家必须具备中心国家认可的资格才可能被接受。因此，集体防御圈实际上可以看作中心圆的内核所在。

从欧盟的角度说，软安全力量中心正在建设一种"锚地式"的欧洲，欧盟在"锚地"内部越来越放开国家边界和对人民的控制，但是对圈外的防范则越来越严格。这一点可以从申根协定、欧盟难民政策和移民政策中

---

① Department of Defense, US, "Strengthening Transatlantic Security: A U. S. Strategy for the 21st Century", Dec. 2000, Chapter 1: America's Vital Interests in Europe.

② Ashton B. Carter and William J. Perry, *Preventive Defense—A New Security Strategy for America*, Washington DC: The Brookings Institution Press, 1999, p. 56.

表现出来。申根协定允许条约成员国在人员流动方面享受越来越大的自由，但是对申根协定以外的国家尤其是对非欧盟成员国的人员流动和移民等的控制则愈益严格。

从某种程度上说，核心国家是将外围国家看成了某种防范的对象，是不确定性和不稳定因素的来源。① 怎样将这些外围国家纳入有利于核心国家安全的欧洲安全结构中，特别是维护结构的稳定和长久，核心国家有战略上的考虑。对于达到要求的国家，欧盟和北约将接纳它们进入核心圈。对于暂时未达到要求的国家，先在"伙伴关系"名义下暂居"候车室"。对于没有加入"伙伴关系计划"的国家或具有特殊意义的地区，则采取单独的政策，如北约的"东南欧计划"和高加索地区合作前景特设工作小组等。其总的目标是不允许其他力量中心和组织染指主导地位。扩大的方式、速度、条件当然由核心国家说了算，也就是说核心国家控制着核心组织扩大的主导权。

（三）开放性与边缘模糊相结合

冷战后，欧洲安全结构明显呈现出扩张与开放性特征，北约东扩和欧盟东扩正是这种扩张性的表现。复合中心圆以核心组织为中心逐渐向外延伸，使之形成了一个又一个大小不等的同心圆。如以北约为中心，向外延伸到和平伙伴国家为一大圆，再到欧安组织成员国形成更大的圆。以欧盟为核心向外扩展到正在举行入盟谈判的国家为一个大圆，再到所有申请加入的 15 国为一囊括 30 个国家的大同心圆，如再扩展到包括地中海伙伴国家，则同心圆更大。核心国家维护结构的等级特征或内外有别，但并不意味着它们试图建立一个封闭的"堡垒"，而是在严加防范的同时，采取多种形式延伸安全地带，并通过种种制度化和组织化的建设将周边国家全部

---

① 关于这一点可见北约 1991 年和 1999 年两个战略概念文件："The Alliance's New Strategic Concept", Rome, Nov. 1991; "The Alliance's Strategic Concept", Washington, 24 April 1999。http: / www. nato. int/docu。

纳入结构之中，使它们成为结构中按规则运转的单元。

（四）多边主义与制度化控制形式

冷战后，欧洲安全结构的控制形式主要是一种多边主义的形式。首先，力量控制中心就是两个多边组织。其次，力量中心对边缘的控制主要采取的是一种制度化的多边合作形式。对结构内的反叛力量或者危机处理，也主要以多边力量的组合予以打击。北约和欧盟都是拥有众多成员国的多边组织，其决策过程为多边磋商的集体决策，而非单个霸权国家的独断专行。它们内部拥有复杂的多边磋商网络，集体决策过程虽不能否认大国权力和威望的重要影响，但是由于拥有较为健全的组织制度，其他成员国的意见能够得到反映，决策往往是在磋商达成基本共识的基础上进行。除决策过程的多边主义特征外，北约和欧盟解决冷战后欧洲安全问题的手段和方法也是一种多边主义形式。如冷战后北约为危机处理与维和行动推出的多兵种联合特遣部队（CJTF），就是一种典型的多边力量组合形式。还有所谓的"意愿联合体"概念，也是强调利益一致、愿望一致的国家力量和多边组合参与危机处理行动。北约在集体防御圈外组织的合作安全体系，包括和平伙伴关系计划，虽然是以北约和单个国家签约的双边形式组建起来的，但体系的运作则是多边主义形式。欧盟的共同安全与防务政策所涉及的方方面面，更是多边主义的典型代表。对安全的多边主义反应正在成为欧洲地区的主要特征。

安全上的多边主义是与制度化建设相伴而行的。欧洲历来有制度化建设的传统，冷战期间欧洲安全的制度化建设主要是围绕着欧安会的各项安全议题进行，如建立信任和安全机制、危机预警机制、解决争端机制、军控和裁军机制等。冷战结束后，各种安全组织进一步发展和完善了冲突预防机制和危机处理机制、维和机制和各种军事合作及交流机制。北约与伙伴国的合作关系，以及北约与俄罗斯的关系都力争制度化，欧盟与中东欧、地中海等国家的联系也都具有明显的制度化特征。多边主义与制度化建设虽然对权力有一定的限制，但它更多的是权力关系的体现，反映的是力量对比的现状。力量强大的国家主导制度化建设的方向，是多边合作的领导力量。

（五）规范在结构中发挥建构性作用

冷战结束后，西方国家强调安全威胁主要来自不确定性和不稳定性，在这个相互依存和相互依赖日益加深的世界里，安全的获得主要"依赖于整个国际社会的稳定和对国际规范的遵守"。[①] 在此思想的指导下，不论是北约还是欧盟都将规范作为重要的手段，对中心以外的国家加以管理和控制。美国众议院 1995 年 2 月通过的"北约扩大法案"（NATO Expansion Act）规定，任何前共产党执政的欧洲国家，都可加入北约，前提是必须符合西方"共享的价值观念和利益"，是民主政府、自由市场经济、文职人员控制军警和情报及其他安全机构，承诺保护人权等。[②] 欧盟在提供经济援助、向东扩展等政策中也明确强调规范因素，如欧盟东扩的"哥本哈根标准"，即申请加入欧盟的国家必须符合三项要求：第一，必须具有稳定的民主政治体制，以确保民主、法治、人权及少数民族的利益；第二，必须具有运作良好的自由市场经济，并能承受欧盟内部的竞争压力；第三，必须具有承担成员国义务的能力。

在欧盟和北约东扩过程中，申请国必须按照西方的规范要求进行改造。在这里，价值观不是一种选择，而是一种必需的前提条件。不按照欧美的价值观念行事或不接受这种价值观的国家，就被排斥在外，成为另类。排斥在外意味着不能分享欧洲中心地区的经济发达和进步，不能获得与中心一致的身份认同，不能共享安全与稳定。在欧洲，可以明显地看到规范作用的加强，它作为一种社会建构力量可以直接影响一个国家的身份认同，并且为外部干预一国国内事务提供了合法性。不论是北约还是欧

[①] Helene Sjursen, "New Forms of Security Policy in Europe", ARENA Working Paper, wp04/01, http://www.arena.uio.no/publications/wp01-4.htm.

[②] US Senate, *NATO Participation Act Amendments of 1995*, Quated in Gerald B. Solomon, *The NATO Enlargement Debate*, *1990 – 1997*, Washington DC: Praeger, 1998, p.75.

盟，它们在东扩过程中都规范申请国的行为和改革方向，对申请国内部事务指手画脚，进行干预。

总之，复合中心圆的欧洲新安全结构随着北约和欧盟的进一步东扩凸显出来。需要指出的是，由于冷战以和平方式结束，非对抗性关系主导欧洲大陆，中心整合边缘采取了一种逐渐融合与合作的方式，区别对待并一圈圈地向外伸展。同时，两个中心圆之间也不是一种两极结构式的对抗关系，而是一种分工协作的共管关系。当然，并不完全重合的两个中心圆也预示着结构的矛盾所在，美欧关系朝着什么方向发展将是影响结构的变数。①

二　欧洲新安全结构与欧亚大陆格局

冷战后欧洲新安全结构的出现，使我们从没有像今天这样需要将欧亚大陆作为整体来观察。如果说冷战期间，美国包围欧亚大陆的遏制战略受两极体系的影响而未能如愿的话，冷战结束则给美国提供了千载难逢的机遇，它要实现在欧亚"大棋盘"上由海向陆的合围，特别是通过防御性联盟、合作安全网络、经济一体化相结合的方式，多管齐下，自西向东从陆上完成对欧亚大陆的控制。

欧洲新安全结构的形成与扩展，对结构外围国家或非结构内国家将产生三种压力：力量压力、制度压力和文化压力。

力量压力主要表现为一种威慑力。冷战结束后，美国之所以费尽心机调整北约，使之占据欧洲安全结构的中心，并在没有大规模入侵威胁的情况下坚持"第五条款"的集体防御，就是要保持强大的威慑力量。纵观冷战后美国的全球战略，欧亚大陆是重中之重，安全战略的部署以"造势"

---

①　美欧关系如何发展将影响复合中心圆结构。由于本文篇幅有限，对此不能展开论述。对于大西洋联盟关系的现状和近期的发展预测，可参见朱立群《大西洋联盟关系的发展及走势》，《现代国际关系》2001 年第 11 期。

和"准备"为主。这不仅是因为,"欧亚大陆是最重要的地缘政治目标",控制整个欧亚大陆是"取得全球主导地位的主要基础",① 还因为"世界上两个人口最多,并有意谋求地区霸权和全球影响的国家也都是欧亚国家"。② 冷战结束后,美国将威胁划分为甲、乙、丙三类。③ 对美国生存构成的"苏联式"的威胁,是"甲类"威胁,冷战结束后已经不复存在,只存在对美国利益构成直接威胁和间接威胁的"乙类"和"丙类"威胁,前者主要在波斯湾和朝鲜半岛,后者如发生在科索沃、波黑、索马里的危机。在"甲类"威胁不复存在的情况下,美国的战略就是要做好预防性部署和安排,以防止五种危险演变成为"甲类"威胁。④ 为此,确保北约联盟的主导地位,发展北约维和与危机处理能力,推动北约东扩,并以北约为核心建构合作安全体系,都是美国在欧洲的一种"造势"和准备。目的是通过维护美国的联盟体系,以联盟的强大力量威慑和遏制挑战者,以军事合作网络发展融合伙伴国,并通过盟国和伙伴国分担责任与费用,通过前沿存在和经常性的军事演习保持机动灵活的强大力量,从而确保威慑发挥作用,最终实现美国控制欧亚大陆进而控制全世界的目标。

力量压力还表现为一种经济主导力量。到 20 世纪末,美国与欧盟的国民生产总值占世界国民生产总值的一半以上,它们共享经济繁荣,利益高度契合。美国之所以把欧洲地区看成是"生死攸关"的地区,是因为它从"这个繁荣和充满活力地区的合作关系中获得了巨大的经济利益",欧洲作

① 〔美〕兹比格纽·布热津斯基:《大棋局:美国的首要地位及其地缘战略》,中国国际问题研究所译,上海人民出版社,1998 年,第 52 页。

② 同上书,第 43、53 页。

③ 美国国家安全战略报告将美国国家利益区分为"生死攸关的利益"、"重要的利益"和其他利益三种,如 The White House, "A National Security Strategy for a New Century", Dec. 1999;等等。

④ 这里所说的五种危险是:俄罗斯陷入混乱和孤立,走上侵略道路;前苏联核武器库失控;中国有可能走向敌对;大规模毁灭性武器扩散;美国境内发生规模和能量前所未有的"灾难性恐怖主义活动"。见〔美〕艾什顿·卡特、〔美〕威廉姆·佩里《预防性防御:一项美国新安全战略》,胡利平等译,上海人民出版社,2000 年,第 14、15 页。

为"稳定区"的扩展可以使美国利益免受威胁,并进一步扩大贸易和投资机遇。① 这一点对欧盟来说也是如此。它们之间的合作,还表现在对中东欧和前苏联地区国家在经济、技术、援助等方面的控制和主导。

制度压力是一种软性压力,既表现为核心国家的制度扩张,也表现为结构扩张过程中的制度化建设。核心国家制度扩张之所以可能,是因为周边国家强烈要求进入核心,而核心对它们的接纳是有条件的。如前所述,欧盟和北约在东扩过程中,对申请国都有规范性要求。如申请国必须是自由市场经济和自由民主政体、尊重人权、国防建设与国防预算必须具有透明度等,所有这些要求都带有某种程度的强制性,是一种约束性规范(regulatory norms)。申请国要想早日加入联盟,必须按照这些约束性规范对国家政治、经济体制进行适应性改造,从而使这一改造过程具有一种战略性的建构作用。对于核心国家来说,它们提出的约束性规范不仅为国家关系互动提供指导,而且可以使结构按照核心国家的目标低成本地有序建设。对于非核心国家,战略性建构就意味着必须按照外在要求改造自己,使自己适应新的规则。这样的"转轨过程就变成了这样一个过程:目标的确定是由外部或者说是由占统治地位的西方强加的,目标的实现是由外部提供的顾问和培训计划支持的"。② 并不是每个国家在寻求被西方接纳的同时都心甘情愿地接受西方的附加条件,如斯洛伐克和克罗地亚坚持按照自己的步骤进行改革和转轨。但是斯洛伐克在 1998 年大选后,克罗地亚在 1999 年图季曼总统去世后,都不得不承认结构的压力,接受了西方的附加条件。

欧盟与北约东扩除了导致外围国家被战略性建构之外,东扩过程也导致地区安全领域的制度化安排。欧盟东扩过程,包括欧盟扩前战略的实

---

① US Department of Defense, "Strengthening Transatlantic Security: A U. S. Strategy for the 21st Century", Dec. 2000, Chapter 1: America's Vital Interests in Europe.

② William Wallace, "Europe after the Cold War: Interstate Order or Post – sovereign Regional System", in Michael Cox, Ken Booth and Tim Dunne eds., *The Interregnum – Controversies in World Politics, 1989 – 1999*, Cambridge: Cambridge University Press, 1999, p. 221.

施，欧盟与申请国之间一整套磋商谈判机制随之建立起来。北约从北大西洋合作委员会（NACC）建立，到和平伙伴关系计划和欧洲—大西洋伙伴关系委员会，还有北约地中海政策、北约东南欧计划、北约高加索工作小组等，一系列制度化安排围绕着北约建立起来。这些制度化磋商与决策的安排，形成一种区域化的制度网络。这种制度网络对集体认同的培育至关重要，它将造成网络内外国家的信任差距，从而建构或敌或友的关系。

文化压力准确地说是结构表现出的自由主义意识形态扩张的压力。冷战结束后，西方自由主义思想大张其道，在欧美表现得尤其明显。从"历史终结论"、"共产主义失败论"、"文明冲突论"到"霸权仁慈论"、"民主和平论"、"主权过时论"、"人道主义干涉论"等，这些思潮一方面为美国霸权和西方的统治地位寻求合法性，另一方面追求在资本主义经济全球化的同时，建设以西方价值观为主体的所谓"普世主义"新规范。欧盟与北约东扩，在实力与制度扩张的同时，也是自由主义价值观念的扩张。北约和欧盟向申请国提出的规范要求，背后输出的是自由主义思想和价值体系，特别是以自由主义尺度判断一国对外政策的属性。这种尺度认定，西方式的民主自由程度不仅是决定一个国家人权状态的主要因素，也是决定一国对外政策是否具有和平取向的关键。冷战后这种自由主义甚至被美国发展到了极端地步，出现了一国政治自由程度是决定其接受还是抗衡美国霸权领导根本原因的说法。这种说法提出，"全球主张自由主义的政治精英逐渐意识到他们国家的利益同其他自由国家的利益相对一致。他们逐渐觉得美国是一个不坏的国家，因此不会下很大的本钱去抗衡美国。同样的，统治美国的自由派也逐渐比较友好地对待其他自由国家。但是，反对自由的上层人士觉得美国越来越邪恶，倾向于投入更多资本去抗衡美国；这样一来，美国就不那么友好地对待这种人统治下的国家或他们支持的机构"。[1] 根据这一逻辑，甚至得出所谓反对美国霸权主义的国家，必然是

---

① John M. Owen IV, "Transnational Liberalism and American Primacy", *International Security*, Vol. 26, No. 3（Winter 2001/2002）, pp. 117 – 152.

不尊重人权的专制集权国家的荒谬结论。在自由主义思想指导下，人的安全高于国家主权，人道主义干预合理等思想正在逐渐占据上风。伴随北约、欧盟东扩而出现的这种意识形态扩张，是结构所表现出的文化压力。

随着欧洲新安全结构由西向东的扩张，这三重压力将对欧亚大陆主要国家俄罗斯甚至中国产生深远的影响。俄罗斯作为苏联的继承者，冷战结束后完全被排挤到欧洲安全结构建设进程的边缘。尽管中间俄罗斯几次试图通过加强欧安组织的作用，争取在欧洲安全事务决策中占据一席之地，但是随着欧安组织的职能被北约、欧盟所蚕食，俄罗斯在欧洲安全结构中越来越处于边缘化的地位。俄罗斯作为欧洲地区大国历来对欧洲安全问题有着举足轻重的影响，冷战期间苏联更与美国分得半壁江山，但冷战后俄罗斯对欧洲安全施加影响可资利用的组织主要是联合国和欧安组织。这两个组织在欧洲地区发生的两次危机中作用有限，联合国不是力不从心，就是干脆被北约甩开。欧安组织也只能从事早期预警和善后处理工作，[①] 重大决策完全掌握在北约手中。欧洲新安全结构形成后，俄罗斯面临全面压力。如何在这种结构的力量、制度和文化压力下最大限度地追求自己的国家利益，是对俄罗斯领导人政治领导水平的严峻考验。俄罗斯认识到，它所面临的最大问题是经济改革与复兴，因而与西方对抗不符合俄罗斯的根本利益。[②] 只有寻求进入西方构筑的制度化网络，与西方联盟进行有规则的互动，才是俄罗斯的出路所在。因此，普京总统利用"9·11"事件提供的机缘迅速调整政策，做出各种让步，拉近与美国和西方距离，并最终争取到了实质性改善俄罗斯地位的"20机制"。因此，从这个意义上说，俄罗斯在"9·11"后的选择，是结构压力的产物，是普京总统对结构压力的反应。

[①] 关于冷战后欧安组织在欧洲安全事务中所发挥的作用，详见朱立群《冷战后欧安组织的维和与危机处理》，《外交学院学报》2002年第2期。

[②] 见俄外交和国防政策委员会报告第二章《俄对外政策面临21世纪挑战》，《参考资料》2000年4月21日。

　　欧洲新安全结构的扩张，特别是当俄罗斯接近融入结构之后，结构张力将不断通过北约和欧盟的东扩向东传递，从而前所未有地影响亚洲国家。为此，亚洲国家应当尽早采取对应措施，未雨绸缪，做好准备，以妥善处理好发展与欧盟及与北约的关系这两大课题，更好地维护自身利益。

中欧关系研究:三个重要的视角

近五年来,国内学术界对中欧关系的研究相当重视,[①] 出现了一些具有影响力的研究成果。如周弘从不对称框架研究中欧关系,强调中欧需要相互理解双方在经济社会、政治制度和历史文化等领域的不对称性,积极寻求互补性以创造合作共赢的局面。郭关玉的专著《中国—欧盟合作研究》,则是从国际合作的条件性出发,分析中欧合作的动因以及双方关系发展的现状。吴白乙则从冷战后国际关系和中国自身变化两个角度,深入

---

* 原文载于《欧洲研究》2007 年第 6 期。

① 近年来关于中欧关系的研究增多,一些专著和发表在核心期刊上的重要论文有,邢骅:《论国际格局变化中的中欧关系》,《国际问题研究》2003 年第 1 期;陈玉刚:《体系秩序与中欧关系》,《国际观察》2003 年第 4 期;刘惜戈:《浅析中国同欧盟的外交与安全合作》,《国际问题研究》2003 年第 6 期;周弘:《论中欧伙伴关系中的不对称性与对称性》,《欧洲研究》2004 年第 2 期;周弘主编《共性与差异:中国与欧盟伙伴关系评析》,中国社会科学出版社,2004 年;戴炳然:《走向成熟、健康、稳定的中欧关系——中欧建交 30 周年感言》,《欧洲研究》2005 年第 2 期;火正德:《论中欧战略关系》,《国际问题研究》2005 年第 2 期;刘建生:《中欧关系:从"而立"到"不惑"》,《瞭望新闻周刊》2005 年第 37 期;吴白乙:《后冷战国际体系变动与中欧关系》,《欧洲研究》2005 年第 5 期;吴白乙:《观念转变与内生动力——后冷战时期中欧关系本源初探》,《欧洲研究》2006 年第 1 期;冯仲平:《如何推动中欧关系深入发展》,《外交评论》2006 年第 5 期;郭关玉:《中国—欧盟合作研究》,世界知识出版社,2006 年;曹along:《中欧关系发展现状与对策分析》,《国际关系学院学报》2007 年第 2 期。

探讨了中欧关系近年来获得积极进展的外在环境因素和内在发展动力。其中《后冷战国际体系变动与中欧关系》一文，是国内第一篇有意识地从国际体系角度研究中欧关系的文章。冯仲平的《如何推动中欧关系深入发展》，首次比较深入地定义了中欧战略伙伴关系的结构内容。本文认为，研究现阶段中欧关系至少需要三个视角，否则难以全面揭示中欧关系的结构、进程特征与本质。本文提出的三个视角是：国际体系的角度、社会本体论的立场，以及未来取向的规范视角。下面，对这三个不同的视角分别加以论述。

一 为什么采取国际体系的研究视角

显然，随着美国因素对中欧关系的影响加大，从国际体系的角度研究中欧关系的必要性加强了。国际体系是中欧互动展开的外部环境，它不仅使得中欧关系得以展开，还制约着中欧关系的发展；同时，中欧关系的互动也不断改造和影响着国际体系结构。在冷战结束后的国际体系中，虽然新兴力量不断发展，但是作为超级大国的美国影响无处不在。中欧关系受到体系结构的约束和影响是显著的；因此，只有从国际体系入手，才能够清楚解释中欧关系的运行背景和影响变量。

中欧关系的复杂性和多面性也需要从国际体系的角度加以研究。国际体系是国际关系行为体按照一定的规则相互作用和相互影响而构成的一个整体。它包括单元、结构以及互动三个基本要素。第二次世界大战结束后，国际体系的发展虽然受到冷战力量两极化的束缚，但是在深层次上，随着大国力量对比的变化以及前殖民地国家的独立和解放，国际体系实际上在不断走向分层化。不仅在不同问题领域有不同的权力格局，而且构成性规范和国家建设阶段性差异导致国际体系日益明显地出现了不同的层次。① 国际体系的这一现象，使得中欧关系实际上是一个三层复合互动关系。

① 约瑟夫·奈从不同问题领域的权力结构出发，认为在军事领域，国际体系是（转下页注）

欧盟是一个由 27 个成员国组成的独特行为体，拥有共同的外交与安全政策（CFSP）和欧洲安全与防务政策（ESDP）。作为一个自称为世界行为体的欧盟，[①] 显然它已经不再是各个部分的简单组合或相加，因为其内部各单元互动所形成的结构使欧盟本身就成为一个次国际体系，具有体系的自在性。另一方面，由于各成员国在对外关系领域享有较之其他领域更大的主权，各个部分仍然还是相对独立的对外关系行为体。尤其是欧盟内部的大国如英国、法国、德国等，都是具有全球影响力的国家；因此，当外部世界与欧盟打交道的时候，其实它面对的是一个"双面对手"：欧洲体系与各个相对独立的部分。与此同时，在欧洲次体系之外还有一个全球层面的国际体系。当一个外部行为体面对欧洲的时候，它实际上需要面对的是一个三层体系：全球国际体系、欧洲次国际体系和各个成员国。中国发展与欧洲的关系，实际上面对的是三个层次上的欧洲。从这个意义上说，如果不从体系的角度研究中欧关系，就难以理解它的复杂性和多面性。

另外，现阶段中欧关系是在国际体系发生结构性变化的新形势下展开的，要想准确把握中欧关系的特性，需要深刻把握国际体系结构性变化的特点和演变趋势，国际体系视角可以提供一种战略性、前瞻性和全局性的讨论空间。当前国际体系结构变化的基础，是近 20 多年来经济全球化和区域化发展给国际政治注入的新的因素。主权国家虽然还是今天国际社会的最高权力载体，全球化和区域化发展也还没有完全消除国际社会的无政府

(接上页注①)一个单极世界；在经济领域则是一个美、欧、日的三极世界；在社会领域则存在一个包含大量非国家行为体存在的多极世界。罗伯特·库柏则从行为体所处的不同阶段提出了存在着一个"三个世界"的国际体系：前现代、现代和后现代世界。本文使用的国际体系的分层化是从库柏的行为体所处不同阶段的角度定义的。See Joseph S. Nye Jr., *The Paradox of American Power. Why the World's only Superpower Can't Got It Alone*, Oxford：Oxford University Press, 2002, p. 6；Robert Cooper, *The Breaking of Nations：Order and Chaos in the Twenty-First Century*, Canada：McCelland&Stewart Ltd, 2003, pp. 16 – 17.

① 关于世界行为体的称谓见欧盟出版物：*A World Player：The European Union's External Relations*, Brussels, 2004。

状态，但是，全球化和区域化的快速发展，导致新兴力量相伴崛起，国家和区域之间的联系和互动不断加强，相互依存日益加深，国际政治的社会化程度不断提高，权力互动背后的身份与文化特征日益突出。中欧关系正是在这样一种新的背景下展开的。正是这一背景，为中欧关系的互动带来了许多新的特征和新的因素。国际体系角度有助于我们深入思考中欧关系发展的结构和模式特征，并探讨中欧关系与国际体系的相互建构状况。

二 为什么坚持社会本体论的研究立场

任何一项研究所使用的概念都会影响到所研究的对象，并影响到事物是怎样被观察的。尽管欧盟不是一个主权国家，但是中欧关系实际上往往被假设为一种大国之间的关系。在国际政治领域，大国关系历来备受瞩目，因为大国之间的互动影响着国际秩序的安全与稳定。传统理论，尤其是现实主义理论，在解释大国关系的时候关注的是物质权力，是力量的转换或者平衡，这尤其反映在新现实主义理论中。大国、极、力量中心在现实主义眼中都是物质实在，特别是以军事实力为主要表现形式的物质实在，这种以物质实在为代表的权力和权力关系一直是现实主义国际关系分析的核心。

用传统现实主义和新现实主义的理论研究欧盟，显然存在着两个难以解决的问题。一是欧盟并非国家行为体。"一个极必须是一个国家的看法，在处理欧盟时遇到无数的困难。尽管欧盟的行为体特征在日益增加，但是，在新现实主义的视角里，它却变得几乎是看不见的。"① 也就是说，现实主义理论没有为欧盟这样的新型国际行为体留下足够的研究空间。二是这个力量从现实主义的权力政治角度衡量，显得有些不值一提。因为从军事实力看，欧

---

① 〔英〕巴里·布赞：《美国和诸大国：21 世纪的世界政治》，刘永涛译，上海人民出版社，2007 年，第 70 页。

盟"依然还是一个纸老虎"。① 尽管欧盟开始发展军事能力，承担越来越多的维和任务，但其硬实力相对于美国和其他许多力量来说，还是乏善可陈。②

但是，毫无疑问，欧盟在当前国际体系中发挥着非常重要的建设性作用。首先，它是世界上第一个地区一体化的成功模式，具有强大的吸引力。欧盟通过经济、政治、社会等领域的合作，形成了世界上最稳定和密切的区域联合。其发展模式像磁石一样吸引着周边国家的追随和加入，也为其他地区合作提供了丰富的经验，成为它们发展的样板。其次，欧洲通过自身一体化建设重构了区域内国家之间的关系，摆脱了权力政治的逻辑，形成了地区安全共同体。欧洲次体系内部的变化，在很大程度上推动了两极格局的和平瓦解。最后，欧盟作为世界上最大的一支软力量，对世界秩序建设发挥着不可替代的建设性作用。欧盟形成了"自成一体"的地区多层治理体系，确立了自己"强大的非军事力量欧洲"（civilian power Europe）的地位。③ 战后法德和解，共同推动欧洲一体化建设，更为世界树立了大国超越历史恩怨的典范。

因此，应该承认，欧盟是世界上独一无二的新型力量；对这一新型力量仅仅从物质上理解是不够的。而且，欧盟与世界的关系，包括与中国的关系，仅仅从因果关系的角度去理解也是不够的。中国自改革开放以来所发生的变化，包括物质实力的增长和内在身份的变化，以及中国追求国际化进程和国际合作路线的做法，④ 也是现实主义理论所无法解释的。自改革开放以来，中国在对外政策上没有平衡超级大国的行为，没有意图取代美国的全球领导地位，也没有挑起意识形态之争。在 28 年的改革开放进程

---

① Joachim Bitterlich, "How to Get Europe's Common on Foreign Policy out of Doldrums", *Europe's World*, No. 6, Summer 2017, p. 15.

② Robert Kagan, *Of Paradise and Power: America and Europe in the New World Order*, New York: Alfred A. Knopf, 2003, p. 22

③ Robert Jackson, "Sovereignty in World Politics: A Glance at the Conceptual and Historical Landscape", *Political Studies*, Vol. 147, Issue 3, 1999, p. 449.

④ 朱立群：《观念变化、领导力量与中国新外交》，《国际政治研究》2007 年第 1 期。

中，中国保持了积极进取的学习心态，与各个主要力量包括美国和欧盟在内都保持了联系、沟通、交流、合作的关系，并通过改变自己而影响世界。① 新现实主义，甚至新自由主义理论，将国际政治理解为国家之间不可避免的权力之争，并独立和外在于人类有目的的建构活动，以这样的解释框架来解释欧盟、中国以及中欧关系显然是不够的。

因此，中欧关系研究需要采取建构主义的社会本体论立场。这一立场强调，我们所面对的世界并不是独立于我们的物质实在，而是我们活动的产物，也就是社会事实。建构主义认为，"客观存在的物质性因素因为人的互动性实践活动获得社会意义，社会事实因为人的互动性实践活动得以造就和确立。从这个意义上讲，'无政府状态是国家造就的'，社会世界也是'我们造就的世界'"。② 社会世界不同于自然世界。在社会世界中，社会实在具有主体间性和集体意义的性质。国际关系实际上是一种社会关系，身份与实践活动都具有重要的意义。"行动者和结构之间是一种相互构成的关系。"③ 和物质现实相比，社会现实只有在人们达成共识的情况下才能存在，它更具有地域的而非全球的特征，更具有时间性。④

对于研究欧盟和中欧关系而言，建构主义这种社会本体论的立场可以提供强有力的解释。首先，欧盟这个独特的行为体是战后欧洲一体化进程建构出来的。作为一种社会事实，它的存在与变化都依赖于欧洲孜孜以求的理想目标以及为此从事的各种实践活动。改革开放以来，中国处在深刻变革的进程之中。随着日益融入国际体系，中国在这一进程中不断重塑自身的角色和身份，定义自己的利益和追求。欧盟和中国都是在国际体系进

---

① 章百家：《改变自己，影响世界》，《中国社会科学》2002 年第 1 期。

② 秦亚青：《建构主义：思想渊源、理论流派与学术理念》，《国际政治研究》2006 年第 3 期，第 16 页。

③ 袁正清：《国际关系研究方法论的探讨需要本体论的关照》，《世界经济与政治》2004 年第 1 期，第 16 页。

④ Thomas Christiansen, Knud E. Jorgensen and Antju Wiener eds., *The Social Construction of Europe*, London：Sage, 2001, p. 3.

程中具有自身意图和目的的行为体，它们之间的关系不仅仅是从物质力量角度可以衡量的，更重要的，它们还是一种在不断互动中建构起来的具有主体间意义的社会关系。探讨它们之间的社会关系结构及其互动模式，对于深入了解中欧关系现状和预测其未来走向具有十分重要的意义。

其次，从本质上说，中欧关系的结构更多地体现为一种从对手到朋友之间的身份结构，也就是我们所说的"伙伴关系"。中欧地缘上相隔较远，彼此的安全关切不突出，欧洲在亚洲的存在有限，中国在欧洲的优先次序选择上并不占据首要地位，因此，相对来说，中欧彼此对权力的相对收益敏感度不高，双方不易形成权力政治的对抗或者敌对关系。中国与欧共体建立正式外交关系虽然已经 32 年，但双方的密切关联只是近十多年的事情。自 1990 年代中期开始，中欧关系发展迅速，2003 年双方才表示中欧关系是一个全面的战略伙伴关系。在这十几年里，国际关系因为全球化的加速运转发生了深刻的变化，大国之间的相互依赖加深，它们之间的冲突和战争变得难以想象，国际制度和规范加速扩展。中国和欧盟自身的发展既是国际体系深刻变化的一部分，也是改造或建构国际体系的原因。由于身份和物质实力都发生着变化，中欧之间的互动是一个不断探索和培育双方关系基础和规范的进程。再加上中欧两个行为体差异性较大，约束中欧关系的现存制度规范还不够完整和确定，因此互动中的沟通、劝说和矛盾的化解就显得特别重要。随着进程因素的发展，中欧伙伴关系可能不断走向密切的朋友关系，或者也可能从伙伴关系倒退到对手的关系。也就是说，中欧互动有可能在对手和朋友结构之间发生从消极到积极或者从积极到消极的变化。中国和欧盟在相互关系进程中，不仅会建构各自的利益和身份，同时还会造就中欧关系的结构。

最后，现阶段中欧关系互动的模式呈现出现实主义和新自由主义难以解释的一些特点，这些特点凸显了建构主义社会本体论研究立场的恰当性。概而言之，有以下几个特点。

（1）中欧互动密切，对话沟通活跃。近十多年来，中欧交往联系的发展势头极其强劲，互动深入而又广泛。中欧都致力于建设战略合作伙伴关系的长远目标，以对话和沟通解决当下存在的问题。欧盟从战略高度调整对华政策始于 1995 年公布的第一份对华政策文件，该文件强调"欧盟必须发展起能够与中国在世界及地区范围内的经济和政治影响力相适应的长期关系，将对华关系作为'欧盟对外关系，包括对亚洲和全球关系的一块基石'"。① 此后欧盟又连续出台了五份对华政策文件。中国政府自 2003 年公开发表《中国对欧盟政策文件》以后，也不断强调建设与欧洲的全面合作伙伴关系。为了实现这一战略目标，自 1995 年以来，中欧共举行了 9 次领导人峰会，发展了 13 个正式对话渠道。从高层战略对话到不同问题领域里的中下级官员对话，从思想库到公民社会之间的交流，中欧双方赋予对话沟通极其重要的地位和含义，这从一个方面说明中欧双方对于发展与对方的合作关系存在着良好的预期。

（2）互动进程呈现动态摸索特征。中欧之间在不断寻求合适的关系框架，"中国方式"和"欧洲方式"在不断地碰撞和协调，② 因而使互动进程极具动态性和探索性特征。中欧互动密度自 20 世纪末开始加强，互动频率不断上升，双方发展关系的持续动力来自迅速变化的形势下双方各自的变革。③ 高频率的互动带来的合作与摩擦同时增多，再加上双方历史关系并不久远，制度化建设相对较差，所有这些因素导致了互动进程的可变性和不确定性，需要不断摸索尝试，不断定义合作框架和规范原则。与此同时，中欧之间因发展阶段和历史文化传统的不同而的确存在不对称性，④ 这导致双方以不同的方式处理与对方的关系。"中国方式"更多表现为未来取向、表达善意和寻求理解等内容。"欧洲方式"则表现为结果取向、

---

① A Long Term Policy for China – EU Relations，COM（1995）279，"A. Introduction"。

② 周弘在其《论中欧伙伴关系的不对称性和对称性》一文中第一次提出了中欧关系的"中国方式"和"欧洲方式"的概念，但并未对这两个重要概念展开论述。这里借用这两个概念用以描述中欧关系进程性特点的一个方面。这两个概念参见周弘《论中欧伙伴关系的不对称性和对称性》，第 12 页。

③ 吴白乙：《观念转变与内生动力——后冷战时期中欧关系本源初探》，第 17 ~ 18 页。

④ 周弘：《论中欧伙伴关系的不对称性和对称性》，第 1 ~ 15 页。

试图主导和寻求改造对方等内容。二者方式上的差异，一方面导致中欧关系进程充满矛盾；另一方面，差异碰撞产生的调整需求，也使得具有互主意义的中欧双向互动实践有可能出现集体身份的转变。

（3）进程规范表现为软性约束特征。这里的软性约束是指互动关系不以法律条约为基础，而是以政策文件和政策宣示为指导；不以刚性规范相约束，而是以目标追求来管理；不以对抗性施压相威胁，而是以对话谈判作为首要政策工具。当然，在互动规范原则上，中国和欧洲方式也有矛盾。在刚性规范到软性约束的光谱上，欧洲更加倾向前者，而中国则倾向后者。但到目前为止，中欧互动关系仍然以软性约束为主。

冷战结束后，中国对发展与其他大国包括欧盟和欧洲大国的关系给予高度重视，并提出了发展大国关系的重要原则，即"不结盟、不对抗、不针对第三方、超越意识形态差异"。具体到中欧关系，中国总理温家宝曾这样界定中欧全面战略伙伴关系。所谓"全面"，是指中欧双方的合作全方位、宽领域、多层次，既包括经济、科技，也包括政治、文化。既有双边，也有多边；既有官方，也有民间。所谓"战略"，是指双方的合作具有全局性、长期性和稳定性，超越意识形态和社会制度的差异，不受一时一事的干扰，也不针对第三方。所谓"伙伴"，是指双方的合作是平等、互利和共赢的，在相互尊重、相互信任的基础上，求大同存小异，努力扩大双方的共同利益。[①] 温总理的讲话，既是对中欧关系发展的目标定位，也是中国发展与欧洲关系的基本原则与规范。这些原则规范是以政策宣示的方式表达出来，其目标管理的特征十分突出。

欧洲发展对华政策同样也有规范要求，体现在欧盟对华的六个政策文件中。从总体上看，"发展伙伴关系"是欧盟对华政策的目标。在此目标下，保持"接触"进而"帮助"、"援助"、"支持"和"影响"中国的改革开放是欧盟发展对华关系的重要原则。最新一份对华政策文件中，"平等或对等"又成为欧盟对华关系新的原则规范，这一原则要求"已经崛起

---

① 温家宝：《积极发展中国同欧盟的全面战略伙伴关系》，《人民日报》2004 年 5 月 7 日。

的中国应承担更多的责任"。①

总的来说，在规范原则上，中国强调的是平等、互利、共赢，欧盟强调的是接触、影响、对等。两者之间有相通之处，但也有不同侧重。相通的地方在于中国和欧盟都非常重视对话和沟通的作用，中国强调和平谈判解决争端，欧盟也偏好多边主义、对话和调停等手段。不同的是，中国侧重双方平等对待，相互尊重，特别是尊重价值观和信仰体系之间的差异，要求精神上的平等；欧洲侧重的是影响和规范中国，平等规范更多强调的是责任、义务以及利益的对等，在精神实质上追求中国向欧盟看齐。

（4）中欧互动具有复杂性和可变性。它体现在中欧关系的多层次、不对称和多变化几个方面。中欧关系的多层次，体现在欧盟内部层次多、主体多，再加上国际体系的分层化，中国和欧洲处于国际体系的不同层面，使得这一关系异常复杂。处于后现代进程中的欧洲，不论是在文明程度、经济与社会关系，还是对权利的保护和对利益追求的优先次序等方面，与处在现代化进程之中的中国都有所不同，因而在政治、经济和社会文化等诸多方面都存在着不对称现象，问题和矛盾比较多。中欧互动的多变化，主要体现在一定程度上的不确定性。造成这种不确定性的原因很多，最重要的是中欧关系的发展没有基础扎实的制度环境，体现为一种进程建构过程，易受到外界干扰。在外界干扰因素中，体系层面上主要是美国因素的影响。除此之外，欧盟制度因素也是原因之一。欧盟决策体制复杂，决策过程变量较多，其制度的权力范围和决策工具仍然处在不断变化之中。因此，"欧洲这个多国的、多层的、变化中的、时分时合的政治行为主体"②与快速发展变化中的中国的互动，存在一定程度的不确定性是可以理

---

① 《欧盟—中国：更紧密的伙伴，扩大的责任》，2006 年 10 月，"EU – China Closer Partners and Growing Responsibilities"，COM（2006）631。

② Ernest-Otto Czempiel, "Governance and Democratization", in James N. Rosenau and Ernest-Otto Czempiel, *Governance with Government: Order and Change in World Politics*, Cambridge: Cambridge University Press, 1992, pp. 255 – 256, 转引自周弘《论中欧伙伴关系中的不对称性与对称性》，第 6 页。

解的。

上述表明，建构主义社会本体论的视角，可以使我们更深入地探讨中欧关系的互动进程，发掘中欧关系进程中的互动模式及其发展变化的特点，而这些是现实主义等物质本体论视角难以解决的问题。

三 为什么需要未来取向的研究定位

国际关系中的行为体是具有意图和目的性的行为体，对国际关系结构的形成和改变具有主体建构作用。卡尔曾明确指出："政治学领域的研究是与人的行为联系在一起的，所以不存在自然科学意义上的客观事实。……如果研究人员在思维中已经存在改变事实的愿望，并通过他的研究使其他人也接受这种愿望，那么，一旦接受的人达到足够的数目，事实就会得到改变。"也就是说，共有观念可以改变社会事实、创造社会事实。[1] 所谓未来取向，是认为中欧关系的发展需要一种面向未来的战略思维。在充满复杂性和可变性的世界里，要想使中欧伙伴关系出现积极的飞跃，并日益朝着朋友结构发展，还需要中欧政治家的远见卓识和积极建构的实践精神。我们的研究，也需要一种规范的视角和未来取向的定位。

这里强调规范的视角，并不是说中欧关系未来的发展可以不考虑体系结构的制约，而是说在体系结构与行为体的互动中，行为体应充分利用结构留下的空间发挥积极建构的作用，影响未来体系秩序。因此，需要考虑中欧关系未来发展的体系和内部制约因素，趋利避害，顺势而为，促进中欧关系的积极发展。

首先是体系因素。毫无疑问，国际体系正处在深刻的变化之中，全球化是所有影响因素中唯一一个清晰可见的原因。一方面，全球贸易和财富持续增长，新兴经济体快速崛起；另一方面，世界的发展更加不平衡，极端主义和恐怖主义兴起，大规模杀伤性武器持续扩散。与此同时，科技进步和各种

---

[1]　秦亚青：《建构主义：思想渊源、理论流派与学术理念》，第17页。

制度的拓展加强了人们的沟通能力，人类活动日益超越领土界限，规范因素和身份政治因此而凸显出来。可以说，全球国际体系出现了两个重要发展趋势：一是国际力量格局日益多元化；二是国家在国际体系中的身份和形象越来越重要。国际体系不仅仅是权力政治体系，还是一个各种规范的社会关系体系。后者是由国家之间共同具有的理解与期望所决定的，① 在全球化和信息时代，不被理解和期待的力量难以获得合法性发展。

在这样两大发展趋势下，中欧互动从国际体系制约因素看，会受到两个主要变量的影响。第一是美国因素。如布赞所说，目前，"所有大国都会首先考虑到对美国的关系，而与其他大国的关系的优先安排则根据距离的远近而定"。② 在中欧关系上也是如此：中美关系在中国对外政策选择上属于"重中之重"；大西洋联盟关系在欧洲的政策选择上也远远超过其发展对华关系的重要性。再加上共同身份的作用，美国和欧洲应对中国崛起的协调会不断加强，美国因素在相当长一段时间里会成为影响中欧关系演变的一个重要因素。但是，如果国际力量格局日益朝着多元化方向发展，特别是中国和欧盟的力量始终保持上升势头，就有可能出现一个新的相对平衡的中、美、欧三角关系，中欧关系的发展就有更大的空间。第二是价值观和意识形态因素将会越来越多地影响中欧关系的合作程度。欧盟在其对外关系领域，长期以来习惯于确定"游戏规则"，以指导欧洲国家内部和外部行为的各种规范。③ 作为西方自由主义理念深深嵌入其文化、精神、制度之中的一种内在反映，价值追求在欧盟外交决策过程中始终发挥着重要的作用。因此，中国在发展对欧关系上将始终面临来自欧盟方面关于民主和人权规范的压力，建立政治互信需要中欧双方持续不懈的努力。但是，这并不是说中欧之间难以朝着朋友结构的方向发展。与美国不同的

---

① 〔美〕亚历山大·温特：《国际政治的社会理论》，秦亚青译，上海人民出版社，2000 年。

② 〔英〕巴里·布赞：《美国和诸大国：21 世纪的世界政治》，刘永涛译，第 102 页。

③ Karen E. Smith，" Enlargement and European Order", in Christopher Hill and Michael Smith, *International Relations and the European Union*, Oxford：Oxford University Press，2005， p. 271.

是，欧盟主张国际社会文化多样性，其发展模式也具有更多社会主义元素，这为中欧互动的积极变化提供了运作空间。

其次是中欧内部因素。中国和欧盟内部都在进行持续的变革，变化中的中国或者欧盟毫无疑问将影响中欧关系的未来发展。1978 年以来改革开放给中国带来了前所未有的变化，中国通过不断改变自己而影响世界。为了建设以人为本、社会和谐的全面小康社会，中国坚持走和平发展道路，"以合作促发展，努力扩大各国利益的汇合点，寻求互利共赢"。① 改革开放 28 年的时间里，中国的内政与外交在价值追求上越来越清晰地体现了和平与和谐的理念。这一理念与欧盟的多边主义和社会经济平衡发展的追求基本契合。只要中国坚持和平与和谐理念，在和平发展的道路上坚持走下去，中欧伙伴关系就可能日益具有全面的、长期稳定的战略意义，互动关系在对手和朋友的社会结构光谱上就有可能朝着朋友结构的方向发展。

当然，欧盟的快速扩大不仅改变了欧盟自身，也改变了欧洲的地缘政治和国际秩序。② 大批中东欧国家的加入，对欧盟共同外交与安全政策的发展以及欧盟治理系统构成了挑战。同时，欧盟实现地缘政治转变的工具主要是通过内部政治制度的扩展和延伸，而非传统的政策工具。软权力是欧盟国际政治地位的根本体现，也是欧盟借此影响世界的主要手段，它决定了欧盟在世界舞台上的地位和作用。如果这种软权力方式受阻，或者不能保护未来欧盟的核心利益，欧盟是否会改变现有发展模式，积极发展和获取军事能力，并改用现实主义权力政治的眼光看待世界，这是一个极大的不确定因素。当然，一个军事强权的欧盟与中国的关系并不必然意味着对抗性的关系。

上述表明，体系层面虽然有一些不利因素，但是仍然存在着可以提升中欧合作的广阔空间。中欧之间需要塑造更多的共识，扩大共同利益，从

---

① 《和平、发展、合作——李肇星外长谈新时期中国外交的旗帜》，2005 年 8 月 22 日，http://www.mfa.gov.cn/chn/zxxx/t208030.htm。

② Karen E. Smith, "Enlargement and European Order", p. 270.

而使中欧全面战略伙伴关系在保持稳定的基础上良性发展。中欧关系还需要增强韧性和耐心，进一步拓展合作领域，加强制度建设，拓宽沟通渠道，增强对话的实质性内容，促进相互理解和信任。中欧双方都应该从积极的角度看待对方，充分肯定各自的成就，尊重各自的传统和规范，避免相互指责，培育化解矛盾的能力。中欧之间还要着眼于未来，特别是在当前国际体系处在剧烈变化的情况下，中欧双方随着力量的增长，要进一步加大双方关系的独立性，并有效协调各种力量之间的良性互动，以促进世界的和平、安全与稳定。

欧盟是个什么样的力量

欧盟是个什么样的力量？怎样认识欧洲的力量？这是一个关系到国际体系和国际秩序建构的大问题。进入 21 世纪以来，关于国际体系的讨论从来没有像今天这样引人注目。这一讨论的核心，实际上是各种力量以何种方式建构未来世界秩序的问题。

对于欧洲的力量，国际社会并没有一致的看法，[①] 这一方面是因为权力本身就是一个莫衷一是的概念，另一方面，欧盟行为体的独特性也导致我们对其力量认识的困难。不同的理论范式对于欧盟的解读有很大的不同，它有时被看做一个力量中心，有时被看做一种模式或者一种制度，有时甚至仅仅被看成一个地理概念。

欧盟自身"就是国际体系中的一个次体系"。欧盟 27 个成员国都是主权国家，各成员国之间存在着一个如何处理相互之间关系的外交问题，因而需要"区分欧盟在其自身边界之内所发挥的作用以及在国际关系各种发

* 原文载于《世界经济与政治》2008 年第 4 期。

① 主要存在两种观点：欧洲没有力量主导新世纪和欧洲将引领 21 世纪，分别以罗伯特·卡根与里昂·雷奥纳多为代表。参见 Robert Kagan, *of Paradise and Power: America and Europe in the New World Order*, New York: Alfred A. Knopf, 2003；Mark Leonard, *Why Europe will Run the 21st Century*, London: Fourth Estate, 2005。后一种观点还可参见 John McComick, *The European Superpower*, New York: Palgrave Macmillan, 2007。

展进程中作为一种力量或者一个参与者对外部世界所产生的影响"。① 本文的讨论不涉及欧盟内部关系的变化及其对欧盟利益与偏好的影响，而是将重点放在欧盟在国际体系中的权力和地位的问题上，特别是考察其是不是一个具有体系影响力的重要力量。

按照赫德利·布尔（Hedley Bull）的观点，判断国际体系中的行为体是不是一个具有体系影响的力量，除了看其物质能力外，还必须看其是否"宣称自己拥有或者被赋予这样一种权利，即在涉及整个国际体系的和平与安全的重大问题上发挥着决定性的作用。它们负有义务根据所承担的管理责任对自己的政策加以调整"，而且其他力量也认为它负有这个义务。② 从这个意义上说，讨论欧盟的力量，需要涉及三个方面：一是欧盟在国际体系中的力量要素及其建设情况；二是欧盟力量的性质；三是其他力量对欧盟力量效用的认知。本文将从三个方面讨论欧洲是一个什么样的力量这一重要问题。首先，分析国际体系中欧盟力量的现状，特别是其所具有的外交资源、经济外交能力和军事力量建设情况。其次，从分析欧洲国际观念的角度讨论欧洲力量的性质。最后，以美国和中国为例讨论大国所认知的欧盟国际地位。

一 国际体系中欧盟的力量

关于权力评估的困难，汉斯·摩根索（Hans J. Morgenthau）在他的《国家间政治》一书中早有论述。③ 尽管在他看来这是一个"难以完成的任

---

① Christopher Hill and Michael Smith, "International Relations and the European Union: Theme and Issues", in Christopher Hill and Michael Smith eds., *International Relations and the European Union*, New York: Oxford University Press, 2005, pp. 7, 33.

② 〔英〕赫德利·布尔：《无政府社会：世界政治秩序研究》第二版，张小明译，世界知识出版社，2003年，第162页。

③ Hans J. Morgenthau, *Politics among Nations: The Struggle for Power and Peace*, Sixth Edition, New York: Alfred A. Knopf, 1985, Chapter 10, pp. 170 – 185.

务"，① 但他仍然系统地论述了国家权力的各种要素。按照摩根索的指标，一个拥有 27 个成员国、人口接近 5 亿、国民生产总值超过 13 万亿美元的欧盟，毫无疑问是国际政治中一支不能忽视的力量。

尽管如此，很多人仍然认为欧盟的力量不值得一提。他们认为，欧盟充其量只能算是一个经济上的巨人，政治上的矮子，其力量不足以对国际体系产生重要影响，它也不可能成为地缘政治上的决定力量。② 一个走向一体化的欧盟，其必然的发展逻辑是永远不可能发展成为超级大国。"不论欧洲一体化的设计者们意图如何，欧洲一体化已经证明它确实是欧盟发展军事力量和成为全球重要角色的敌人。"③ 然而，在对欧盟的外交资源、决策水平、经济外交影响力以及军事能力建设考察后，本文发现实际情况远远不是这样。

（一）欧盟的外交资源和能力

欧盟财政资源充足。欧盟每年自主控制的预算在 1000 亿欧元以上，④较之联合国 45 亿美元的预算，⑤ 算得上是世界上最富裕的组织了。其中，欧盟每年用于共同外交与安全政策（CFSP）上的预算数目相对较小，2004年是 6300 万欧元，但如果将用于对外发展合作援助、人道主义援助、促进民主与人权项目、与不同地区的合作等预算加在一起的话，⑥ 这个数字可以达到 50 多亿欧元，超过联合国的总体预算。除了自身资源之外，欧盟还

---

① Hans J. Morgenthau, *Politics among Nations*: *The Struggle for Power and Peace*, p. 172.

② 〔美〕兹比格纽·布热津斯基：《大棋局：美国的首要地位及其地缘战略》，中国国际问题研究所译，上海人民出版社，1998 年，第 76 ~ 79 页。

③ Robert Kagan, *Of Paradise and Power*: *America and Europe in the New World Order*, p. 65.

④ Michael E. Smith, "Implementation: Making the EU's International Relations Work", in Christopher Hill and Michael Smith eds. , *International Relations and the European Union*, p. 158.

⑤ 联合国年度预算为 25 亿美元，每年维和行动经费还有 20 亿美元。

⑥ 在欧盟与不同地区合作的预算中，不包括欧盟对非、加、太 71 个国家的援助资金数额。对非、加、太的援助直接由成员国贡献的"欧洲发展基金"（EDF）和"欧洲投资银行"（EIB）提供，不在欧盟预算中。

可以利用其成员国的资源。欧盟最大的成员国英国、法国都是联合国安理会常任理事国，也是核俱乐部成员。作为前殖民宗主国，它们在广大发展中国家所拥有的双边资源和文化联系可以有效地扩大欧盟在世界范围的影响力。二战后，德国从战败国崛起为一个和平、繁荣的发达国家，并同法国一道作为欧洲一体化的"发动机"为地区合作做出了积极的贡献。

外交能力直接与决策相关。欧盟外交决策的可预见性和稳定性虽然还达不到主权国家的水平，但也已经发展到相当的程度。从层次上说，欧盟决策包含进行历史性决策的超体系层面、政策安排的体系层面和政策塑造的次体系或中间层面，① 三者有日益完善的分工和程序。从内容上看，欧盟对外政策决策不仅包括共同外交与安全政策领域，还包括成员国外交政策和共同体框架下的对外贸易政策。在这样一个"外交政策决策"体系中，欧盟政策与成员国政策通过"欧洲化"（Europeanization）② 进程碰撞结合，共同对国际事务施加影响。"欧洲化"带来的"自上而下的政策聚合进程"（a top-down process of policy convergence）以及"成员国投射影响力"（national projection）的自下而上进程，促进了诸如政策磋商、信息通报、寻求一致、权限分享等制度规范的形成，③ 增大了欧盟在国际关系中的权力和地位，特别是加大了成员国的力量。小的成员国通过与欧盟立场绑在一起，可以在国际贸易和国际政治中施加影响。欧盟整体则可以借

---

① 〔英〕约翰·皮特森：《欧洲联盟的决策：确立一个分析架构》，载李巍、王学玉编《欧洲一体化理论与历史文献选读》，山东人民出版社，2001年，第287~298页。

② "欧洲化"概念是一个涉及欧洲政治、经济、社会和文化等领域的概念。它主要是指欧盟成员国身份所产生的影响导致成员国国内政治和政策的变化。关于外交政策"欧洲化"的研究，可参见 Brian White, *Understanding European Foreign Policy*, Basingstoke: Palgrave, 2001; B. Tonra, *The Europeanization of National Foreign Policy: Dutch, Danish and Irish Foreign Policy in the European Union*, Aldershot: Ashgate, 2001; J. P. Olsen, "The Many Faces of Europeanization", *Journal of Common Market Studies*, Vol. 50, No. 5, 2002, pp. 921 – 952; Reuben Wong, "The Europeanization of Foreign Policy", in Christopher Hill and Michael Smith eds., *International Relations and the European Union*, pp. 134 – 153。

③ Michael E. Smith, "Implementation: Making the EU's International Relations Work", pp. 154 – 175.

口成员国的反对，为某些政策寻找托词，如解除对华武器禁运问题。通过这种方式，欧盟在一些领域放大了欧盟及其成员国的外交能力，增加了第三方与欧盟打交道的难度。因此，两者实际上演变为一种合力，一种"欧盟与成员国共同作用于国际关系所产生的总和"。①

有证据表明，欧盟成员国的集体身份在外交与安全领域日益凸显，例如，其在联合国大会投票表决中的一致性自冷战结束以来持续提高。② 在世界卫生组织和国际原子能机构等功能性国际组织中，欧盟的影响力也在不断增强。即使在普遍被认为合作水平较低的安全领域，也有研究显示，从安全机制建设、武器生产和市场、经济制裁以及军事力量等四个指标进行衡量，欧盟的安全合作也呈现出快速上升的发展趋势。③

当然，欧盟在外交上的合作并不是天生给定的。欧盟对外政策体系中共同外交与安全政策（CFSP）和对外经济关系分属欧盟不同的支柱，应用不同的决策程序，而民族国家的外交决策又是独立于欧盟决策进程之外的部分。因此，外交上的合作需要努力说服和制度协调才能实现，并且在不同的领域合作程度确实不同。共同外交与安全政策（CFSP）是在一个又一个案例的基础上进行政策协调与合作的结果，这也就意味着在不同的问题领域欧盟的决策水平存在差异，其所体现出来的决策与行动的能力也就不一样，这也是欧盟在外交能力上的弱点所在。

---

① Christopher Hill, "Closing the Capability—Expectations Gap?", in J. Peterson and H. Sjursen eds., *A Common Foreign Policy for Europe? Competing Visions of the CFSP*, London: Routledge, 1998, p. 18.

② K. Laatikainen, "Assessing the EU as an Actor at the EU: Authority, Cohesion, Recognition and Autonomy", *CFSP Forum*, Vol. 2, No. 1, pp. 4 – 9, http://www. fornet. info. 转引自 Christopher Hill and Michael Smith, "Acting for Europe: Reassessing the European Union's Place in International Relations", in Christopher Hill and Michael Smith eds., *International Relations and the European Union*, p. 396。

③ Seth G. Jones, *The Rise of European Security Cooperation*, New York: Cambridge University Press, 2006, pp. 4 – 13.

（二） 欧盟的经济外交能力

自欧洲单一大市场建成和欧元发行以后，欧盟就成了世界上最强大的经济力量，不论是从贸易、金融还是从经济总量等指标衡量，欧盟都是一个堪与美国匹敌的经济体。实际上，经济外交是欧盟发挥优势的传统领域，也是其最强大的外交政策工具。欧盟在"经济领域的这个能力既包括'胡萝卜'，也有'大棒'"。[①]

对外援助是欧盟经济外交的首要工具。外援的初始目的不是发展，而是外交。[②] 当然，对外援助也是促进平衡发展和全球治理的重要工具。欧盟是世界上最大的援助力量，它所提供的对外发展援助占全球官方发展援助（ODA）资金总数的52%（2005年）。欧盟对外发展援助的绝对值在不断增长，2004年为350亿欧元，2006年高达480亿欧元，约占其国民总收入（GNI）的0.42%。同期，美国的对外发展援助仅占其国民总收入的0.17%，日本占0.25%。[③] 欧盟成员国中达到甚至超过联合国规定的国民收入的0.7%用于发展援助目标的国家共有丹麦、卢森堡、荷兰和瑞典四国。从对外援助的绝对值来说，欧盟三大国英、法、德仍然是欧盟成员国中提供对外援助金额最多的国家，2006年，英国ODA总额为100亿欧元，法国为83亿欧元，德国为82亿欧元。[④] 欧盟还承诺到2010年，将ODA总额提升到其国民总收入的0.56%，并于2015年达到联合国提出的0.7%的

① Michael E. Smith, "Implementation: Making the EU's International Relations Work", p. 162.

② 周弘、张浚、张敏:《外援与发展：以中国的受援经验为例》,《欧洲研究》2007年第2期, 第8~9页。

③ European Commission, "Keeping Europe's Promises on Financing for Development", April 2007, http://ec. europa. eu/development/icenter/respository/DGdev - PO - COM_ 2007_ 164 - PO -521 -07_ Financing_ Monterry_ ACTEclean_ EN. pdf.

④ Aurore Wanlin, "What Future for EU Development Policy?", Working Paper, Center for European Reform, London, CER, May 2007, p. 5.

标准。①

　　欧盟也是世界上最大的人道主义援助方，每年用于一般人道主义救援活动的资金约达 4 亿欧元，主要由设在欧盟委员会的欧洲共同体人道主义办公室（ECHO）负责落实，这些资金主要用于非洲大湖地区的危机处理和阿富汗的重建工作。在 2002 年东京召开的阿富汗援助大会上，欧盟承诺向阿提供的援助资金高达 19 亿欧元，占所有承诺资金的 44%。②

　　除了对外发展援助和人道主义援助之外，贸易政策也是欧盟重要的经济外交手段。冷战结束后，规范和塑造全球秩序的目标被逐步提上欧盟的外交政策议程，欧盟与不同国家和地区的关系被日益整合到一个包括政治、经济甚至安全等广泛内容的对话进程或者框架协议之中。其中最重要的就是贸易协议。例如，欧盟与中东欧国家的"欧洲协议"、涉及中东地区的欧—阿对话、与美国的"跨大西洋关系新议程"，还包括目前中欧之间正在进行的第二个《中欧战略伙伴关系框架协议》谈判等。欧盟将其所追求的民主、人权、法治等规范纳入贸易政策特别是一揽子协议中加以落实。为了达到上述政策目标，欧盟也使用经济制裁等消极手段。历史上，上过欧盟经济制裁名单的国家不在少数，如津巴布韦、希腊、伊朗、苏联、阿根廷、波兰、利比亚、南非、南斯拉夫和伊拉克，甚至还包括欧盟自己的成员国奥地利。③ 从 1950 年到 1990 年的 40 年里，欧洲国家共实施了 17 次经济制裁，其中两次是欧盟委员会采取的共同行动，占总数的 12%。从 1991 年到 2006 年的 16 年里，欧洲国家采取的经济制裁措施达到 27 次，其中 22 次是通过欧盟采取的行动。④ 可以看出，在经济制裁方面，欧盟采取的集体行动呈快速上升势头。

---

① European Commission，"The European Consensus on Development"，June 2006，http：// ec. europa. eu/development/body/publications/docs/consensus – eu – total. pdf.

② Michael E. Smith，"Implementation：Making the EU's International Relations Work"，pp. 167 – 168.

③ Ibid. ，p. 168.

④ Seth G. Jones，*The Rise of European Security Cooperation*，pp. 9 – 10.

1995 年 5 月，欧盟将政治条件作为无条件标准条款的第一条纳入与欧盟签署的每个框架协议中，从而将政治条件性制度化，意味着对该条款的违背将导致协议的暂停或终止。该条款写道："《世界人权宣言》中宣称的民主原则和对基本人权的尊重，是双方对内和对外政策的基础，它构成本协议的一个基本要素。"[1] 这一条款的增加突出了欧盟对外政策中的价值诉求，强化了欧盟经济外交的政治目的性，凸显了欧盟经济外交的强大规范力量。实际上，民主、人权、市场经济、多边主义以及文化多样性等"价值已经成了欧盟的构成部分"。[2] 通过规范的不断传播，欧盟日益演变成为一个所谓的"变革力量"（transformative power）。[3] 这种力量可以从制度和文化上再造他国的身份和利益，而且不必通过树敌扩大自身影响，这正是欧盟东扩和欧洲援助政策显示出来的力量。在这方面，美国难以和欧洲相比。

（三）欧盟的军事能力

近五年来，欧盟军事能力建设表现出突飞猛进的发展势头。20 世纪末和 21 世纪初，欧盟共同安全与防务政策（ESDP）建设开始起步。1999 年底，欧盟理事会赫尔辛基会议确定了欧盟共同安全与防务政策（ESDP）需要实现的"赫尔辛基首要目标"（The Helsinki Headline Global，HHG），即建立一支可在 60 天内部署并可坚持一年的 6 万人军队，以执行"彼得斯贝格任务"，即人道救援、维和、建立和平和危机处理的任务。相应地，还要建立欧盟自己的政治与安全委员会、军事委员会和军事参谋部。除此之外，欧盟共同安全与防务政策（ESDP）还包括由 5000 人组成的警察合作部队、200 人组成的司法专家队伍，以从事危机处理或维和行动后的重建工作。由于"赫尔辛基首要目标"落实得并不理想，2004 年 6 月，欧盟

---

① Seth G. Jones, *The Rise of European Security Cooperation*, p. 168.

② Thomas Risse, "Social Constructivism and European Integration", in Antje Press Wiener and Thomos Diez eds., *European Integration Theory*, Oxford and New York：Oxford University Press, 2004, p. 170.

③ Mark Leonard, *Why Europe will Run the 21st Century*, pp. 4 – 6.

理事会重新调整目标，确定了新的"2010 首要目标"（Headline Global 2010，HG2010）。该目标规定，联盟应在 2010 年做到能够使用联盟所拥有的所有手段对危机采取快速的决定性行动。具体的目标是，2004 年底建立欧洲防务署，到 2007 年可快速部署各种战斗力量组成的部队；到 2008 年建成一艘欧盟的航空母舰；到 2010 年建成各种联络与资源的网络化和通用能力，当然也包括完成建设"赫尔辛基首要目标"所规定的 6 万人的快速反应部队。2003 年，欧盟成员国的国防开支总和为 2081 多亿美元，[①] 同年美国的国防开支是 4049 亿美元，欧盟 25 国的军费开支总和虽只约等于美国的一半，但已经是世界第二大防务开支，相当于排在欧盟之后的五个大国的军费开支的总和。2006 年，欧盟国防开支是 1700 亿欧元，占欧盟国内生产总值（GDP）的 1.7%。[②]

除了力量建设之外，欧盟共同安全与防务政策（ESDP）框架下的制度建设也在不断完善。目前，欧盟军事参谋部（EUMS）已经成立，设在布鲁塞尔。已成立的欧盟军事委员会（EUMC）是欧盟理事会中的最高军事机构，由所有成员国的国防部长组成。政治安全委员会是理事会的常设机构，由相关专家组成，负责制定从武器出口到共同安全与防务政策使命等各项任务。欧洲防务署也于 2004 年 7 月成立，现共有 24 个国家参加。该机构成立的主要目标是：发展防务能力，促进研发，推动武装合作，帮助建立具有竞争性的泛欧国防装备市场。

在行动上，欧盟的共同安全与防务政策（ESDP）正从事 15 项民事和军事的行动，这在冷战时期是不可想象的。在这些维和行动中，欧盟发展出了相对灵活的行动机制。由于共同安全与防务政策（ESDP）决策是政府间合作的性质，因此欧盟理事会需要一致同意的决策决定是否从事一项安全或防务使命。为了提高决策效率，共同安全与防务政策（ESDP）允

---

①　Jolyon Howorth, "From Security to Defense: The Evolution of the CFSP", in Christopher Hill and Michael Smith eds., *International Relations and the European Union*, p. 188.

②　Commission of the EU: COM (2006) 779 final, SEC (2006), 1554.

许成员国选择不参加但也不阻断维和行动。也就是说，根据不同的使命和不同的参与者组成意愿者联盟，这种组合方式被称做"可变几何"（variable geometry）。维和行动的资金来源仿效北约的做法，"花费哪来哪去"（costs – lie – where – they – fall），只有行政开支等方面由欧盟成员国贡献的共同基金支出。

上述分析表明，欧盟已经成为一支名副其实的军事力量。尽管其军费开支和军事能力与美国相比仍相差很远，欧盟大多数成员国还都是美国的北约盟国，但欧盟自身军事能力建设发展十分迅速，欧盟正在逐步改变其非军事力量的性质。目前的共同安全与防务政策（ESDP）建设已经在很大程度上改变了冷战结束初期欧盟在解决地区危机时所面临的束手无策和软弱无力的被动局面。它的发展使欧盟在军事上也开始崭露头角，成为一支不可忽视的重要力量。

二　欧盟力量的性质

关于力量性质的讨论，主要是指该力量在国际体系中表现出来的主导行为取向是和平与合作的还是战争与冲突的，这主要取决于指导其战略思维和部署的国际观念。[①]"观念"（ideas）包括世界观、原则化信念和因果信念三个方面。[②] 国际观念就是"如何与国际社会打交道的观念"。[③] 这是一个力量或一个国家作为集体所持有的世界观以及如何在国际社会实现自身利益的信念。它至少包括三个方面的内容：对国际社会性质的判断、对

---

① 也有学者认为取决于战略文化。关于战略文化的研究参见 Peter J. Katzenstein, ed., *The Culture of National Security*: *Norms and Identity in World Politics*, New York: Columbia University Press, 1996; Alastair Iain Johnston, *Cultural Realism*: *Strategic Culture and Grand Strategy in Chinese History*, Princeton, NJ: Princeton University Press, 1995。

② Judith Goldstein and Robert O. Keohane eds., *Ideas and Foreign Policy*: *Beliefs*, *Institutions*, *and Political Change*, New York: Cornell University Press, 1993, pp. 8 – 9.

③ Jeffrey W. Legro, *Rethinking the World*: *Great Power Strategies and International Order*, Ithaca: Cornell University Press, 2005, p. 8.

自我与国际社会关系的认定以及与外部世界打交道的方法选择。

2003 年底出台的欧盟历史上第一个《欧盟安全战略报告》，① 是分析欧盟国际观念的合适案例，因为在这个报告中浓缩了欧盟对当前国际社会性质的判断、对自我身份的认定、对外战略目标和手段的确定和选择。

报告涉及以下几方面内容。第一，欧盟认定的世界不再是大国冲突的世界，威胁主要来自跨越国境的非传统安全问题。它们包括：恐怖主义、大规模杀伤性武器扩散、内部问题引起的地区冲突、国家治理失败和有组织的犯罪。这些非传统安全问题是欧洲面临的最严重和最紧迫的威胁，也是国际秩序建设亟待解决的问题。②

第二，欧盟作为一个世界性力量，其对外战略目标是建立以"有效多边主义"为核心价值的国际秩序。欧盟认为，没有任何一个国家能够单独处理当今出现的复杂问题。在面临全球威胁、共享全球市场以及媒体无所不在的今天，欧盟的安全和繁荣越来越依赖于一个"有效的多边体系"。③这个多边体系以联合国和其他国际组织④为核心，以国际法和国际规范的有效运行为保障。欧盟的工作重点是加强联合国和国际组织的权威，使之有效地行动并实现其所肩负的责任。当国际法遭到破坏时，欧盟必须能够

① EU, *A Secure Europe in a Better World：European Security Strategy*, Brussels, December 2003, http：//www. consilium. europa. eu/uedocs/Upload/78367. pdf.

② Ibid. , pp. 3 - 6.

③ Ibid. , p. 9.

④ 除联合国外的其他国际组织可以分为三类：（1）国际贸易组织和国际金融组织。欧盟的目标在于帮助这些组织拓展新成员，维持这些组织的现有标准，并帮助新成员达到并适应这些国际组织的要求。（2）以北约为代表的调整跨大西洋关系的国际组织。（3）能够帮助和促进全球治理的地区性组织。对欧盟而言，主要是欧安组织、欧洲委员会，还有其他地区性组织如东盟、南方共同市场、非盟等。在欧盟看来，这些地区性组织对于建立一个有秩序的世界发挥着积极的影响。欧盟自身的经验表明，通过增进信任和军备控制的机制可以确保安全。因此，推动现行国际组织的发展并鼓励新型国际组织的建立，符合欧盟的利益。这些国际组织能够在欧盟周边以及更大的范围内提供稳定的保障。

"更多地参与预防冲突、维护和平和打击恐怖主义的行动"。① 因此，欧盟必须发展自己的军事快速反应能力。"在一个权力已经不能确保安全的世界里，欧盟需要能够面对突发情况，运用正确的政策工具组合，灵活进行反应。"②

第三，欧盟将积极参与塑造国际体系，影响其他国家或者地区的内部事务和发展进程。一方面，欧盟将运用贸易、发展援助等政策手段在周边地区推广善治、民主、人权等规范，促进积极的社会政治变革；另一方面，不断强化自身军事能力建设，积极参与维持和平和重建和平的行动。同时，发展同各个主要国家牢固的双边关系也是欧盟对外关系以及安全战略的重要方面。③

《欧盟安全战略报告》清晰地勾勒出了欧盟的国际观念。欧盟强调自己是一个世界行为体，追求塑造一种法治、开放、相互依存的国际秩序。该报告彰显了欧洲国际观念的和平与合作的性质，强调国际社会的非对抗性和相互依存关系，主张对于威胁的"综合治理"和多边主义方法，倡导树立"规则意识"和依法办事，追求在有效的多边主义基础上建设一个更加公平、安全与合作的世界。

欧盟和平与合作的国际观念是在二战后欧洲一体化的历史进程中培育和发展起来的，有着深厚的实践基础和内在的规范特质。正是这种规范性，使得欧盟在国际体系中发挥着与美国不同的积极作用。一是，欧盟是世界上第一个地区一体化的成功模式，因而具有强大的影响力。欧盟通过经济、政治、社会等领域的合作，形成了世界上最稳定、最密切的区域联合。其发展模式像磁石一样吸引着周边国家的追随和加入，也为其他地区合作提供了丰富的经验和样板。二是，欧洲地区通过自身一体化建设成功地重构了区域内国家之间的关系，推动实现了国际体系的和平转换。二战

---

① EU, *A World Player: The European Uinon's External Relations*, Brussels, 2004, pp. 4, 20.

② Ibid., p. 16.

③ Ibid., pp. 13 – 14.

后欧洲一体化从根本上改变了欧洲次国际体系内部的关系，各国之间放弃用武力或以武力相威胁的方式解决它们之间的矛盾和问题，从而形成了地区安全共同体。三是，欧盟作为世界上最大的软权力，对世界秩序的建设发挥着不可替代的建设性作用。欧洲为世界贡献的基本理念为有效的多边主义和协商合作的文化，它强调共同利益、权力分享、以有约束力的共同游戏规则和合作为准则。欧洲的多边主义与美国的单边主义形成了鲜明的对比，以至于国际社会普遍期待欧盟发挥制衡美国力量的作用。因此，欧盟是世界上独一无二的新型力量，其和平与合作文化对国际体系构成了积极的建设性影响。

当然，欧盟力量也存在着内在的弱点，那就是欧洲中心论及其可能导致的过度干预问题。历史上，欧洲一直以世界中心的强势文化态势向外扩张，用自我认定的标准塑造世界。伴随着一体化的成功发展，欧洲的优越感重新燃起，以人权和自由、民主卫士自居的欧洲越来越多地希望输出欧洲模式，干预他国的内部事务。随着军事能力的增长，欧洲能否坚持多边主义、坚持一体化的和平扩张方式、现有干预模式是否会发生实质性改变，这样的担心会逐渐增多。但是，从战后的历史看，欧洲实际上是在不断学习中变革自己，追求创新，欧洲力量的和平性质呈现出一个不断强化的趋势，伴随着其他新兴力量的崛起，欧洲中心论将是一个逐渐弱化的趋势。

三　对欧盟力量的认知

任何国际身份都是一个互构的过程，"它由一个国家对自我的看法和国际社会其他成员对它所持的看法之间的相互作用所构成"。① 特别是具有体系影响力的国家，除了要看它自身宣称的对国际社会和平与安全所担负

---

① 〔英〕巴里·布赞：《美国和诸大国：21 世纪的世界政治》，刘永涛译，上海人民出版社，2007 年，第 62 页。

的权利与义务，还必须考察其是否得到国际社会其他成员对其地位和作用的接受与承认。因此，对于力量的完整认识，除了欧盟自身宣称是国际体系中重要的世界行为体之外，[①] 还要看其他国家如何看待欧盟的力量。由于文章的篇幅所限，这里只讨论美国与中国的认知。

（一）美国的认知

美国学术界和政策界关注欧洲的发展，主要着眼于大西洋联盟关系的未来，同时也从战略上关注欧盟是否会作为一支完全独立的力量崛起。总的来看，在这个问题上并没有一致的看法。占主导地位的意见是欧洲在安全领域的合作仍然没有什么实质性的进展。

美国政府发表的国家安全战略报告也清楚地反映出了美国对欧盟的这一认知。考察冷战结束以来所发表的《美国国家安全战略报告》，可以发现欧洲在美国决策者的眼中从来不是一个独立的力量。以 2002 年和 2006 年的两个报告为例。2002 年的《美国国家安全战略报告》没有单独讨论欧洲力量部分，报告将欧洲和加拿大放在一起，强调如果没有加拿大和欧洲盟友的长期合作，美国很难在世界上实现其持久的目标。报告从两个方面承认欧洲的地位，即欧洲是世界上最强大和最有能力的两个国际机构（北大西洋公约组织和欧盟）的中心。"前者从其诞生之日起即成为跨大西洋和欧洲内部安全的支点，后者则是我们在开放世界贸易方面的合作伙伴。"[②] 在 2002 年的《美国国家安全战略报告》中，被美国认为值得特别关注的是大国竞争旧有模式的复活，因而报告所关注的大国是俄罗斯、印度和中国。

2006 年报告与 2002 年报告相比，内容没有发生根本的变化。报告仍然是在大西洋联盟框架下讨论欧洲，强调"北约仍然是美国外交政策的一个至关重要的支柱"，"欧洲是我们的一些最老和最近的盟友的家园。我们

---

① EU, *A World Player: The European Uinon's External Relations*, p. 1.

② 2002 年的《美国国家安全战略报告》第八章：制定与全球其他各大力量中心的合作议程。

之间的合作关系建立在共同的价值观和利益的坚实基础上。而且，这个基础伴随着有效民主在欧洲的不断深化和扩展"。①

实际上，美国政府内部的意见也不一致。2004 年，美国中央情报局（CIA）对未来十年国际体系力量分布的战略评估就将欧洲看成是有可能在 2015 年发展成为一个政治、军事、经济上的统一行为体的重要力量。根据国内生产总值、国防开支、人口和技术能力四项指标综合的国家力量指数衡量，欧盟届时可能成为国际体系中仅次于美国的力量。② 当然，美国中央情报局战略评估小组的意见只是一家之言，并不能与美国政府报告相提并论。自冷战结束以来，美国的对欧政策始终是"北约第一"战略，③ 欧洲军事能力的建设应该在北约框架内进行，也就是能够在美国的控制范围内"以欧洲特性的方式"发展。因此，美国政府看待欧洲的视角很难摆脱北约的框架。另外，美国认为，欧洲目前发展的军事能力只能用于维和行动，没有任何海外投射能力。在对付传统的威胁或者不得不诉诸战争手段时，欧洲还是要靠美国。这也是在美国眼里欧洲在安全领域无足轻重的看法仍然占据主导地位的原因。④

（二）中国的认知

中国越来越将欧洲看成一个独立的力量，是世界多极化发展的一个重要组成部分。中国十分重视与欧盟的战略合作伙伴关系的发展，并一再重申，中国与欧盟都是当今世界舞台上维护和平、促进发展的

---

① National Security Strategy of the United States of America, 2006, http：//www. whitehouse. gov/nsc/nss/2006/nss2006. pdf.

② "Modeling International Politics in 2015：Potential U. S. Adjustment to a Shifting Distribution of Power", Washington, D. C.：Strategic Assessment Group, CIA, 2004. 转引自 Seth G. Jones, *The Rise of European Security Cooperation*, p. 221。

③ Seth G. Jones, *The Rise of European Security Cooperation*, p. 238.

④ 美国学术界关于欧洲力量以及欧盟安全合作发展的讨论，参见琼斯《快速发展的欧洲安全合作》中的前言和结论两个部分（"Introduction" and "Conclusion", in Seth G. Jones, *The Rise of European Security Cooperation*）。

重要力量,全面发展同欧盟及其成员国长期稳定的互利合作关系,是中国外交政策的重要组成部分。为此,中国政府于 2003 年 10 月发表了第一份对欧盟政策文件,宣布中国对欧盟政策目标,并规划了合作领域和相关措施。[①] 不仅如此,中国支持欧洲一体化的发展,对二战结束以来欧洲的发展模式给予了积极评价,强调其多边主义有利于世界和平和发展。

但是,中国对欧洲政策始终强调在重视欧盟的同时,也重视发展与欧盟成员国之间的关系。这不仅缘于欧盟对外关系领域的政府间合作性质,更主要的是因为欧盟在对华决策模式上的"双轨制"特征,即在政治安全领域以各成员国对华政策为主和欧盟整体对华政策为辅的状况,导致中国同欧盟成员国之间的双边关系仍然是中欧关系的重心。[②] 同时,在中国整体对外关系的轻重缓急次序上,中美关系始终被认为是中国与其他大国关系中的重中之重,中欧关系的重要程度对于中国来说显然还不能与中美关系的重要性相提并论。特别是近年来随着美国介入欧盟对华武器禁运政策,并成功阻止欧盟尽快解除对华武器禁运,使得中国方面对于欧盟对外行为的独立性产生了较大的疑虑。

由此可见,美国安全战略报告大大低估了欧盟在世界上的地位。这是因为美国依然从北约的框架看待欧洲,从这个角度认知的欧洲始终是美国的盟友,而不是一支完全独立的力量;中国则更多地认同欧盟的重要国际地位以及欧洲模式对于国际政治和世界发展的积极意义,但是,中国也看到欧盟对外决策的双轨性和不稳定性以及美国因素对欧盟外交政策的强大制约作用,因此,中国对欧政策始终强调加强与欧盟成员国的双边关系。

---

① 《中国对欧盟政策文件》(2003 年 10 月),见中国外交部网站,http://www.fmprc.gov.cn/ce/cehu/chn/ztbd/zcwj/t64156.htm。

② 关于欧盟对华政策决策体制,参见仲舒甲《欧盟对华政策决策体系及其对中欧关系的影响》,载朱立群主编《国际体系与中欧关系》,世界知识出版社,2008 年,第 7 章。

四 结论

毫无疑问，欧盟是国际体系中几乎涉及所有领域的一个重要行为体。在经济领域，它是一个堪与美国相媲美的重要行为体；政治上，它既是美国的核心盟友，又代表着西方世界里与美国不同的声音；军事上，它在短短的数年时间里，迅速发展了一支军事力量，虽然目前的能力还有限，但是发展趋势可观；文化上，欧洲更是自成体系，历史悠久，影响深远，极具吸引力。总之，欧盟是一个正在发展全面力量的"世界行为体"，致力于建设一个全新的欧洲"帝国"，并借此影响世界；作为一个"次体系"的欧盟也是个复杂的行为体，这不仅增加了外部世界与其打交道的难度，也增加了外部世界对其力量认识的难度；经历过两次世界大战的洗礼，在一体化中改造了权力政治关系的欧洲，还是一个强大的变革力量，在从规范与合法性角度塑造全球秩序方面，发挥着独特的作用和影响力。虽然目前各主要国家对于欧盟力量的认识还比较单一，但不可否认的是，一个强大与和平的欧洲，是推动全球治理、实现国际体系稳定和进步的重要力量。

欧洲一体化理论:研究问题、路径与特点

欧盟是当今国际体系中几乎涉及所有领域的一个重要存在。经济上，它是一个堪与美国匹敌的重要行为体；政治上，它代表着西方世界里与美国不同的声音，是多边主义和规则治理的倡导者。追根溯源，欧盟的力量源泉来自战后50多年的欧洲一体化建设。为了理解、阐释和预测欧洲一体化的发展，50多年间出现了各种理论和研究方法，它们构成了欧洲一体化理论的"马赛克"。① 本文试图从核心问题和研究路径的角度，对各种欧洲一体化理论进行系统梳理和分析，并就欧洲一体化理论与国际关系一般理论的关系等方面，谈谈个人的看法。

一 一体化发展的动力：国际关系的研究路径

任何理论的形成和发展，都首先始于一个核心问题。② 欧洲一体化的理论，也同样如此。它开始于战后欧洲一体化发展这一新现象所提出的重大理论问题：为什么主权独立的民族国家会走上一体化道路，其背后的动

---

* 原文载于《国际政治研究》2008年第4期。

① Antje Wiener and Thomas Diez, "Introducing the Mosaic of Integration Theory", in Antje Wiener and Thomas Diez eds. , *European Integration Theory*, New York：Oxford University Press, 2004, p. 1.

② 秦亚青:《国际关系理论的核心问题与中国学派的生成》,《中国社会科学》2005年第3期，第167页。

力是什么？与此相关联的问题是，一体化合作是否会导致民族国家主权向着超国家层面转移，从而产生新的政体？

（一） 新功能主义与政府间主义

一体化发展的动力问题，始终是欧洲一体化理论探讨的核心问题。新功能主义和政府间主义的分歧主要是围绕着成员国政府究竟在一体化中是否发挥着决定性的作用而展开。20 世纪 50 年代，欧洲在经历两次世界大战的洗礼后，开始走上了经济一体化的道路。一体化是从西欧六国的煤钢联营开始的，并迅速扩展，呈现出强大的生命力。因此，20 世纪 50 年代和 60 年代初，一些理论家特别是新功能主义理论家试图解释这个新的不断扩展的进程。但是，从 60 年代中期开始到 80 年代中期，欧洲一体化进入了一个 20 年的相对停滞时期，另一些理论家特别是政府间主义者开始解释为什么一体化没有像一开始那样进展顺利。可以说，从 50 年代一直到 90 代初，占据主导地位的理论主要围绕着新功能主义和政府间主义展开。

新功能主义重视非国家行为体的作用，尤其将超国家机构如地区组织的 "秘书处" 和参与一体化进程的政治精英看成是推动一体化前进的动力。这一理论认为，市场化带来的相互依赖，推动功能领域的合作不断 "外溢"，从而带来了一体化向前发展的 "非本意" 结果。在一体化进程中，民族国家政府日益卷入地区事务，权力不断向更大范围的地区层面转移，最终，该地区公民也逐渐将期望越来越多地转向地区层面，从而使最初经济领域的一体化外溢为政治一体化。新功能主义的 "功能外溢" 和 "政治外溢" 等概念的提出，主要是用来解释一体化这个进程是如何向前推进的。新功能主义认为，欧洲一体化是一个从功能领域发展起来的、可以通过外溢不断自我持续的并最终在政治上能够实现更紧密联盟的进程。①

1966 年出现的霍夫曼的政府间主义理论，则是为了解释 1965 年 "空

---

① Ernest B. Hass, *The Uniting of Europe*: *Political*, *Social and Economic Forces 1950 - 1957*, Stanford CA：Stanford University Press，1958.

椅子危机”导致的一体化停滞。政府间主义坚持欧盟成员国政府的守门人作用，强调欧盟的每一步发展，不论是前进还是倒退，都是成员国意愿的反映。一体化停滞主要是成员国政府抵制向布鲁塞尔进一步转让国家主权。[1] 随着 20 世纪 80 年代中期欧共体统一大市场计划启动，欧洲一体化获得了新的发展动力，新功能主义者开始重新积聚力量捍卫新功能主义理论，[2] 而政府间主义则在莫劳夫奇克提出的三层解释框架下得以重构。[3] 莫劳夫奇克在其成名作《欧洲的抉择》一书中，对欧盟的发展历史进行了结构性分析，认为欧洲一体化的根本原因是过去半个世纪欧洲大陆面临的一系列共同的经济挑战带来的。当单边和双边政策失败后，民族国家领导人为了追求经济利益，只好寻求多边方式应对这些经济挑战。[4] 他强调，欧洲一体化的发展是一系列理性选择的产物，特别是经济利益、相对权力、可靠承诺三个因素在国内利益集团之间和欧盟层面的成员国之间博弈的结果。正是由于他的理论从体系层面深刻剖析了一体化的发展动力问题，自由政府间主义成为 20 世纪 90 年代以后最具影响力的理论之一。

（二）理性制度主义与社会制度主义

随着欧洲一体化的深入发展，并带来制度上的创新建设，理论界开始提出关于制度在一体化进程中究竟扮演什么样的角色和发挥何种作用的问题。这一问题

---

[1] Stanley Hoffmann, "Obstinate or Obsolete? The Fate of the Nation – state and the Case of Western Europe", *Daedalus*, Vol. 95, No. 3, Summer 1966, pp. 862 – 915.

[2] J. Tranholm-Mikkelson, "Neo – functionalism: Obstinate or Obsolete? A Reappraisal in Light of the New Dynamism of the EC", *Millennium*, Vol. 20, 1991, pp. 1 – 21.

[3] Andrew Moravcsik, "Preferences and Power in the European Community: A Liberal Intergovernmentalist Approach", *Journal of Common Market Studies*, Vol. 31, 1993, pp. 473 – 524; Andrew Moravcsik, *The Choice for Europe: Social Purpose and State Power from Messina to Maastricht*, Ithaca: Cornell University Press, 1998. 此书中译本已于 2008 年 5 月出版，见〔美〕安德鲁·莫劳夫奇克《欧洲的抉择——社会目标和政府权力：从墨西拿到马斯特里赫特》（上、下册），赵晨、陈志瑞译，社会科学文献出版社，2008 年。

[4] 〔美〕安德鲁·莫劳夫奇克：《欧洲的抉择——社会目标和政府权力：从墨西拿到马斯特里赫特》（上册），赵晨、陈志瑞译，第 4~5 页。

的提出，在一体化发展动力问题上带来了新的思考，开拓了理论发展的新空间。

制度变量的引入，和 20 世纪 80 年代制度主义在社会科学各个领域的兴起密切相关。关于制度重要性的认识迅速获得普及，并深刻地影响了欧洲一体化理论的研究，从制度角度研究欧盟成了 20 世纪 90 年代以后欧洲一体化理论最热门的话题。[①] 欧洲一体化进程，实际上是一个不断将一体化成果制度化的过程，因此，欧洲一体化的制度化以及欧盟制度的社会化就逐渐成为 90 年代以后理论研究的重点。三种制度主义理论，包括理性选择制度主义、历史制度主义和社会制度主义，帮助塑造了 90 年代以自由政府间主义和社会制度主义为代表的理性主义与建构主义两种方法之间的论战。

制度变量的引入是要解决欧盟制度在一体化进程和决策中的因果作用问题，特别是研究在什么条件下、以什么方式超国家机构能够对欧洲一体化进程发挥独立影响。制度主义关注的核心问题是，欧洲一体化为什么和怎样形成了自身的制度？欧盟制度在政府间讨价还价过程中是否发挥独立的作用？如果制度发挥作用，它是通过影响国家的偏好，还是通过塑造国家的利益和身份，从而影响一体化的发展？

莫劳夫奇克的自由政府间主义认为，欧盟层面的制度发展取决于成员国的偏好，而成员国的偏好是独立于欧洲一体化进程之外的，也不受欧洲层面制度的影响。也就是说，欧洲一体化的制度化是成员国政府偏好选择的结果，既不是功能领域合作的产物，也不是社会精英的推动。当成员国的偏好确定之后，超国家层面的谈判主要受成员国之间不对称相互依赖关系的影响，权力在谈判中成为影响结果的核心变量。成员国最终决定汇集或委托主权也主要是出于摆脱不确定性和降低成本的利益需求。

理性选择制度主义同莫劳夫奇克一样，也关注欧洲一体化制度形成的原因。当然，它的主要研究兴趣在于欧盟制度的运作问题，主要是欧盟行

---

① Ben Rosamond, *Theory of European Integration*, New York: St Martin's Press, 2000, pp. 113 – 122; Mark A. Pollack, "The New Institutionalism and European Integration", in Antje Wiener and Thomas Diez eds., *European Integration Theory*, pp. 137 – 158; James G. March and Johan P. Olsen, *Rediscovering Institutions: The Organizational Basis of Politics*, New York: Free Press, 1989.

政、立法、司法的权力分配、运作方式和政策结果情况，这一部分我们放在后面讨论欧盟政治体系时再予涉及，这里主要围绕着一体化进程的动力问题展开讨论。在这个问题上，理性选择制度主义关注的是一体化制度的形成动力问题，提出的核心问题是一体化为什么以及是怎样被制度化的?[①]理性选择制度主义通常运用委托—代理分析框架，关注两类具体问题：一类是为什么以及在什么条件下，欧盟各成员国领导人（委托人）愿意将权力委托给诸如欧盟委员会、欧洲央行或者欧洲法院这样的超国家机构（代理人）? 另一类则是如果超国家机构的行为背离了成员国的偏好，那么应该怎么办?[②] 前者仍然关注的是成员国转让国家主权的动机问题，后者则注重超国家机构自主性与成员国监控机制之间的关系。理性选择制度主义认为，作为理性行为体，成员国委托权力主要是为了降低决策成本，承诺遵守国际条约的目的在于降低不确定性，并从超国家行为体那里获得相关的收益。当超国家机构获得主权委托之后，成员国政府通过布鲁塞尔的各种专家委员会对超国家机构实施监督和控制。

理性选择制度主义的研究遭到了很多批评。除了经验验证不足之外，主要是委托—代理模式不能解释为什么成员国政府在一些领域愿意将主权委托给欧盟机构，而在另一些领域即使成本降低也不愿意。[③] 另外，理性选择制度主义也不关注制度如何随着时间流逝而不断演化，以及制度如何

---

① Geoffrey Garrett and George Tsebelis, "An Institutional Critique of Intergovernmentalism", *International Organization*, Vol. 50, 1996, pp. 269 - 299; Mark A. Pollack, *The Engines of Integration: Delegation, Agency and Agenda Setting in the European Union*, New York: Oxford University Press, 2003; Mark A. Pollack, "Theoretical and Comparative Insights into EU Policy - making", in Helen Wallace, William Wallace, Mark A. Pollack eds., *Policy - Making in the European Union*, New York: Oxford University Press, 2005.

② 首先运用委托—代理分析框架研究这一问题的学者是马克·波拉克（Mark A. Pollack）。参见 Mark A. Pollack, *The Engines of Integration: Delegation, Agency and Agenda Setting in the European Union*。另见 Roger Scully, "Rational Institutionalism and Liberal Intergovernmentalism", in Michelle Cini and Angela K. Bourne eds., *Palgrave Advances in European Union Studies*, New York: Palgrave, 2006, pp. 19 - 34。

③ Roger Scully, "Rational Institutionalism and Liberal Intergovernmentalism", p. 27.

塑造影响一体化进程的政治结果。它通常会忽略一个事实，即"欧洲一体化是一个随着时间流逝而展开的进程，这个进程发展常常是先前令欧盟创始成员国难以控制或者推翻的一体化决策带来的非本意的结果"。[①]

应该说，历史制度主义在某种程度上弥补了假定制度一成不变的理性选择制度主义的不足。它提出的核心问题是：在什么条件下，制度能够或者不能锁定像欧洲一体化这样的政治发展进程，以及导致政治发展进程的路径依赖。也就是说，在什么条件下早期的制度选择后果会限制或影响欧盟成员国的下一步选择，在什么条件下制度的锁定效应和路径依赖进程最有可能发生，或者在什么条件下早期的制度选择容易被推翻。[②] 大量历史制度主义的经验研究表明，不同的欧盟政策和制度在稳定性和路径依赖特征上是存在差异的，由于不同问题领域的制度规则不同，政策锁定和路径依赖的程度也就不同。

自由政府间主义、理性选择制度主义和历史制度主义实际上构成了一个单一的理性主义研究议程：[③] 它们都假定行为体偏好外生于一体化进程，并按照后果性逻辑追求自身利益最大化。从这个同样的基本假定出发，它们都寻求检验行为体、制度与欧洲一体化之间的因果关系。而 20 世纪末兴起的建构主义研究热潮，包括社会制度主义和语言建构主义，则从社会本体论的角度出发，认为行为体和制度本身都不是独立于一体化进程的外生因素，它们与一体化之间并非单纯的因果关系，而是还存在着一种相互建构的关系。欧盟制度最根本的效应在于其对成员国偏好和身份的再造。因而，它们从社会本体论出发，寻求解释的是一体化进程中行为体与制度之间以及行为体和制度与一体化之间的相互建构关系。欧盟研究中的社会制度主义，强调的就是欧盟制度不仅

---

① Mark A. Pollack, "The New Institutionalisms and European Integration", p. 148.

② 这方面的优秀研究成果见：Paul Pierson, "The Path to European Integration: A Historical Institutionalist Analysis", *Comparative Political Studies*, Vol. 29, 1996, pp. 123 – 163; Paul Pierson, "Increasing Returns, Path Dependence, and the Study of Politics", *American Political Science Review*, Vol. 94, 2000, pp. 251 – 267; Derek Beach, *The Dynamics of European Integration: Why and When EU Institutions Matter*, New York: Palgrave, 2005。

③ 自由政府间主义也被称为理性制度主义。

仅影响了个体和成员国的行为，而且还从根本上塑造着它们的偏好和身份。

毫无疑问，社会制度主义主要受建构主义的影响。建构主义思想于 20 世纪 90 年代进入欧盟研究，按照托马斯·里斯的说法，[①] 建构主义深刻影响欧盟研究的转折点发生在 1999 年，这一年《欧洲公共政策》杂志推出了"欧洲的社会建构"专辑，几位重要的代表人物如托马斯·克里斯蒂安森、克诺特·埃里克·约根森和安特耶·维纳在共同发表的《欧洲的社会建构》一文中，表达了欧盟重新塑造了成员国国家身份和偏好的核心观点。[②] 此后建构主义理论在欧洲一体化研究中迅速发展，[③] 并引起了理性主义学者的强烈回应。[④] 由于双方在本体论和认识论上的重大差异，社会制度主义与先前所述的自由政府间主义和理性制度主义构成了整个 20 世纪 90 年代至今理论上的大辩论和大争鸣。

---

① Thomas Risse, "Social Constructivism and European Integration", in Antje Wiener and Thomas Diez eds. , *European Integration Theory*, p. 159.

② Thomas Christiansen, Knud Erik Jorgensen, and Antje Weiner, "The Social Construction of Europe", *Journal of European Public Policy*, Vol. 6, 1999, pp. 528 – 544.

③ 这方面的优秀成果主要有：Wayne Sandholtz, "Membership Matters: Limits of the Functional Approach to European Institutions", *Journal of Common Market Studies*, Vol. 34, 1996, pp. 403 – 429; Knud Erik Jorgensen, "Introduction: Approaching European Governance", in Knud Erik Jorgensen ed. , *Reflective Approaches to European Governance*, New York: St. Martin's Press, 1997, pp. 1 – 12; Jeffrey Lewis, "Is the 'Hard Bargaining' Image of the Council Misleading? The Committee of Permanent Representatives and the Local Elections Directive", *Journal of Common Market Studies*, Vol. 36, 1998, pp. 479 – 504; Jeffrey Lewis, "Institutional Environments and Everyday EU Decision Making: Rationalist or Constructivist?", *Comparative Political Studies*, Vol. 36, 2003, pp. 97 – 124; Thomas Risse, *Transforming Europe: Europeanization and Domestic Change*, Cornell University Press, 2001; Liesbet Hooghe and Gary Marks, *Multi – Level Governance and European Integration*, Lanham, MD: Rowman & Littlefield, 2001; Liesbet Hooghe, *The European Commission and the Integration of Europe*, New York: Cambridge University Press, 2002; Liesbet Hooghe, "Several Roads Lead to International Norms, But Few Via International Socialization: A Case Study of the European Commission", *International Organization*, Vol. 59, 2005, pp. 861 – 898。

④ Jeffery T. Checkel and Andrew Moravcsik, "A Constructivist Research Program in EU Studies?", *European Union Politics*, Vol. 2, 2001, pp. 219 – 249.

建构主义坚持认为，人类不能脱离社会环境及其文化而存在。我们身居其中的社会环境界定了我们是谁，以及我们作为社会存在的身份。因此，行为体的偏好不能被看成是外生的，或者是从给定的物质结构中推断出来的，而应被看成是"社会构成的"。为了解释行为体的偏好，就必须关注行为体的身份以及规范结构。社会结构与能动者之间是一种相互构成（constitutiveness）的关系。① 这种与理性主义不同的本体论，带给欧盟制度研究一种全新的社会认识视角。正是在建构主义的影响下，欧盟研究中的社会制度主义关注的是欧盟制度如何影响或界定了成员国的社会认同，并进而影响了其对自身利益的看法。

针对理性主义学者关于社会建构主义没有发展出明确的可证伪的假设并验证这些假设的批评，社会制度主义者开始深入到制度规范的社会化、规范传播、欧盟集体偏好和集体身份构成等具体领域，提出了一系列可验证的假设，并通过定量或定性分析对大量案例进行了检验，出现了一批深具影响力的研究成果。例如，切克尔等人关于欧盟制度社会化和欧洲公民身份规范的研究，② 托马斯·里斯和詹姆士·卡波拉索等人关于欧洲化（Europeanization）的研究，③ 以及关

---

① 〔美〕亚历山大·温特：《国际关系的社会理论》，秦亚青译，上海人民出版社，2000 年，第 178～237、289～290 页。

② 如切尔克等人关于欧盟制度社会化的研究，见 Jeffrey T. Checkel ed. , *International Institutions and Socialization in Europe*, New York: Cambridge University Press, 2007。关于欧洲公民身份规范，见 Jeffrey T. Checkel, "Norms, Institutions, and National Identity in Contemporary Europe", *International Studies Quarterly*, Vol. 43, 1999, pp. 83 - 114。关于欧盟委员会推广欧盟规范及其效用的有影响力的研究，见 Liesbet Hooghe, *The European Commission and the Integration of Europe*, 2002。

③ 欧洲化研究从对超国家层次的研究转向对国内层次的研究，主要关注在欧盟制度作用下成员国或候选国如何接受和适应欧盟制度和规范，并将自身偏好反馈欧盟层面的双向互动进程。这方面的优秀研究成果有：James Caporaso, Thomas Risse, and Maria Green Cowles eds. , *Transforming Europe: Europeanization and Domestic Change*, Ithaca, N. Y. : Cornell University Press, 2000; J. P. Olsen, "The Many Faces of Europeanization", *Journal of Common Market Studies*, Vol. 50, No. 5, 2002; Kevin Featherstone and Claudio M. Radelli eds. , *The Politics of Europeanization*, Oxford: Oxford University Press, 2003。

于欧盟集体偏好构成的研究，① 等等。尽管大量的经验研究表明，在欧洲地区制度的社会化程度要远比该理论所预期的低得多，规范传播更主要受理性主义的因果逻辑支配，② 但总体上说这些研究推动了社会制度主义的发展，包括政策网络、语言分析、欧盟治理等一体化理论和方法，都在一定意义上深受建构主义思想的影响。

总之，欧洲一体化发展的动力问题与国际关系理论联系最为紧密。或者应该说，大多数学者主要是研究国际关系的，而并不认为欧洲一体化是一个独特的研究领域，需要运用独特的方法。不论是秉持功能主义，还是政府间主义，抑或是各种制度主义，他们都试图解释欧洲一体化最重要的决定因素，也就是一体化的根本动力。

二 欧盟政治体系及其治理方式：比较政治学研究路径

欧洲一体化不仅是一个过程，它在几十年的建设中还不断产生政策结果。因此，除了从国际关系的角度探讨欧洲一体化的动力之外，还有更多的学者从比较政治学角度关注欧盟政治建设问题。

欧盟在一体化进程中进行了广泛的制度创新，其政体建设在人类历史上是史无前例的。尽管欧盟不是一个现代意义上的国家，但是它确实具有立法、行政和司法制度，颁布和实施具有法律约束力的公共政策，并在一些政策领域对欧洲社会的价值分配产生着重要的影响。应该说，欧盟在形式、内容和过程三个维度上都表现出政治的本质特征。正因为如此，一些学者认为，欧盟可以被看成是与国内政治体系相似的一个研究对象，并可运用政治系统理论或者运用政府、决策的一般理论工具和方法对其进行研

---

① David Howarth and Jacob Torfing eds. , *Discourse Theory in European Politics Identity*, *Policy and Governance*, New York：Palgrave, 2005.

② Jeffrey T. Checkel ed. , *International Institutions and Socialization in Europe*, " Preface ", p. viii.

究。① 这样，欧盟研究除了关注一体化的进程之外，还关注一体化的结果，也就是欧盟的政治体系和不同的政策领域。

正是基于这一点，越来越多的比较政治学者进入了欧盟研究领域。他们试图从不同的角度把握欧盟这个新鲜事物，这个所谓的"未来政体"（would–be polity）②、"多层"体系（system of "multi–level"）③，或者是"政策网络"（policy network）④、"在网络中的治理"⑤，甚至有人更形象地提出要探寻欧盟"这个怪兽的本质"⑥。

本质上，他们关注的核心问题主要围绕着欧盟的政治权力结构、运作程序及其效用而展开。他们试图回答欧盟作为一个政治体系，其各司其职的机构设置、机构运作的原则和规范以及它们相互之间的互动关系和产生的政治结果究竟怎样。具体来说，这一类研究试图回答欧盟究竟是个什么样的组织，其内部权力在水平和垂直两个向度上是如何分离的，其政策效果也就是治理能力如何。下面，我们从比较政治分析的角度讨论欧盟政体运作以及欧盟治理这样两类研究。这里的比较政治分析分为两个方面，一是民族国家政体之间的比较研究，一是欧盟的治理类型与民族国家治理类型的比较研究。

---

① Simon Hix, *The Political System of the European Union*, London：Palgrave, 1999, p. 2；Simon Hix, "The Study of the European Union II：The 'New Governance' Agenda and Its Rival", *Journal of European Public Policy*, Vol. 5, 1998, pp. 38－65.

② Leon N. Lindberg and S. A. Scheingold, *Europe's Would－Be Polity：Patterns of Change in the European Community*, Englew－Cliffs, NJ：Prentice Hall, 1970.

③ Gary Marks, Liesbet Hooghe, and Kermit Blank, "European Integration from the 1980s：State－Centric v. Multi－Level Governance", *Journal of Common Market Studies*, Vol. 34, No. 3, September 1996, pp. 341－378.

④ Thomas Risse-Kappen, "Exploring the Nature of the Beast：International Relations Theory and Comparative Policy Analysis Meet the European Union", *Journal of Common Market Studies*, Vol. 34, No. 1, 1996, pp. 53－79.

⑤ 〔德〕贝亚特·科勒－科赫、托马斯·康策尔曼、米歇勒·克诺特：《欧洲一体化与欧盟治理》，刘立群等译，中国社会科学出版社，2004 年，第 177 页。

⑥ 托马斯·里斯将欧盟称为"怪兽"的说法被广泛引用。见 Thomas Risse-Kappen, "Exploring the Nature of the Beast：International Relations Theory and Comparative Policy Analysis Meet the European Union"。

（一）国内政治结构的分析方法

从传统的比较政治学的意义上，许多学者认为欧盟政治体系更类似于国内政治结构，而不是一个国际组织，这是因为欧盟在三个方面比国际组织走得要远：第一，它具有更为成熟、发达和复杂的制度结构，远远超越了其他国际组织所拥有的永久性秘书处以及附属代表团那样的制度安排；第二，它比其他国际组织有更为广泛的政策责任和政策领域；第三，"欧盟的发展远远超出了绝大多数国际组织所具有的基本的政府间性质，将许多超国家特性融入了它的结构和运行之中"。① 正是因为这些明显的不同，许多学者拒绝国际组织或者国际制度的研究方法，而是将欧盟的制度比做国内政治制度，运用分析国内政治的方法来研究欧盟的制度安排。他们把欧盟看成是一种类似三权分立的制度安排，这三种权力分别是：由欧盟理事会和欧盟议会分享的立法权力，主要由欧盟委员会、成员国政府分享的行政权力，以及由欧盟法院和成员国法院分享的司法权力。每一种权力的运作方式和演变趋势，以及它们之间的互动关系，都是研究的重点所在。

在欧盟的立法、行政和司法权力的研究中，理性选择制度主义者也是主力军，并产生了一大批优秀的研究成果。② 从立法行为和立法组织理论获得

---

① N. Nugent, *The Government and Politics of the European Union*, Basingstoke：Macmillan, 1994. 转引自 Brian White, *Understanding European Foreign Policy*, New York：Palgrave, 2001, p. 21。

② George Tsebelis, "The Power of the European Parliament as a Conditional Agenda Setter", *American Political Science Review*, Vol. 88, 1994, pp. 129 – 142；George Tsebelis, "Decision – making inside the European Parliament", in Barry Eichengreen, Jeffrey Frieden, Jurgen von Hagen eds., *Politics and Institutions in an Integrated Europe*, Heidelberg, Springer, 2005；George Tsebelis, "More on the European Parliament as a Conditional Agenda – setter：Response to Moser", *American Political Science Review*, Vol. 90, 1996, pp. 839 – 844；George Tsebelis and Geoffrey Garrett, "Legislative Politics in the European Union", *European Union Politics*, Vol. 1, 2000, pp. 9 – 36；Fritz Scharpf, *Governing in Europe：Democratic and Effective？* New York：Oxford University Press, 1999；Geoffrey Garrett, "International Cooperation and Institutional Choice：The European Community's Internal Market", *International Organization*, Vol. 46, 1992, pp. 533 – 560；Geoffrey Garrett and George Tsebelis, "An Institutional Critique of （转下页注）

启发，立法政治研究者的重点在于追踪欧盟理事会和议会在立法决策进程中二者权力关系的变化、投票权重对立法结果的影响、欧洲议会议员的投票行为模式，以及欧盟理事会和欧盟议会共同决策程序对欧盟立法进程是否会向两院制演变的影响等问题上。[1]

关于行政权力，理性选择制度主义重点研究的是超国家机构偏好与成员国偏好相背离时应该怎么办。在理性选择制度主义看来，由于成员国在布鲁塞尔所设立的常设代表委员会和专家委员会的主要功能是用来监督超国家代理机构执行欧盟法情况的，因此，这类研究大都集中在专家委员会及其作用（comitology）上，并认为委员会以咨询、管理和监督三种形式存在不同程度影响政策结果的效用。

在司法权力方面，理性选择制度主义也同样认为，欧洲法院作为成员国政府的委托代理机构，其司法裁决不可能违背最大成员国的偏好。面对欧洲出现的法律一体化，特别是欧洲法院判例常常超越成员国政府集体偏好的现象，理性选择制度主义基本从成本收益的角度予以解释，认为主要是由于成员国政府否决或者不遵守法院裁决需要承担高昂成本，再加上成员国法院和诉讼人往往是欧洲法院的强大盟友，因而欧洲法院在欧洲一体化中所发挥的作用往往超出人们的想象。

理性选择制度主义运用委托—代理模式分析欧盟政治体系，总体上说是以民族国家为中心的理性主义分析方法，关注的是成员国政府与超国家机构之间的关系，对超国家机构代理人所具有的独立性持怀疑态度。这一

(接上页注②) Intergovernmentalism", *International Organization*, Vol. 50, 1996, pp. 269 - 299; Mark A. Pollack, "Theoretical and Comparative Insights into EU Policy - making", in Helen Wallace, William Wallace, Mark A. Pollack eds., *Policy - Making in the European Union*.

① 在这方面有影响的研究还包括：Amie Kreppel, *The European Parliament and Supranational Party System: A Study in Institutional Development*, Cambridge: Cambridge University Press, 2002; Simon Hix, *The Political System of the European Union*, London: Palgrave Macmillan, 2005; Mark A. Pollack, "Theorizing the European Union: International Organization, Domestic Polity or Experiment in New Governance?", *Annual Review of Political Science*, Vol. 8, 2005, pp. 357 - 398。

研究方法受到了研究欧盟治理的学者的深刻质疑。

（二）欧盟治理分析

研究欧盟治理的学者不满意于传统的比较政治分析，特别是委托—代理模式对欧盟政治体系的研究，认为这种方法限制了学者们对欧盟政治体系复杂性的认识。第一，从政府的角度分析欧盟政治体系，将形形色色的非政府行为体排除在外，忽视了欧盟治理的社会层面。第二，欧盟存在着不同合作水平的政策领域，这是欧盟制度的独特性所致。三权分立式的分析角度难以捕捉制度在不同政策领域的差异。第三，欧洲一体化进程中存在着诸多软性制度规范，被理性选择制度主义所忽视。而这些软性规范的存在，在不同程度上改变了成员国对偏好和身份的认识，从而影响了政策结果。例如，在许多欧盟法学者看来，共同体法律规则不仅仅是一套共享的程序，它们还是"一套超国家机构层面的法官和民族国家层面的法官之间进行对话的机制"，① 这些对话促进了共同认识和一定程度的共同身份。没有对这些软性规范的了解，不可能全面理解欧盟政策结果的形成。总之，关于欧盟政治体系的研究需要运用不同于国内政治的语言和分析框架来重新进行诠释。②

从这个意义上说，治理学派的研究对象从政府转向了治理本身，从系统层面转向了次系统层面，研究重点从政府的权力结构转向了治理过程。这类研究不像新功能主义和自由政府间主义那样关注欧盟历史上的重大条约以及成员国为达成这些条约进行的讨价还价谈判，而是关注欧盟的日常

---

① Sweet A. Stone, "Constitutional Dialogues in the European Community", in Anne-Marie Slaughter, Sweet A. Stone, and Joseph Weiler, *The European Court of Justice and National Courts: Doctrine and Jurisprudence—Legal Change in Its Social Context*, Oxford: Hart Publishing, 1998, p. 305.

② 〔德〕贝亚特·科勒-科赫、托马斯·康策尔曼、米歇勒·克诺特：《欧洲一体化与欧盟治理》，刘立群等译，第176～192页。另见 Rainer Eising ed., *The Transformation of Governance in the European Union*, London: Routledge, 1999; Simon Hix, "The Study of the European Union II: The 'New Governance' Agenda and Its Rival"。

政策塑造过程。在这里，"政治行为体将解决问题看做政治的本质"，政策制定环境受到高度组织化的社会次系统存在的限定。① 治理研究提出的核心问题是，在没有政府的情况下，如何在一个政治体系中进行治理？相关的具体问题包括：在欧盟这样多层而又不是等级结构的体系中，治理是以何种方式进行的？制度规范特别是理性选择制度主义相对忽视的非正式规范在欧盟治理中发挥着怎样的作用？各成员国的治理方式在与欧盟层面的互动中发生了怎样的变化？

关注欧盟治理的学者相信，欧盟是超越民族国家的一种全新而独特的治理试验。与传统主权国家所具有的那种集中的等级制的治理模式不同，欧盟的制度是一种围绕着不同问题领域形成的包含有民族国家政府、欧盟机构、利益集团代表、各种非政府组织甚至个人等多种力量共同参与形成的各种规则群，不同的问题领域有着不同的决策模式和决策进程。因此，欧盟可以看成是一个多层网状的制度体系，是各种"政策网络"或"政策共同体"的集合，欧盟的治理是在网络中的治理。

关注网络治理的学者相信，政策网络可能因网络成员的稳定性、排他性及其对资源的依赖程度三个变量而表现出不同的类型，从联系相对紧密的政策共同体到相对松散的议题网络不等，这样，它们对欧盟政策结果的影响也就程度不同。② 政策网络的互动，往往遵循的是那些非正式的制度规范，如设定多种政策选项、沟通意见、深度协商、寻求共识、去政治化、去安全化等等。政策制定过程中的专业技术性，使得拥有共同专业知识背景的专家能够彼此相互理解，并"结合"成网络，寻求沟通、协商，达成共识，从而解决各种具体的政策问题。正是由于政策网络的这些"软性规范"的存在，欧洲一体化才更像是一个协商参与的超国家主义进程

① Beate Kohler-Koch and Rainer Eising, "Introduction Network Governance in the European U-nion", in Rainer Eising ed. , *The Transformation of Governance in the European Union*, p. 5.

② John Peterson, "Policy Network", in Antje Wiener and Thomas Diez eds. , *European Integration Theory*, pp. 120 – 121.

（process of deliberative supranationalism）。①

政策网络也是一种制度，是一种活跃在多层体系"缝隙"② 间的制度。它是日常的、开放的、灵活多样的、没有等级的，某种程度上还是自组织的。欧盟的治理不仅仅是那些里程碑式的条约，也不完全是那种三权分立式的结构运作，而且它还植根于自下而上的各种各样的政策网络中。在这些网络化的制度中，人们不仅仅是在讨价还价，还在沟通中相互说服和影响，并逐渐形成一种共同体感。在治理学派看来，这些网络的日常实践，恰恰是欧盟政治实践最重要的组成部分。

在欧洲一体化进程中，制度建设成果从共时性上说共有三种类型，从历时性上看存在着三个阶段。第一种类型是超国家机构建设，大约从20世纪50年代到80年代中期，这个阶段是通过建设超国家机构进行一体化的阶段；第二种类型为"欧洲化"建设，也就是对国内制度进行适应欧盟制度的调整，时间从80年代中期到90年代初，这个阶段特别与欧洲统一大市场的建设同步；第三种类型则是政治化建设，是一个从水平到垂直两个向度上涉及社会、法律、政治文化、制度等各个方面更为复杂、全面的适应性调整过程。③ 有人将这一进程也称为宪法化进程。④ 这个进程从90年代初"马约"以后开始，一直是欧盟制度建设的重点所在，也是本文第三种研究视角下所讨论的欧盟政治规范问题。

三 欧盟政治秩序及其走向：规范分析路径

欧盟最终要向何处去？要建立一个什么样的政体？将边界扩展到何

---

① Erick O. Eriksen, "The Question of Deliberative Supranationalism in the EU", ARENA Working Paper, WP99/4, http://www. arena. union/publications/wp99_ 4. htm.

② John Peterson, "Policy Network", p. 121.

③ Antje Wiener, "Constructivism and Sociological Institutionalism", in Michelle Cini and Angela K. Bourne eds., *Palgrave Advances in European Union Studies*, pp. 47 – 48.

④ 尤尔根·哈贝马斯：《欧洲是否需要一部宪法》，载曹卫东编《欧洲为何需要一部宪法》，中国人民大学出版社，2004年，第41~49页。

方？其治理的规范原则是什么？合法性水平如何以及合法性从何而来？通过何种路径建构欧洲政治秩序？所有这些问题随着冷战结束后欧盟不断扩大带来的一体化共识困境而凸显出来。它们既是经验层面的问题，与欧盟制度、机构和治理能力相关，同时也是规范性问题，与欧盟治理的合法性相关，包括欧盟的民主政治、公民身份与公民权利、共同价值体系以及欧洲认同等问题。在欧洲一体化发展的节骨眼上，这些规范性问题引起越来越多人的关注，以至于有学者认为欧洲研究出现了新的"规范性转向"①。

欧盟的规范性研究不仅要诊断病症，包括欧盟政治体系运作过程中的"民主赤字"、民众参与和认同程度低、经济社会发展不平衡所带来的问题等，更重要的是需要解决方案，需要新的发展思路，需要对现有制度进行适应性调整。正因为此，欧洲一体化理论自20世纪90年代进入了所谓的"建构欧盟"阶段，而不是过去的"解释一体化"和"分析治理"的阶段。②

规范性研究的核心话题之一仍然是围绕着欧盟政治秩序的基本宪法形式问题。欧盟政体究竟应该是邦联式或联邦式的，还是一种网络结构，或者它根本上就应该是一种独特的政治秩序？如果建立联邦或者邦联式的欧盟政治体系，像所有其他联邦体系一样，作为中央政府的欧盟超国家机构与成员国的权力应该如何分割？如何避免可能带来的过度集中或者过度分散？以及如何保证欧盟机构的民主化和成员国地位的平等性？

规范性研究的另一个话题是与之相关的欧盟政治秩序的价值与目标问题。这也不是什么新问题，但是随着欧盟制定和批准宪法条约进程的开始，这个问题又为人们普遍关心和讨论，因为它涉及欧盟宪政秩序的文化基础问题。促进民主、自由、人权、和平、福祉、社会公正和团结等等，都是欧盟倡导的核心价值，也没有什么争议，关键是如何实现。继续通过

---

① Richard Bellamy and Dario Castiglione, "Legitimizing the Euro - Polity and Its Regime: The Normative Turn in EU Studies", *European Journal of Political Theory*, Vol. 2, No. 1, 2003, pp. 7 - 34.

② Antje Wiener and Thomas Diez, "Introducing the Mosaic of Integration Theory", p. 7.

推进经济和市场建设？或者进一步加强政治民主？还是通过建构欧洲公民身份，解决欧洲认同这样的根本性问题？解决欧洲认同问题的路径是什么？鉴于欧盟一体化建设在社会领域的严重缺失，社会福利体系仍然牢牢地掌握在民族国家手中，其所导致的经济市场化与福利国家化的分裂局面，使欧盟面对权力是应该更加向上（超国家）还是向下（成员国）移动的问题。① 向上移动，也就是通过建设超国家层面的"欧洲社会模式"或者"社会欧洲"体系，使欧盟更加"贴近人民"，促进欧洲公民对欧盟的认同和信心。但迄今社会政策是欧洲一体化进程中成就最少的领域，也是最为困难的领域。随着欧盟的扩大，诸如社会公正、团结和平衡发展等欧盟核心价值的维护，因不同地区和国家生活水平的巨大差距而变得更加困难。因而，如何建设"社会欧洲"或者如何建设后现代福利国家体系，实际上不仅仅是个欧盟政治问题，它已经成为欧洲一体化建设的核心问题。

规范性研究的第三个方面，是如何建构欧盟政治秩序的协商场所，建设欧洲公共领域，② 并使制度化的协商与公共辩论相互作用和影响。其中引起广泛讨论的问题是，公共政治协商进程如何才能影响欧洲公民的基本偏好？相应的，改变人们偏好的协商或者讨论进程是应该首先在拥有权威的制度层面展开，还是应该在公民社会中展开？在欧洲公共领域和欧洲政党体系都发育不完善的情况下，占据主体地位的欧洲公民身份建设的路径是什么？由于培养欧洲层面的协商民主是一个长期的进程，如何脚踏实地地从推进欧盟现有制度的透明度、负责任和公正公平做起，也是一个重要

---

① 周弘：《福利国家向何处去》，社会科学文献出版社，2006 年；Fritz Scharpf, *Governing in Europe: Democratic and Effective?* New York: Oxford University Press, 1999, p. 27。

② 〔德〕尤尔根·哈贝马斯：《公共领域的结构转型》，曹卫东译，学林出版社，1999 年；John Erik Fossum and Philip Schlesinger eds. , *The European Union and the Public Sphere*, London: Routledge, 2007; "EU Democratization: The Conditions of Success of a Public Debate on the Future of Europe", *Europe 2020*, Executive Draft, April 2001, http://www. europe2020. org/fr/activities/kleber_ 2001. html。

的现实选择。①

面对这些规范性问题，欧洲的争论始终没有停止。核心问题似乎没有什么变化：在最终政体形式上，究竟是建设一个欧洲联邦或欧洲合众国，还是一个民族国家的联盟或者一种多层网状的治理结构？在政治基础上，是建设一种价值共同体，还是一个利益共同体？在实现方式上，是在交往逻辑下平等真实的协商（arguing）？还是在后果逻辑下以利益交换为基础的讨价还价（bargaining）？应该说，虽然所有这些问题从欧洲一体化建设一开始就被提了出来，但显然重点已经完全不同。50年前，规范性研究关注的是地区一体化和超国家制度建设。今天的规范性研究重点是政治一体化条件下的民主合法性问题。这些讨论，毫无疑问会影响欧洲一体化理论的进一步发展。

四　欧洲一体化理论的几个特点

以上从三个方面对欧洲一体化理论进行了梳理，这种梳理仍然是粗线条和挂一漏万的，例如欧洲一体化理论的性别视角就没有涉及，这并非因为它的研究不重要，而是因为它很难进入我们的分类。从这个梳理过程中，我们可以比较清楚地发现，欧洲一体化理论具有以下几个特点。

（一）并不存在一个关于欧洲一体化的宏理论

当我们讨论欧洲一体化理论时，似乎在某种意义上存在着一个关于欧洲一体化的统一理论解释框架，但事实上这样的东西并不存在。安特耶·维纳和托马斯·迪兹主编的《欧洲一体化理论》一书，将一体化理论形象地比喻为"马赛克"拼图，也是意在强调这一点。如前所述，欧洲一体化包括了进程和结果两个方面，从理论上将这两个方面进行整合，尽管曾经

---

① I. Dobson, "Conception of Freedom and the European Constitution", in I. Dobson and A. Follesdal eds., *Political Theory and the European Constitution*, London: Routledge, 2004.

有人做出过努力，但并没有成功。问题主要在于这两个方面需要解决的理论问题完全不同，运用的方法自然也就不可能相同。前者要解决的是动态的一体化进程问题，后者则要解决静态的政治体系结构及其运作问题，二者很难统合在一个分析框架之下。像欧盟政治体系问题，运用一种研究方法也是不可能把握全貌的。欧洲一体化理论中包含一些中层理论，它们解决的是某一类或某一问题领域的问题。

不同的理论具有不同的解释力。从总体上说，新功能主义和自由政府间主义最具有宏观色彩，它们致力于在体系层面解释一体化的产生以及一体化制度化的动力，因而它们并不能解释微观层面制度在欧盟政治中的作用以及如何影响政策结果的情况。制度主义的三种理论擅长后者，却因为其本质上属于中层理论，关注的是作为干预变量的制度在欧盟政治中的作用，因而不能对一体化的根本动力提供答案。

（二）欧洲一体化理论具有非常强的实践性，理论研究与政治实践关联紧密

欧洲一体化理论几乎与其历史发展同步，正是一体化实践不断推动一体化理论的发展。20 世纪 50 年代初的煤钢联营催生了新功能主义理论；1965 年的空椅子危机和 70 年代一体化因经济危机停滞，则导致哈斯 1976 年宣布新功能主义地区一体化理论过时。① 80 年代末随着欧洲一体化形势好转，又导致新功能主义复兴，这一新功能主义理论的演变历程非常典型地说明了这一特点。

历经 50 年发展的欧洲一体化，不仅在实践意义上是一个新生事物，在学术意义上更是一个需要把握的新知识，需要不断地进行概念化和理论化。与此同时，理论的发展对一体化实践也具有重要的现实意义。特别是冷战结束和欧盟不断扩大以后，欧洲一体化发展进入了所谓"政治化"或

---

① Ernest B. Hass, "Turbulent Fields and the Theory of Regional Integration", *International Organization*, Vol. 30, 1976, pp. 173 – 212.

者"建构欧盟"阶段，欧盟政治理论与实践的关系变得更加密切，所有规范性问题的讨论与一体化的进一步发展直接关联。欧盟的民主赤字、治理能力、公民身份以及制度调整等都既是理论问题，也是实践问题，需要二者高度互动和相互影响。

（三）并不存在一个独特的欧洲一体化理论研究方法

在欧洲一体化研究中，始终有人认为欧洲一体化是一个独特的研究领域，应该使用自身独特的研究方法。但是，从本质上说，很难把欧洲一体化作为具有独特性质、需要使用独特研究方法来看待的领域。实际上，欧洲一体化的各种理论始终伴随国际关系理论和比较政治学理论的发展而发展，因而它们是主流国际关系和政治学理论的一部分，它们的发展丰富着国际关系和政治学理论，为检验这些主流理论提供了丰厚的试验场所。例如，欧洲一体化可以从本质上看成是国家之间的合作问题，可以运用国际关系理论不同流派的前提假设和验证方法来进行研究；而对于欧盟政治体系研究来说，政治学的各种方法可以为解决相关的各种研究问题提供适当的分析工具。当然，治理流派的发展既丰富了国际关系学的建构主义思想，也为比较政治研究提供了新的视角，开辟了不同治理类型的比较分析。

当然，这并不是要否认欧洲一体化研究自身所具有的特性。应该说，欧洲的学术传统和地域特点对于欧洲一体化研究的问题和方法有着深刻的影响。欧洲一体化的体系理论，如新功能主义和自由政府间主义主要是美国学者发展起来的，这一点颇具讽刺意味。欧洲学者将这一现象理解为美国学者在国际关系理论研究中的主导地位所致。[①] 的确，在美国学者眼中，欧洲一体化不过是检验一般理论的试验场，而不是什么自成体系的独特事

---

① Ole Waever, "The Sociology of a Not So International Discipline: American and European Developments in International Relations", *International Organization*, Vol. 52, No. 4, 1998, pp. 687 – 727.

物。但是，欧洲的学术传统历来重视历史和规范性研究，因此，早期的一体化研究主要集中在一体化历史和某些特定政策的细致经验研究方面，欧洲一体化实际上被看成了一个独特的研究领域。应该说，到了 20 世纪 80 年代以后，欧洲一体化理论才日益与国际关系、政治学和法律研究的一般理论联系紧密，成为其重要的组成部分，尽管他们中有许多人宣称自己与美国社会科学研究重视行为主义的研究方法不同，他们更多地重视社会视角。不仅学术传统对于欧洲一体化研究有影响，欧洲一体化理论研究还体现出一定的地域特点。例如，关于欧盟研究的话语分析方法，总的说来是从斯堪的纳维亚语境中产生的。相反，关于观念和欧洲治理的两类研究则最早产生于德国。也就是说，一些特别的视角，通常是有地区"中心"特色的。①

（四）欧洲一体化理论是在不断争鸣与融合中向前发展的

新功能主义与政府间主义之间的理论争鸣，塑造了 20 世纪 50 年代到 70 年代欧洲一体化理论的发展轨迹，特别是推动了自由政府间主义的诞生。而自由政府间主义、理性选择制度主义与社会制度主义之间的辩论，则主导了整个 90 年代至今欧洲一体化理论的发展。一方面，欧洲一体化的制度化发展以及制度功能与决策机制的演变，形成了需要广泛和深入研究的各项议程。另一方面，欧盟制度对成员国行为的影响深入到各个具体的政策领域，形成了各个政策领域的"欧洲化"研究议程，在欧盟制度规范对于成员国偏好和集体身份的塑造方面，研究议程也日益深入，出现了大量优秀的经验研究成果。尽管经验研究结果并没有达到理论假设的预期，但是它们并没有弱化社会制度主义理论的发展势头，反而促使这一理论寻求新的研究议程、发展出更具操作性的假设与验证方法。也就是说，这种理论争鸣在不断推动着欧洲一体化研究的扩展和深入。

在理论争鸣的同时，欧洲一体化理论的融合趋势也非常明显。这种融合体现在两大方面：一是国际关系研究中的理性主义与建构主义研究方法

---

① Antje Wiener and Thomas Diez, "Introducing the Mosaic of Integration Theory", p. 15.

的融合；二是国际关系研究与比较政治学的融合。理性主义的前提假定是行为体（国家、个体或者超国家组织）具有外生的给定偏好，它们采取系统行动在欧盟制度框架内最大化自身的偏好。社会建构主义否认偏好是外生给定的，认为欧盟制度与行为体在互动进程中不仅可以重塑其偏好，而且还可以再造其身份。两种理论在辩论过程中，前者批判后者缺乏过硬的经验验证，后者则抨击前者沉醉于理论的简约和形式模型。但是，最近几年，这两种方法出现了积极的对话和融合趋势。继芬尼莫尔和辛金克提出"战略性社会建构"的概念之后，① 切克尔更在其主编的《欧洲的国际制度与社会化》一书中，在社会建构与工具理性之间架起了桥梁，提出了欧盟制度社会化进程的三种机制，将体现理性主义逻辑的战略算计与体现适当性逻辑的角色扮演、规范性劝说联系在一起，用以解释欧盟制度的社会化现象。②

欧洲一体化理论的融合还体现在国际关系和比较政治学两种研究路径的结合上。应该说，这一发展趋势从冷战结束后的 90 年代就已经开始。全球化进程速度加快，信息技术迅猛发展，导致国际和国内互动频率空前提高。国际关系研究从新现实主义重视体系结构开始回落到单位层次的国内政治，以及国际国内两个层次的结合。欧盟研究同样反映了这一新的发展趋势。过去，比较政治与国际关系被认为是欧盟研究的两大方法，寻求解释的是不同的问题（本文在某种意义上坚持这一分类）。前者关注的是共时性的日常"政治"，后者则是历时性的"一体化"。按照希克斯的说法，它们是了解欧盟及其发展的"不同的但却同等重要"的两种方法。③ 近年

---

① 马莎·芬尼莫尔、凯瑟琳·斯金克：《国际规范的动力与政治变革》，载〔美〕彼得·卡赞斯坦、罗伯特·基欧汉、斯蒂芬·克拉斯纳编《世界政治理论的探索与争鸣》，秦亚青等译，上海人民出版社，2006 年，第 321 页。

② Jeffrey T. Checkel ed. , *International Institutions and Socialization in Europe*, New York：Cambridge University Press，2007，pp. 10 – 14.

③ Simon Hix, "The Study of the European Community：The Challenge to Comparative Politics", *WEST European Politics*, Vol. 17, No. 1, 1994, pp. 1 – 30. 转引自 Joseph Jupille, "Knowing Europe：Metatheory and Methodology in EU Studies", in Michelle Cini and Angele K. Boume eds. , *Palgrave Guide to European Union Studies*, p. 221。

来，希克斯教授的这一区分受到了很多人的批评，认为这种国内与国际政治的割裂是对欧洲一体化研究的"错误引导"①，单纯的比较政治方法和单纯的国际体系研究方法都可能错失对国内和国际层次互动的关注，从而导致一体化理论的解释力问题。因此，需要重新认识彼得·古勒维奇"颠倒的第二意象"和罗伯特·普特南的"双层博弈"理论，重新在国际政治与国内政治之间建立密切的联系。② 近年来，欧洲一体化理论中"欧洲化"的研究热潮和国际政治经济学研究方法的复兴，可以看做国际关系与比较政治研究融合的一个具体表现。

　　冷战结束以后，欧洲一体化理论始终在争鸣与融合中向前发展，这一特点基本上是与国际关系主流理论的争鸣与融合同步的，③ 这从另一个方面也说明，欧洲一体化理论是主流理论的一个重要组成部分。当然，在欧洲一体化理论之外，欧盟研究还包含大量的政策领域和欧盟发展特定方面的经验研究，这些往往被认为是欧盟研究的特殊性所在，因而也就不在本文的讨论范围之内。

---

① Joseph Jupille, "Knowing Europe: Metatheory and Methodology in EU Studies", p. 221.

② James Caporso, "Across the Great Divide: Integrating Comparative and International Politics", *International Studies Quarterly*, Vol. 41, No. 4, 1997, pp. 563 - 592.

③ 秦亚青教授在为《世界政治理论的探索与争鸣》中译本所写的译者前言中，深入总结了1999年以来国际关系理论发展的突出特点，特别是不同理论范式、同一理论不同流派之间的辩论，以及各种理论在研究议程、核心信仰方面的趋同情况。见秦亚青《译者前言：国际关系理论的争鸣、融合与创新》，载〔美〕载彼得·卡赞斯坦、罗伯特·基欧汉、斯蒂芬·克拉斯纳编《世界政治理论的探索与争鸣》，秦亚青等译，第11～18页。

信任与国家间的合作问题

——兼论当前的中美关系

国家之间的政治与安全关系是对抗还是合作，一个重要因素就是信任能否建立。信任程度决定着国家间的合作程度。信任程度高，国家间合作程度就高，反之亦然。在一个无政府状态的国际社会，猜疑和误解比比皆是，培育信任是一个充满挫折、需要善意和坚韧的过程。尤其是大国之间，信任往往是稀有产品。对于国家间的信任问题，现实主义、自由制度主义和建构主义有着极为不同的认识和理解。现实主义理论不相信国家之间会产生信任，因而用势力均衡的逻辑解释合作；自由制度主义用国际机制解释合作，认为制度可以有效地培育信任，但其所提供的个案研究多在经济领域，而非政治安全领域；建构主义则强调国家在社会互动中首先确定敌友身份，信任产生于朋友之间，它们可以结成信任基础上的安全共同体。用这三种国际关系主流范式观察当前的中美关系，会发现两国之间在培育信任方面还有很长的路要走。

---

* 原文载于《世界经济与政治》2003 年第 1 期。

一 现实主义： 信任难以产生

现实主义理论认为，"国际系统的基本结构特征是无政府状态，即不存在合法的集中控制力量"。[①] 在国际系统中，主要行为体是以自我利益为中心的主权独立的国家。国家作为自助的行为体，始终以追求安全为首要目标，而权力是维护国家安全的基本手段。

在无政府状态下，不确定性是绝对的，特别是在安全领域。美国学者鲍德温认为，"安全"是"已获得的价值被破坏的可能性处于一种较低的水平"。[②] 这里"量"的把握有很大的主观成分。另外，安全还"是一种关系，人们不可能在不理解国家安全置身其中的安全相互依存的国际格局的情况下理解任何给定的国家安全"。[③] 这说明安全需要理解和把握对方的意图和实力对比状况。

对安全的担忧，对别国的不信任，决定了国家对力量关系变化和相对收益（relative gain）的敏感，这种敏感又进一步导致国家对安全领域合作的审慎态度。现实主义认为，"国家间的合作是有限的，主要是因为它受到安全竞争这一主导逻辑的制约"。"国家往往担心，对可能获得利益的划分，可能对别的国家而不是对自己更有利。""只要双方还是担心对方会把增大了的能力用于不利于自己的活动，那么，即使有动人的前景，双方都可以大捞一把，它们还是不会合作的。"[④] 国家对相对收益的敏感，是阻碍信任产生的首要障碍。

---

① 〔美〕肯尼思·沃尔兹：《国际政治理论》，胡少华等译，中国人民公安大学出版社，1992年，中文版序言，第3页。

② David A. Baldwin, "The Concept of Security", *Review of International Studies*, Vol. 23, No. 1, 1997, p. 13.

③ Barry Buzan, *People, States and Fear: An Agenda for International Security Studies in the Post - Cold War Era*, New York and London: Harvester Wheatsheaf, 1991, 2nd ed., p. 187.

④ 〔美〕肯尼思·沃尔兹：《国际政治理论》，胡少华等译，第125页。

国家间相互依赖的加深，并没有使信任变得容易产生。在现实主义看来，相互依赖会损害国家的主权，甚至国家的生存。国家为了逃避因相互依赖所产生的脆弱性，有时会采取暴力的行为，进而导致冲突。主权国家为了自身安全，只有通过加强自身国防建设这一途径来实现。但是，在无政府状态的国际系统中，这种做法往往会被他国视为威胁，并导致效仿行为，因为，"当一国寻求以各种方式增进自身安全时，会意想不到地产生使他国安全受损的后果"。① 而其他国家的效法行为，又会进一步增加这个国家的不安全，这就是所谓的"安全困境"。

"安全困境"表明，任何国家在安全问题上都不可能随心所欲，国家的安全追求必然是在安全关系的互动中进行的。因而，政治家在考虑自身安全的同时，总是力图通过建立某种稳定的国际秩序和力量结构来保障安全的实现。在现实主义看来，势力均衡"在由主权国家组成的大家庭中，是个必不可少的稳定因素"。② "势力均衡的逻辑经常导致国家间针对共同敌人的结盟与合作。"③ 这种合作不是基于信任，而是基于对力量对比的敏锐判断，是各国为自身利益进行的相互利用，是与针对第三方联系在一起的，它反映的是权力的分布和权力的竞争关系。结盟与合作中形成的制度或机制，也是国家以力量分布现状为基础根据自身利益所进行的讨价还价的结果，因而从根本上说，是"上演权力关系的场所"。④ 信任并不能从均

---

① Robert Jervis, "Cooperation Under the Security Dilemma", in Robert Art and Robert Jervis eds., *International Politics: Anarchy, Force, Political Economy, and Decision Making*, 2nd ed., Gleniview IL: Scott, Foresman and Company, 1984, p. 88.

② 〔美〕汉斯·摩根索:《国际纵横策论——争强权，求和平》，卢明华、时殷弘、林勇军译，上海译文出版社，1995 年，第 222 页。

③ John J. Mearsheimer, "The False Promise of International Institutions", *International Security*, Vol. 19, No. 3, Winter 1994/1995, p. 10.

④ Tony Evans and Peter Wilson, "Regime Theory and English School of International Relations: A Comparision", *Millennium: Journal of International Studies*, Vol. 21, No. 3, Winter 1992, p. 330.

势体系中培育出来，合作也未必改变国际关系冲突的本质。现实主义不相信国家间会有信任产生，国家间的合作只能在力量对比相对均衡的状态下才可能出现。

从现实主义角度看待中美关系，两国力量不对称状况十分突出。2001年美国的军费开支占当年全球军备费用的40%，下一年度的预算为3790亿美元，这将高于包括中国、日本、俄罗斯和欧洲一些国家在内的15国军费开支的预算总和。美国在以信息为基础的军事革命中也起着绝对的主导作用。在经济方面，美国的产品占世界产品（以市场价格计算）31%的份额，相当于日、德、英、法的总和。根据约瑟夫·奈的分析，中国经济增长率即使保持在6%以上，而美国的增长率仅为2%，中国的人均收入到21世纪后半期仍赶不上美国。除此之外，中国自改革开放以来一直奉行独立自主的外交政策，没有通过结盟壮大自身力量以平衡美国的设想，因此，中美关系的稳定状态不可能通过力量均衡下的相互制约来实现。

小布什上台后，保守势力充斥政府，现实主义成为美国这一届政府对外政策的理念。追求单极世界和绝对安全，以美国划线，建立新"三位一体"力量结构，[①] 实施"先发制人"战略，进行全方位威慑等，正在成为指导美国外交政策的原则。在可预见的将来，美国力量的优势地位将得以保持，布什政府表现出来的单边主义、傲慢自大、偏执狭隘将使这种优势力量变得非常危险。在中美关系方面，布什政府一上台就一再强调中美之间的战略竞争关系，不相信中美应该携手建设面向21世纪的战略伙伴关系。美国政府信奉实力政策，敌视和不信任中国，致使中美关系难以稳定发展。有些人认为，中美关系中常表现出危机反应式的特征，主要源于双方缺乏长远战略打算。其实，应该看到美

---

① 美国最新《核态势审议》报告提出，改旧"三位一体"力量结构（即陆、海、空三位一体）为新"三位一体"结构，即由进攻性打击系统、防御性系统和后备反应基础设施三部分组成的，与指挥、控制、情报和规划系统紧密结合的全面威慑力量。

国在长远战略打算中不信任甚至敌视中国，是中美关系起伏波动的根本原因。

二 自由制度主义：制度是信任产生的桥梁

自由制度主义也承认在无政府状态的国际社会中，国家间信任是难以产生的。不过它相信，作为主权实体的国家行为体，虽然可以自主独立地决策，但是在相互依赖的世界里，行为者之间是密切关联的，"行为者实现其目标，必须考虑其他行为者的选择关注"，关注其他行为者的预期和观念，[①] 这就为合作提供了必要的前提。同时国家既然是自私、理性的行为体，它必然追求以最小的代价实现自身的国家利益。当武力冲突解决问题代价过高以及合作可使双方均有获利前景的时候，就产生了对合作的需求。如果不断重复的合作使"合作的价值大于任何一次背叛的好处"，[②] 国家就有可能从长远利益出发，在可预期对方行为的情况下，期待通过合作得到有利的回报。这里合作能否产生，除了利益的相关性和近、长期利益得失的估算外，信任仍然是关键。博弈论中的"囚徒困境"博弈说明，即使双方合作是博弈的帕累托最优解，但由于事先无法沟通和缺乏信任，每一方都害怕自己采取合作态度而受到对方欺骗，最终只能选择自己的占优战略，即出卖对方。因此，关键还是要解决促进信任的问题。

自由制度主义认为，如果建立能够改善信息不畅、增加透明度的国际制度，会有效地促进信任产生。这一流派的代表人物基欧汉指出，"有关国际合作的一切努力，都是在某种制度的背景下进行的"，"只有当最低限

---

① 海伦·米尔纳：《国际关系理论中的无政府假设》，载〔美〕大卫·鲍德温主编《新现实主义和新自由主义》，肖欢容译，浙江人民出版社，2001年，第165页。

② Helen Milner, "International Theories of Cooperation among Nations: Strengths and Weakness", *World Politics*, No. 44, April 1992, p. 474.

度的制度结构支持合作的时候，合作的情景才会出现"。① 按照自由制度主义的说法，制度"可以定义为在特定的国际关系领域，围绕行为者预期趋同的一系列的含蓄的或者明确的原则、规范、规则和决策程序"。② 制度的功能，简单地说就是解决类似"囚徒困境"中的欺骗行为。一方面，制度可以提供可靠的信息，增强透明度，减少合作者对合作伙伴的担心，克服因市场失灵带来的困难，从而使行为体愿意合作，并通过合作获得帕累托最优解。另一方面，制度可提供惩罚功能，对行为体的欺骗行为给予惩罚，使其收益低于成本。国际合作正是基于对制度所能提供的服务和惩罚的期待才产生的，稳定的国际合作必须通过有效的机制加以保证。新自由制度主义相信，国际制度一经建立，对国家行为体就会产生重要影响。由于重建制度通常要付出较高的成本，因而制度总是具有相对的稳定性。

一般地说，国家安全也是可以通过制度化的合作去追求的。如果"为了相互利益以相互认可的方式承诺对所有军事力量的规模、技术成分、投资格局以及各种行动进行管理"，③ 通过签订条约，建立关于武器系统和力量结构的限制网络，并形成体现透明度和包容性，具有总结、评估和反应能力，提供服务和惩罚功能的制度规范，就可以消除国家间的疑虑，建立互信，限制军事行动和武器扩散，防止冲突发生。因此，建立在互信基础上、以预防为主的制度化安全是完全可能的。通过制度的桥梁作用，形成一种规范和制约行为的环境，使各行为体在安全上照章办事，有规律互动，信任由此产生，并导致良性循环。

---

① Robert O. Keohane, "Neoliberal Institutions: Two Approaches", in Robert O. Keohane, *International Institutions and State Power: Essays in International Relations Theory*, Boulder: Westview Press, 1989, p. 159.

② 罗伯特·阿克塞尔罗德、罗伯特·基欧汉：《无政府状态下的战略和制度合作》，载〔美〕大卫·鲍德温主编《新现实主义和新自由主义》，肖欢容译，第 109 页。

③ Janne Nolan ed., *The Global Engagement: Cooperation and Security in 21 Century*, Washington D. C.: The Brookings Institution, 1994, p. 4.

制度是利益的产物,利益相关性是制度产生的必要条件。但在政治安全领域,战略合作的可能性比经济领域小。尽管两个领域"都是以共同获益的机会和相互依赖但又独立决策等方面为特征的",但两者的关键性区别体现在欺诈的代价、监督的困难和安全事务的竞争性三个方面。① 因此,在安全领域,有了共同利益,并不意味着制度就能够建立起来。基欧汉在探讨相对收益的条件性时,承认国家确实关注相对收益,特别是当只有两个行为体的时候(他认为,"随着行为者数量的增加,合作中对相对获益的影响衰减")。② 哥伦比亚大学教授罗伯特·杰维斯也强调指出,建立一种安全合作机制至少应满足以下四个条件:第一,大国必须有意愿建立这种具有约束性的机制;第二,各行为体必须相信其他行为体也同样具有相互安全的观念与合作的意愿;第三,即使主要行为体愿意维持现状,当一个或更多的行为体认为通过扩张可达到安全,制度化安全机制也难以建立;第四,战争与追求自身安全被广泛认为成本过于昂贵。③ 要满足上述条件实在不易,这里强国在自身利益基础上的自主性约束是关键。如果强国不愿自我约束,制度建立就无从谈起。

根据自由制度主义理论,制度是国家间合作的桥梁,制度可以培育信任,降低交往成本,减少冲突。制度的最初建设,特别是安全领域制度的建设,需要大国自身的克制和良好的意愿。据此检讨当前的中美关系,会发现中美之间在建立制度化机制以便形成持久信任方面存在着困难。这主要是因为美国现政府不是一个愿意约束自身行为的政府,并且总是以"双重标准"看待世界。

追求绝对优势、不愿受国际制度约束是近年来美国政策的一大特点。

---

① 查尔斯·利普森:《经济和安全事务领域的国际合作》,载〔美〕大卫·鲍德温主编《新现实主义和新自由主义》,肖欢容译,第 76 页。

② 罗伯特·基欧汉:《制度理论和冷战后时代现实主义的挑战》,载〔美〕大卫·鲍德温主编《新现实主义和新自由主义》,肖欢容译,第 277 页。

③ Robert Jervis, "Security Regime", in Stephen D. Krasner ed., *International Regimes*, Ithaca: Cornell University Press, 1983, pp. 176 – 177.

1999 年，美国参议院拒绝批准《全面禁止核试验条约》；1999 年 1 月，联合国通过决议重申各国应遵守 1967 年缔结的《外层空间条约》，禁止在太空部署和使用大规模杀伤性武器，美国继续拒绝签署这项由 138 个成员国签署的条约。2001 年 3 月，美国拒绝签署旨在遏制环境进一步恶化的《联合国气候变化公约京都议定书》，因为美国在环境领域"难以容忍与履约相关的国际监督、执行、核查机制对美国权威的制约和挑战"。[①] 2002 年初，布什政府又单方面增加钢材进口税，给它的贸易伙伴带来巨大损失。2001 年 12 月 12 日，布什总统发表了退出反导条约的讲话，声称不能允许美国仍受制于阻碍其发展有效防务手段的条约。美国退出反导条约，客观上会造成美国在陆地、空中和海上的军事优势最终扩展到近地空间，从而使美国达到全方位优势，与其他力量的对比进一步不平衡发展。

考虑到布什政府上台以后在一系列问题上的单边主义做法，很难指望美国现政府会在中美力量不均衡的情况下主动约束自身行为，同中国一道在各个领域建立各种层次的制度，以便加强磋商，增进信任，建立可预测的良性互动关系。反恐斗争为中美提供了利益相关的契合点，美国如能为了反恐斗争顺利进展，在中美关系领域采取主动的战略性约束，则中美关系有望朝着制度化合作的方向发展。

三　建构主义：信任与身份相关

20 世纪 90 年代发展起来的建构主义，目前已经与现实主义、新制度主义形成了三足鼎立之势。建构主义认为，信任是和国家的身份定位联系在一起的。建构主义强调指出，国际系统中的国家并非像沃尔兹所说的那样是单一性的"相似的单位"，只有权力大小的区别。建构主义强调指出，国家是有身份的，而身份又是多样的。"身份指的是行为体是谁或者是什

---

① 庄贵阳：《充满变数的国际气候谈判》，载李慎明、王逸舟主编《2002 年：全球政治与安全报告》，社会科学文献出版社，2002 年，第 172 页。

么这样的内容。身份表示社会类别或存在状态。"[1] 它"是由内在和外在结构建构而成的"。[2] 内在结构同国家政权组织形式关联，外在结构则是"共有观念"，是一种政治文化环境。"共有观念"确定国家之间的敌友身份，如果"共有观念"建构了行为体之间敌人的身份，那么相互信任就是困难的。国家"势必担心自我安全，并且需要依靠自助的方式保证自己的安全，在这种无政府状态下，体系呈现自助性"。[3] 反之，如果"共有观念"建构了行为体之间的朋友身份，安全上的自助行为就不可能产生，而会导致一种建立在相互信任基础上的"安全共同体"的产生。

"安全共同体"的形成，有多种多样的原因。可能是面临共同的敌人，可能是霸权的强制安排，也可能是社会交往频繁或历史学习的结果。奥尔·韦弗认为，西欧是一个安全共同体，它的形成既非交流密切的原因，也非制度化的安排，甚至不是有意识建设的结果，而是西欧各国其他非安全追求的附带结果。[4] 亚历山大·温特则明确提出，影响安全共同体集体身份形成的变量有四个：相互依存、共同命运、同质性与自我约束。[5] 温特认为，在这四个影响集体身份形成的主变量中，前三个是有效原因或主动原因，而第四个自我约束变量是助然或许可原因。"形成集体身份的必要条件是一个有效原因变量和自我约束变量的结合。"[6] 温特认为，自我约束是集体身份和友好关系的最根本基础，而民主国家更容易做到自我约束。

---

① 〔美〕亚历山大·温特：《国际政治的社会理论》，秦亚青译，上海人民出版社，2000年，第289页。

② 同上书，第282页。

③ 秦亚青：《国际体系的无政府性——读温特〈国际政治的社会理论〉》，《国际政治》2001年第10期，第31页。

④ Ole Waever, "Insecurity, Security, and Asecurity in the West European Non – war Community", in Emanuel Adler and Michael Barnet eds. , *Security Communities*, New York：Cambridge University Press, 1998, pp. 69 – 118.

⑤ 〔美〕亚历山大·温特：《国际政治的社会理论》，秦亚青译，第370~381、423~452页。

⑥ 同上书，第431页。

总之，建构主义认为，具有共同命运和利益相关的国家之间，如果彼此分享共同的政治文化，遵守和尊重相同的规范，就会有效地培育彼此之间的信任，在行为上做到自我约束，从而形成不以武力解决矛盾的安全共同体。在这里，安全需要信任，而信任与身份密切相关，身份的建构取决于政治文化因素。

建构主义的核心思想是，指出了无政府状态是国家造就的，无政府性是文化因素。秦亚青教授评价道："文化的回归意味着人的回归，意味着人的能动性的激活。"① 建构主义提供了一种跳出现实主义无休止权力争夺循环的途径，赋予了国家行为体的能动作用。但是，温特也指出，由于政治文化所具有的惯性和惰性，角色身份也具有相对的稳定性。一旦确定了集体身份为敌或者为友，角色身份会相对固定，并且有可能随着规范内化的程度加深，身份越是不易改变。

从建构主义的视角看待当前的中美关系，会发现中美两国各自的角色身份缺乏同质性。从温特集体身份形成的四个主要变量看，中美之间在经济上有一定的相互依存度，中国处于比美国更敏感和脆弱的地位，因为中国商品对美国市场的依赖远大于美国对中国的依赖。在分享共同命运方面，中美之间在某些特定领域具有共同利益，比如在维护亚太地区的安全与稳定方面，在反恐怖主义方面。但即使在这些方面，中美之间在实施的手段与方法上、关注的重点上、对特定问题的解决目标等问题上，都不太一致。在同质性方面，中美之间存在着较大的差距。中美政治哲学迥异，文化历史传统相去甚远，政权组成方式也完全不同。文化的多样性原本是世界的本来面目，但中美两国意识形态的差异，增加了两国政治文化上的敌意成分。再加上美国文化传统中的优越感和"天定命运"说，致使美国输出自身价值观的使命感和按照自己的理念改造世界的愿望十分突出，对世界的复杂性和多样性的理解相对简单，对中国历史和现状的了解严重不足。因此，冷战结束后，美国始终把中国看成是异己力量，对中国的猜疑

---

① 秦亚青：《国际体系的无政府性——读温特〈国际政治的社会理论〉》。

和敌视没有减少。布什上台后两个重要报告表现得更加清楚。2001 年，美国国防部发表的《四年防务审查报告》强调，"从孟加拉湾到日本海的东亚滨海区是一个特具挑战的地区"，美国在这一地区具有重要的利益，在这里存在着"出现一个有丰富资源的军事对手的可能性"。[①] 报告虽然没有点名，但对手是谁一目了然。2002 年初《纽约时报》披露的美《核态势审议》报告，更是明确将中国作为首要核打击目标。最新发布的美国国家安全战略报告也明确表示中国国家性质不确定，因而未来发展方向也不确定，也就是说中国有可能成为美国的敌人。这些报告反映出美国对中国政府的安全担心的合法性不予认同，对中国身份的竞争性怀有深刻的戒备，因而在其政策上明显表现出遏制和防范中国的政策趣向。

当然，建构主义还强调国家之间互动对观念结构的影响。这要求国家行为体朝着有利于"康德文化"结构的方向能动地转变自己的观念，重塑国家利益，这一过程可能非一朝一夕之功。

总之，信任在国家间关系中起着重要作用，是决定国家之间是合作还是竞争、冲突的关键因素。西方国际关系的三大主流范式对国家之间的信任问题有相当多的论述，从这三个理论框架中检讨中美关系，会发现它所描述的画面难以令人鼓舞。它提示学者和政策决策者不能为中美关系的表象所迷惑，也就是说，不要因为中美关系的一时好坏而忽视了处理这一关系的复杂性和艰巨性。

西方三大理论为观察中美关系带来的分析结果，从一个侧面说明主流国际关系理论范式存在着严重的问题，它们不能满足全球化形势下对国际关系多元化、民主化和平等进步的要求。还需要指出的是，任何理论都是为一定的目的和为一定的人群服务的。美国的主流国际关系理论是从美国的视角出发看待世界，不同的流派强调的重点也很不同。由于美国的强势

---

① 美国国防部：《四年防务审查报告》，解放军军事科学院译，军事科学出版社，2001 年，第 8 页。

地位，国际关系领域的话语体系也由美国主导。如何摆脱西方理论的范式分隔和主导观念，实现国际关系理论的创新，特别是在现实政策中为中美关系研究带来新思路和新办法，探寻中美关系稳定合作的基础，这是中国学者也是中国外交面临的紧迫的课题。

联合国投票变化与国家间关系（1990~2004）

冷战结束以后，国家间关系发生了深刻的变化，国际体系结构处在不断变化的过渡阶段。本文试图从联合国投票变化的角度透视冷战结束后的国家间关系特别是大国关系的演变情况，并试图从中分析导致这种变化的影响因素。

一　投票分析的范围及其局限性

作为主权国家的国际组织，联合国是多边外交的重要舞台，是成员国国家利益协调交换的场所。各个主权国家在联合国的投票行为受到各自认知的国家利益的驱动，因而，多边舞台常常是成员国实现其国家利益和国家目标的工具。各国在联合国政治和安全事务中采取的合作或不合作投票行为都是受国家间关系的当时状况制约并服务于国家间的双边关系。因此，考察一段时间里联合国投票格局的变化，可以看出国家间关系演变的趋势；而对不同问题领域里的投票格局进行分析，不仅可以考察不同问题领域内国家间关系的现状，还可以分析影响国家间关系的各种因素。

本文选取 1990~2004 年 15 年间联合国投票的四组数据进行分析。第

＊　原文载于《世界经济与政治》2006 年第 4 期。

一组数据包括联合国安理会和联合国大会（简称"联大"）一致表决通过率的比例，并与冷战时期的数据进行比较，以此观察冷战结束后国家间合作是否发生了显著变化。第二组数据是安理会五大常任理事国投否决票的情况，以此观察"五常"合作现状以及与国际力量结构的关系。第三组数据是联大在一致表决之外的投票情况，特别是各国与美国投票表决一致的比例情况，透过这些比例情况，观察各主要大国与美国之间的认同程度以及所反映出来的关系现状。第四组数据主要是在不同问题领域里的投票一致率情况，特别是在关乎美国重要利益的事项上各主要国家与美国投票的一致率情况，以此观察各大国与美国之间利益的关联程度以及它们在不同问题领域内合作程度的差异，并分析导致这种差异的背后因素。通过这四组数据，可以从一个侧面观察冷战结束后大国关系的基本现状和发展趋势，并就影响国家之间合作的结构与进程因素进行分析。

近年来，国内学术界加强了对联合国的研究，出版了一系列有影响的著作，但对安理会和联合国大会投票状况的系统研究相对缺乏，对各种投票数据的积累和整理工作也严重不足，这种研究状况与中国作为联合国安理会常任理事国的地位是不相称的。国外对联合国的投票研究和数据积累工作很早就开始。除了联合国本身外，设在纽约的全球政策论坛目前是最重要的关于联合国研究与咨询的机构之一，其网站专门设有数据库，提供详细的关于历年投票的情况。美国国务院自 20 世纪 80 年代开始每年向国会提交关于联合国投票表决情况的年度报告，这些报告对系统研究联合国投票情况具有重要的参考价值。① 国外一些大学的图书馆也有专门的联合国投票情况的资料积累，但进入这些数据库需要具备相应的资格。国外对联合国投票情况的研究分为两种类型：一种是模式分析，主要研究投票格局和趋势的变化；另一种是政策与投票行为相关性分析，主要研究某一国

---

① 全球政策论坛网站：http://www.globalpolicy.org；美国国务院 1997~2004 年向国会提交的年度报告可参见美国国务院网站：http://www.state.gov。

家的对外政策对其他成员国投票行为的影响。① 目前国内这两种类型的研究都明显不够。

本文属于第一种模式分析，目的在于通过考察 1990~2004 年联合国投票格局的演变，梳理和分析冷战结束后 15 年里大国关系的变化脉络。这种研究的优势在于通过数据和图表说话，直观性强，对变化程度的把握相对具体，有较强的说服力。其局限性在于模式分析只能反映投票的格局变化以及这种变化反映出来的国家关系状况。对于变化影响因素的分析也只能从相对宏观的国际结构和进程因素加以分析，至于各国投票行为背后的动机和利益的把握，需要增加新的变量加以解释，投票行为与某项政策相关性分析可以弥补模式分析的不足，但不是本文关注的重点。

二 联合国投票模式的变化

冷战结束后，随着国际形势的变化，联合国投票模式发生了一些明显的变化，其中四组数据值得观察。

（一）不论是安理会还是联合国大会，协商一致通过决议的比例都大幅度增加

冷战期间，美苏对峙的两极格局导致联合国内不论安理会还是联大协商一致的投票比率一直相对较低。在安理会，1946~1964 年的 18 年间共

① 关于模式分析，见 Global Policy Forum，"Changing Patterns in the Use of the Veto in the Security Council"，http：//www. global policy. org/security/data/vetotab. htm；Steven Holloway，"Forty Years of United Nations General Assembly Voting"，*Canadian Journal of Political Science*，Vol. 23，No. 2，1990，pp. 281－296。关于政策与投票行为关系的分析，见 Bryant Johnson，"Foreign Aid Wins Few Friends at the United Nations"，Heritage Foundation，http：//www. heritage. org/library/categories/forpol/fyi101. html；T. Y. Wang，"U. S. Foreign Aid and UN Voting：An Analysis of Important Issues"，*International Studies Quarterly*，Vol. 43，Issue 1，March 1999，p. 199；Daniel S. Morey，"The Impact of Foreign Aid on Voting inside the United Nations"，MA Thesis，Department of Political Science，Las Vegas：University of Nevada，1999。

通过决议 199 项，协商一致的决议数仅为 11 次，占全部的 5.5%；1965～1971 年，通过的决议数为 102，协商一致通过数为 41，占 40%；1971～1976 年，协商一致的比率上升到 47.5%。^① 冷战结束后，安理会协商一致通过决议的比例大幅提高。1991～1992 年，这一比例迅速上升到 93.4%。^② 此后一直保持在这个较高的水平上。例如，1997 年为 93%，2001 年为 94%，2004 年为 93.2%。^③

冷战结束后，不仅安理会协商一致通过的决议比例大增，联大一致通过的决议比例也一直较高。2004 年，在联大 282 项决议案中，213 项是一致通过的，占 75.5%。2002 年为 78%，2001 年为 77.7%，2000 年为 76%，1999 年为 76.9%，1998 年为 78%，1997 年为 75.2%，1993 年和 1994 年都达到了 77.4%，1992 年为 73%，1987 年为 60.6%。^④ 这组数字表明，冷战期间因两极对抗导致的协商一致比率较低的情况有了很大的改观。

（二）安理会常任理事国否决票比例下降，非正式磋商大大增加

冷战期间，美苏为了各自利益频繁使用否决权。据统计，1946～1989 年，五个常任理事国在安理会共行使否决权 239 次，其中苏联使用最多，达 119 次；美国次之，共 67 次；两国共占 77%，苏联约占 50%，美国约占 28%。^⑤ 这种情况使联合国几乎处于半瘫痪状态，变成了美苏两国斗争

---

① 王杰主编《大国手中的权杖：联合国行使否决权纪实》，当代世界出版社，1998 年，第 459～460 页。

② 同上书，第 459 页。

③ U. S. Department of State, Voting Practices in the United Nations, 1997, 2003, 2004, http：//www. libraries. psu. edu/socialsciences/unvote. pdf；http：//www. state. gov/p/io/rls/rpt/2003/c12061. htm；http：//www. state. gov/documents/organization/44413. pdf.

④ U. S. Department of State, Voting Practices in the United Nations, 1994, 2003, http：//dosfan. lib. uic. edu/ERC/intlorg/UN_ voting/Introduc－tion. html.

⑤ 根据"全球政策论坛"提供的数据整理，见 http：//www. globalpolicy. org/security/membship/veto/vetosubj. htm。

的场所和工具。除美国和苏联外，英国所投的否决票数为32票、法国18票、中国3票（包括1955年台湾地区占据该席位时所投的1票），各自所占的比例都较低，分别是13.3%、7.53%和1.25%强。按照每一个10年划分，1946～1955年共83张否决票，1956～1965年为31张，1966～1975年为33张，1976～1985年为60张，1986～1989年为32张。①

1990～2004年，安理会常任理事国所投的否决票较之冷战时期少之又少。在这15年中，安理会的否决票总共为18票，其中美国13票，约占否决票总数的72%；俄罗斯3票，约占17%；中国2票，占11%；英国和法国在冷战结束后没有投否决票。②

冷战结束后，另一重要现象是安理会的非正式磋商大大增加。安理会正式会议和会前磋商是安理会处理国际政治和安全事务的重要程序，尽管后者并没有写入《联合国宪章》，但非正式磋商是国家之间进行谈判和交易的重要手段。冷战期间，安理会因美苏对抗导致磋商不足，效率低下，否决票非常多。即使是戈尔巴乔夫上台后的缓和时期，如1988年，安理会正式会议与非正式磋商分别为55次和62次；1989年为69次和80次，非正式磋商的次数略高于正式会议。冷战结束后，安理会正式会议大大增加，非正式磋商更是成倍增长。③ 非正式磋商的增多是否决票数减少的重要原因之一。

---

① Global Policy Forum, "Changing Patterns in the Use of the Veto in the Security Council".

② Ibid.；还可见 U. S. Department of State, Voting Practices in the United Nations, 2003, 2002, 2001, 2000, 1999, 1998, 1997。美国国务院1997年以后发表的《联合国表决情况》全部可以在其网站上查阅，见 http：//www. state. gov/p/io/rls/rpt/。另1996年以前至1990年否决票情况也可见联合国网站，http：//www. un. org/Depts/dhl/resguide/scact. htm。

③ 例如，1991年安理会正式会议与非正式磋商的次数是53次和115次，1992年为133次和188次，1993年为171次和253次，1994年为165次和273次，1995年为135次和251次，1996年为117次和214次，1997年为123次和229次，1998年为116次和226次，1999年为131次和237次。根据"全球政策论坛"统计数据整理，http：//www. globalpolicy. org/security/data/secmgtab. htm。

（三）各国与美国的投票一致率自20世纪90年代中期以后一直向下波动

除了前述联大一致表决投票较之冷战期间大幅度上升以外，在一致表决之外的各国投票与美国投票一致的比率也有所上升。但值得注意的是，自20世纪90年代中期以后，这种上升势头开始向下波动，幅度较大。一致通过决议之外的投票表决特别值得关注，是因为在这一范围的表决情况更能够说明各国之间的共识情况。

以中美为例，1989～2004年，在一致通过表决之外，中国在联大与美国有记录的投票一致率从1989年的10.9%上升到1996年的29.7%；中间在1993年有小幅下跌，降到10.6%；从1996年中期以后开始向下波动，到2004年降至8.8%（见图1）。①

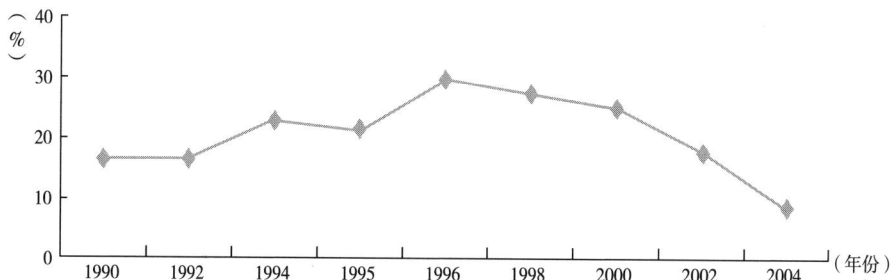

图1　中美在联大一致通过表决外的投票一致率图示

在联大一致通过表决之外，中美投票一致率在15年间呈现倒U型发展趋势。其他国家之间特别是美国与盟国之间的情况是否也如此呢？通过考察这15年间的投票情况，可以发现美国的核心盟国英、法、德、日四国

---

① 〔美〕伊莉莎白·埃克诺米、米歇尔·奥克森伯格主编《中国参与世界》，华宏勋等译，新华出版社，2001年，第52页。另见 U. S. Department of State, Voting Practices in the United Nations, 1994, 1997, 1998, 1999, 2000, 2001, 2002, 2003, 2004, http://dosfan. lib. uic. edu/ERC/intlorg/UN_ voting/General_ Overal. html; http://www. state. gov/p/io/rls/rpt/。

在联大与美国投票的一致率远高于中美之间，2004 年它们与美国的一致率
分别是 56.7%、54.1%、44.8% 和 42.9%。① 但值得关注的是，自 20 世纪
90 年代以来，美国同上述四国在联大一致通过决议之外的投票一致率也出
现下降趋势，而 1990 年时分别高达 81.8%、76.7%、69% 和 58.3%。② 美
国与俄罗斯的投票一致率在冷战结束后也如同中国一样，20 世纪 90 年代
上半期不断上升，从 1990 年的 16.7% 上升到 1994 年的 66.6%，此后开始
下降，到 2004 年降至 18.6%（见表 1 和图 2）。

表 1　美国与其他大国在联大一致表决外的投票一致率一览

单位:%

年　份	2004	2002	2000	1998	1996	1994	1992	1990
英　国	56.7	57.1	71.7	74.5	79.1	84.3	73.5	81.8
法　国	54.1	56.0	64.6	73.6	77.8	75.8	63.8	76.7
德　国	44.8	49.3	64.8	67.3	74.2	77.7	63.8	69.0
日　本	42.9	48.6	58.8	60.4	72.4	78.4	53.7	58.3
俄罗斯	18.6	30.4	44.4	55.1	59.3	66.6	59.5	16.7

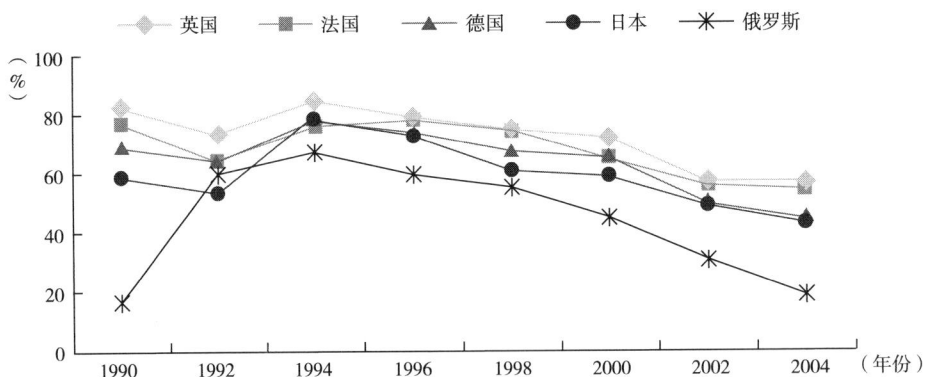

图 2　美国与其他大国在联大一致表决外的投票一致率

① U. S. Department of State, Voting Practices in the United Nations, 2004, http://www.state.gov/
　p/io/rls/rpt.

② 1990 年的数字为联邦德国的数字。所有数据来源见 U. S. Department of State, Voting Prac-
　tices in the United Nations, 1994, 1996, 1998, 2000, 2002, 2004, http://www.un.org/
　Depts/dhl/resguide/scact. htm; http://www.state.gov/p/io/rls/rpt/。

冷战结束后，在非一致通过的表决中，所有联合国成员国与美国在联大投票表决的平均一致率也呈现出倒 U 型波动，从 1990 年的 21.3% 上升到 1995 年的 50.6%，再从此点持续下跌，下降到 2004 年的 25.5%（见表 2 和图 3）。①

表 2　联大所有成员国与美国在一致通过表决外的投票一致率

单位：%

年　份	1990	1992	1994	1995	1996	1998	2000	2002	2004
百分比	21.3	31.0	48.6	50.6	49.4	44.2	43.0	31.2	23.3

由此可见，美国与盟国的投票一致率以及美国同联大所有成员国的一致率自 20 世纪 90 年代中期以来不断地呈现出下降趋势，且幅度为20～25 个百分点。中国和俄罗斯与美国在 90 年代中期有较多的一致，此后也不断下降，俄罗斯的下降幅度高达 40 多个百分点。

（四）大国在联大关乎美国重要利益的三类事项上的投票相同率呈总体下降趋势

分析联合国投票在涉及美国重要利益事项上各主要国家与美国投票一致率情况，能够说明冷战结束后各主要国家与唯一的超级大国在重要利益问题上是否能够形成高度共识，由此可以看出美国在联合国内对国际事务的控制能力。

根据美国法律，美国务院每年要向国会报告联大在影响美国重要利益问题上各国投票情况。国务院依据美战略目标确定属于关乎美国利益的重要事项，一般每年选出大约 12～16 项。以 2001 年第 56 届联大为例，美国务院选出 12 项涉及美国重要利益的问题，其中 3 项为中东事务，3 项军控事务，5 项涉及人权问题，1 项涉及古巴。2003 年，美国务院选出 15 项重

---

① U. S. Department of State, Voting Practices in the United Nations, 2001, 2002, 2003, http：//www. state. gov/p/io/rls/rpt；U. S. Department of State, Voting Practices in the United Nations, 1994, http：//dosfan. lib. uic. edu/ERC/intlorg/UN_ voting/Introduction. html.

要事项，其中4项涉及中东事务，6项涉及人权与推广民主，2项涉及军控和安全，1项涉及古巴，还有2项其他。① 由此可见，涉及美国重要利益的问题大多是在军控、人权和中东地区事务三个不同的问题领域。

首先，在美国选定的关乎美国重要利益事项上的投票，美国与主要国家和主要地区组织在一致表决外的投票一致率呈整体下降趋势。美国与核心盟国的一致率从20世纪90年代的80%以上降为60%以上，美国同俄罗斯和东盟国家的一致率也不断下降，中国同美国投票一致率总体偏低，且波动较大（见表3）。

表3　各主要国家和地区组织与美国在重要事项上的投票一致率

单位:%

年　份	中国	欧盟	东盟	俄罗斯	英国	法国	德国	日本
2004	11.1	56.2	19.3	28.6	66.7	57.1	57.1	66.7
2003	0.0	69.4	18.9	45.5	66.7	66.7	66.7	63.6
2002	20.0	50.0	16.5	22.2	50.0	50.0	50.0	58.3
2001	0.0	64.8	0.0	11.1	77.8	63.6	70.0	66.7
2000	14.3	71.7	27.1	25.0	77.8	60.0	77.8	75.0
1999	37.5	70.8	46.1	40.0	75.0	66.7	72.7	72.7
1998	20.0	83.6	37.9	50.0	87.5	87.5	85.7	85.7
1997	12.5	82.5	28.4	63.6	83.3	81.8	81.8	83.3
1994	12.5	79.9	53.6	88.9	83.3	76.9	83.3	81.8

资料来源：U. S. Department of State, Voting Practices in the United Nations, 1997, 1998, 1999, 2000, 2001, 2002, 2003, http://www.state.gov/p/io/rls/rpt。

其次，在涉及美国重要利益的中东、军控和人权三个问题领域，美国和所有成员国在联大一致表决外的平均投票一致率基本上表现为军控领域相对最高，人权领域次之（但有时高于军控领域），中东地区事务上的一致率相对最低，但总体相同率也呈倒U型发展。冷战结束到20世纪90年

① U. S. Department of State, Voting Practices in the United Nations, 2001, Department of State Publication 10955, Bureau of International Organization Affairs, June 2002, p. 43.

代中期，一致率不断上升，90 年代中期以后不断下降。① 这一点与美国同所有成员国在一致表决外的所有投票上的一致率变化趋势是一致的（见表4 和图 3）。

表4 美国与所有成员国在三个问题领域及所有投票的一致率

单位:%

年　份	军　控	中东事务	人　权	所有事项投票
2004	17.9	9.8	44.9	23.3
2003	30.7	16.5	34.3	25.5
2002	41.9	32.4	23.7	31.2
2001	50.4	29.0	33.9	31.7
2000	66.1	11.9	55.7	43.0
1999	57.9	22.7	52.5	41.8
1998	64.0	22.5	62.8	44.2
1997	65.8	26.2	61.9	46.7
1996	62.3	28.3	68.3	49.4
1995	60.9	35.2	81.0	50.6
1994	52.8	38.5	75.9	48.6
1990	17.1	20.1	37.0	21.3

资料来源：U. S. Department of State, Voting Practices in the United Nations, 2001, 2002, 2003, http：//www. state. gov/p/io/rls/rpt/。

值得注意的是，美国与盟国之间在一致表决外的投票一致率虽呈下降趋势，但在关乎美国重要利益事项上的投票相同率下降幅度比与在所有事项上的投票相同率下降幅度要小。这说明盟国在美国认为的重要利益事项上仍然保持着与美国较多的一致，而美国和非盟国之间（例如与中国、俄罗斯等大国之间）则没有如此明显的特征。② 也就是说，在美国认为重要利益的地方，中、俄与美国的一致率有时低于有时也高于在所有是事项上

① U. S. Department of State, Voting Practices in the United Nations, 2001, http：//www. state. gov/p/io/rls/rpt/.

② U. S. Department of State, Voting Practices in the United Nations, 1994, http：//dosfan. lib. uic. edu/ERC/intlorg/UN_ voting/Introduction. html；U. S. Department of State, Voting Practices in the United Nations, 1997, 1999, 2001, 2004, http：//www. state. gov/p/io/rls/rpt/.

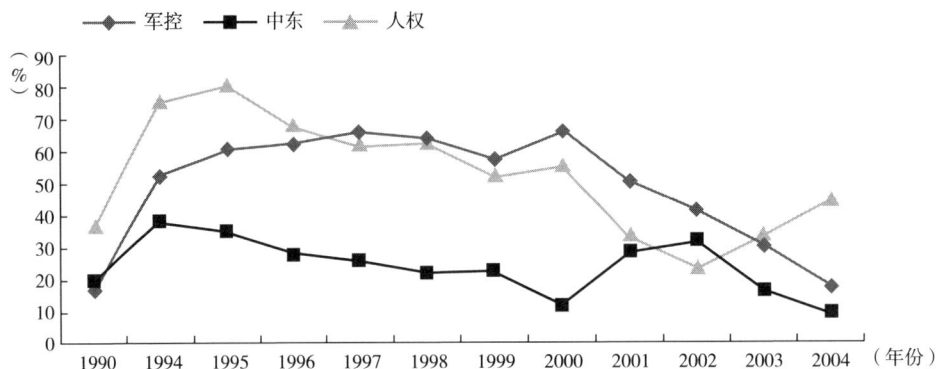

图 3 美国与所有成员国在联大一致表决外三个领域投票一致率趋势

的投票一致率。

上述表明，美国和所有成员国在 20 世纪 90 年代中期，投票相同比例较高，尤其是在人权和军控两个领域，但之后直线下降。中美之间在不同问题领域的投票一致率差异相当大，总体呈不断下降趋势。美国与盟国之间虽投票一致率不断下降，但在美国认为关乎其重要利益的领域，它与盟国的一致性仍然较高。

三 结论

以上对联合国安理会和联大的投票情况、联大一致表决之外的各主要国家投票一致率情况以及在不同问题领域特别是在关乎美国重要利益事项上的投票相同比例情况进行了分析，从投票的变化中可以看出冷战后国际关系特别是大国关系正在发生重要演变，国际体系表现出过渡阶段的明显特征。

（一）冷战结束后大国合作总体加强，国际体系的结构因素占据主导地位

从安理会和联大一致同意表决比例增加、安理会否决票数大幅度减少以及磋商力度加大可以看出，大国之间和所有国家之间在联合国的合作明

显增多，这说明冷战结束后国家间合作总体加强。

安理会会议议题增多、正式与非正式会议以及磋商不断增加，一方面说明需要处理的国际共同事务越来越多，国际组织的重要性增强，需求加大；另一方面说明安理会的责任加重，也就是国际社会越来越注重大国所肩负的维护国际和平与安全的使命。

安理会否决票总体下降，但美国的否决票比例大幅度上升，从冷战期间的28%一跃而上升到冷战结束后的72%强。这表明美国在冷战结束后的国际体系中最具有动用否决权和敢于选择单边行动的实力，这也使它成为安理会是否能够采取集体行动的核心力量。正因为此，冷战后联合国内的合作呈现出某种霸权主导下的合作模式。

政治结构塑造政治进程。与冷战期间两极对抗导致安理会几近瘫痪相比，冷战结束后一超多强的力量结构明显带来了较多的磋商和协调。作为相对弱势权力，其他常任理事国的否决票很少，英国和法国在冷战结束后没有投否决票。中国的两张否决票也主要因为关涉维护核心国家利益的台湾问题。冷战结束后，中国始终审慎对待否决票。在一些涉及美国重要利益但中国在处理方式上与美国有不同意见的情况下，中国通常选择投弃权票，或威胁使用否决权促成提案修改，以保持中美关系的稳定，这也是中国政府倡导的"五常"之间应"相互尊重、平等相待；扩大共识、求同存异；加强沟通、密切协商；顾全大局、促进合作"的做法。①加强会前磋商，以便扩大共识，减少否决票，已成为冷战后安理会工作的主导模式。

（二）20世纪90年代中期以来美国主导合作的能力下降，国际体系呈过渡特征

冷战结束后到20世纪90年代中期，各国与美国的合作表现为上升趋势。这从联大非一致通过表决中其他成员国与美国的投票一致率不断攀升

---

① 中华人民共和国外交部编《中国外交》，世界知识出版社，2001年，第567页。

可以表现出来，即从 1988 年的 15.4% 上升到 1995 年的 50.6%。也可以从中美投票一致率由冷战结束前的 10% 上升到 1996 年的 29.7% 加以印证。

但 20 世纪 90 年代中期以后，各种数据呈全面下降趋势。如美国同所有成员国、同核心盟国、同中国和俄罗斯两个大国在联大一致表决通过之外的投票一致率都在直线下降，这说明美国与其他国家间的合作程度已经不能和冷战结束最初的 5 年间相比，美国主导合作的能力显著下降。

20 世纪 90 年代中期以后，美国与核心盟国在一致表决外的投票相同率下降幅度除英国为 22 个百分点外，其他各国都超过了 25 个百分点，日本下降了 34 个百分点。这说明美国与盟国间关系的变化比较突出，它们之间的合作程度已今非昔比。由此看来，伊拉克战争只不过使美欧矛盾凸显出来。实际上，早在 90 年代中期它们渐行渐远的历程在联大投票表决中就已开始有所表现。

美国与其他国家在一致表决外的投票一致率总体下降，表明其他国家与美国在国际事务中的认同在降低，美国主导国际事务的能力在不断下降。这从一个侧面说明，强调冷战后国际体系是单极体系且将持续长久的理论①是站不住脚的，世界力量确实在朝着多极化的方向发展，现阶段国际体系带有明显的过渡性特征，充满了变化和不确定性。

（三）美国与盟国间在重要利益上的共同点较多，它们的集体身份依然存在

在不同问题领域，美国与其他国家在一致表决之外的投票一致率并非呈现平均状态，而是有的高，有的低。一般来说，人权领域和裁军领域的一致率高于中东问题领域。美国与盟国之间在人权领域的一致率远远高于美国与其他大国之间。中国和美国在人权领域一致率相当低，但近两年来开始出现了 15% 的一致率。这说明国际事务在不同的问题领域的确存在着

---

① William C. Wohlforth, "The Stability of a Unipolar World", *International Security*, Vol. 24, No. 1, Summer 1999, pp. 5 - 41.

不同的利益结构与合作模式。

在美国与其他国家在美国认为关乎其核心利益事项上的投票情况方面，一个值得注意的现象就是，在这一项上美国与盟国一致率的下降幅度要低于它们在所有事项投票一致率的下降幅度。而美国与其他大国在关乎美国重要利益事项上的一致率比较低，波动比较大。由此可见，美国与盟国之间虽渐行渐远，但在核心利益上还是有较多的一致，它们的集体身份依然存在。

通常来说，不同问题领域里利益结构与价值结构的不同会导致合作意愿的不同。国际体系的权力结构影响合作模式，但权力结构不能解释为什么有些方面的合作多，而有些方面的合作少。联合国的投票格局也反映出，"每个领域都有其独特的、具有代表性的问题结构和冲突模式，合作的机会便因它们的不同而不同"。[1]

总之，冷战结束后15年里各主要国家在联合国的投票行为从一个侧面反映了国际关系的深刻变化和演变趋势。本文只是选取了特定时间段的几组数据，说明的问题有限。更长时间段的投票情况或者特定领域的投票分析以及投票行为与政策相关性的研究等都有待于进一步深入展开。

---

[1] 〔德〕贝娅特科勒－科赫等：《欧洲一体化与欧盟治理》，顾俊礼等译，中国社会科学出版社，2004年，第28页。

观念转变、领导能力与中国外交的变化

近年来，外部世界对中国的关注不断升温，对中国外交和中国对外行为的评论增多，对中国未来的走向表示关切，对中国宣示的和平发展道路表示疑虑。一些人认为现阶段中国外交"更精致、更自信，在全球和地区事务中时常表现得更具有建设性"，但同时表示，力量强大以后的中国是否仍然是一支建设性力量值得怀疑。② 也有一些人认为，中国外交政策的变化主要源于外部结构的压力，一旦羽翼丰满，中国必将称霸地区并进而称霸世界。③ 如何看待中国外交变化的动力来源？变化的核心变量是国际因素还是国内因素？如果是国内因素的话，那么，影响国内偏好变化的主导因素是什么？

关于中国外交变化的动力来源问题，早有学者从国内政治变化的角度予以解释。颇具代表性的是章百家提出的中国通过改变自己而影响世界的观点。他认为，相对于世界变化对中国的影响来说，中国内部的变化对中

---

* 原文载于《国际政治研究》2007 年第 1 期。

② Evens S. Medeiros and M. Taylor Fravel, "China's New Diplomacy", *Foreign Affairs*, Vol. 82, No. 6, Nov. /Dec. 2003.

③ Larry M. Wortzel, "China's Strategic Intentions and Goals", Testimony before the Committee on Armed Services, U. S. House of Representatives, June 21, 2000; Peter Brookes, "The Chinese Age?", *New York Post*, June 14, 2004, http: //www. taiwansecurity. org/News/2004/NYP - 140604. htm; Michael Pillsbury, *China Debates the Future Security Environment*, Washington DC: National Defense University Press, 2000, Chap. 7.

国外交的影响更强烈、更深刻。中国对外关系的变化，"始终与中国内部的政治发展紧密地联系在一起，甚至可以说，中国主要是依靠自己的内部变革，而不是通过某种外部行为来改变中国与其他国家乃至与整个世界的关系"。① 中国外交表现出来的不断促进国际合作、日益走向多边主义的新变化，的确如章百家所说主要源自改革开放以来中国社会内部的深刻变化。但是，需要进一步说明的是，这种反应是怎样开始的、从何处开始的，它的解释模式如何，这种模式更多体现的是特殊性还是具有普遍意义。关于解释模式问题，国内也已开始研究。时殷弘提出了"经济第一"和"愈益并入世界体系"两个概念，作为分析框架用以讨论中国外交战略演变的原因。② 美国学者沈大伟即将发表的探讨中国共产党自身适应性变革的论著，是国外学者关注中共党内改革进而导致中国对外行为变化的重要探索。③

本文关注中国国内因素对中国外交变化的影响，特别是影响路径和模式问题。本文认为，自1978年改革开放以来中国外交发生的持续变化，主要源自中国国内的深刻变化。它首先开始于中国人世界观的转变，特别是中国领导人世界观的转变。观念的转变改变了中国的国内国外议程，推动了中国对自身利益和身份的重新认知。其中，中国政府的领导能力是重要干预变量，它使中国社会的巨大转型始终坚持在改革开放进程中展开。观念、利益、身份和国内政治的交叉互动推动了中国外交的新发展，是中国外交变化的内在驱动力。因此，"观念转变"、"领导能力"与"中国外交变化"构成了现阶段中国外交变化动力的解释模式。

---

① 章百家：《改变自己，影响世界——20世纪中国外交基本线索刍议》，《中国社会科学》2002年第1期。另外，《国际政治研究》2006年第1期还以"社会变迁与中国外交"为题进行了主题讨论，许多学者提出了颇有见地的看法和需要进一步讨论的问题。这一主题讨论在一定程度上推动了学术界对中国外交变化动力的深入思考。

② 时殷弘：《中国的变迁与中国战略外交分析》，《国际政治研究》2006年第1期，第31~44页。

③ 沈大伟教授与笔者的谈话，他的相关著作即将出版。参见 David Shambaugh, *China's Communist Party: Atrophy and Adaptation*, coming soon in 2007。

本文首先采取进程回溯的方法，以 1978 年中国开始改革开放作为切入点，对在此前后中国外交的变化加以对照和讨论。进而，以 1978 年为起点，探讨近三十年改革开放进程中国政治经济各领域的变化对中国外交的深刻影响。在此基础上，本文将阐述中国外交变化的"观念＋领导"解释模式。

一　中国外交的新发展

从本质上说，外交是一种政治活动，是国家实现对外政策目标的工具，因而必然受到国内政治的制约。外交政策历来是一个国家自身利益和价值追求的反映，[①] 国家利益、身份和价值追求帮助确定外交政策目标，决定外交政策所需运用的手段。但是，国家利益和国家身份并非是先验给定的，它们在国内和国际因素的互动过程中不断发生演变。[②] 这种演变将导致一国外交政策的转变，并进而促进外交行为的变化。

近年来，中国外交总体表现出全面融入国际体系、积极寻求国际合作、日益重视多边主义的特征。在国际体系层面，中国加入了世界贸易组织，被认为"是迄今为止支持现有自由贸易体系的最明确行动"。[③] 在国际安全领域，中国签署了《核不扩散条约》、《全面核禁试条约》和《生化武器条约》等，主动接受国际社会对中国发展战略武器的限制。在人权领域，中国逐渐与国际人权标准接轨，是"国际人权体制的积极参与者"。[④] 中国还积极参与联合国事务，在国际维和行动中发挥着重要作用，[⑤] 并在

---

① G. R. Berridge, *Diplomacy*: *Theory and Practice* (Third Edition), Macmillan, 2005, p. 1.

② 〔美〕玛莎·费丽莫：《国际社会中的国家利益》，袁正清译，浙江人民出版社，2001 年。

③ Alastair Iain Johnston, "Is China a Status Quo Power?", *International Security*, Vol. 27, No. 4, Spring 2003, pp. 5 – 56.

④ 〔美〕安德鲁·内森：《中国与国际人权体制》，载〔美〕伊莉莎白·埃克诺米、米歇尔·奥克森伯格主编《中国参与世界》，华宏勋等译，新华出版社，2001 年，第 141 页。

⑤ 自 1990 年首次向联合国维和行动派遣军事观察员以来，中国已先向 13 项联合国维和行动派出维和军事人员 3362 次。参见国务院新闻办公室《2004 年中国的国防》白皮书，2004 年 12 月 27 日，"第九章：国际安全合作"。

朝鲜进行核试验后，首次赞同联合国 1718 号决议对其实施有限制裁。在地区层面，中国积极推动和参与地区共同体建设，在东盟与中国、东盟与中日韩、上海合作组织、东盟地区论坛、亚洲合作对话机制、六方会谈机制中发挥了建设性作用。为了促进区域合作，中国正式加入了《东南亚友好合作条约》，并与其他东亚国家积极探索建立东亚共同体的可能性，支持东盟在地区合作进程中的主导地位。在周边地区，中国积极寻求通过和平谈判解决与邻国的争议，同绝大多数周边国家解决了陆地边界问题，与东盟签署了《南海各方行为宣言》，与菲律宾、越南在南海地区共同开发方面取得突破性进展。"领土、领海争议已不再是中国与周边国家开展正常合作、发展睦邻关系、共筑地区安全的障碍。"[①] 总之，中国在国际体系层面、地区层面、周边和安全领域开始全面实施新国际主义和多边主义外交。

中国外交的变化总体上说是外交政策变化的产物，特别体现在中国外交任务与价值追求上的变化。从外交任务来看，新中国成立以后，外交战略几经调整，从"一边倒"到"一条线"，从反美、反帝、反苏修到反对一切反动派，中国外交体现了较强的斗争性和对抗性。改革开放以后，为了实现建设小康社会的总体目标，中国外交开始致力于争取和平稳定的国际环境、睦邻友好的周边环境、平等互利的合作环境和客观友善的舆论环境。同时，为了促进世界和平与稳定，中国外交任务还包括"维护世界和平，促进共同发展"，[②] 要"站在时代发展和人类进步的高度，以合作谋和平，以合作促发展，努力扩大各国利益的汇合点，寻求互利共赢"。[③] 这个任务的确定，反映了中国外交的深刻变化。在与世界各国的交往中，中国提出要根据世界的发展趋势和自身的利益来处理与不同类型国家的关系，不再

---

① 《和平、发展、合作——李肇星外长谈新时期中国外交的旗帜》，2005 年 8 月 22 日，http://www.mfa.gov.cn/chn/zxx/t208030.htm。

② 江泽民在中国共产党第十六次全国代表大会上的报告《全面建设小康社会，开创中国特色社会主义事业新局面》，2002 年 11 月 8 日。

③ 《和平、发展、合作——李肇星外长谈新时期中国外交的旗帜》。

强调以意识形态划线，主张发展与各国友好合作、平等互利的关系。在处理与大国关系方面，坚持不结盟、不对抗、不针对第三方的新型伙伴关系政策，积极通过战略对话和谈判协调大国关系。在处理与发展中国家关系方面，强调不当头、不扛旗、永不称霸，积极援助和支持发展中国家的发展。对于周边邻国，奉行睦邻、安邻、富邻的政策，坚持与邻为善、以邻为伴的方针。坚持合作，追求共赢，促进发展，成为中国外交的一条轨迹清晰的主线。

从价值追求来看，改革开放以来，特别是近些年来变化明显。改革开放以前，中国较多地强调自己与国际社会的不同点，近代历史造就的"悲情情结"导致中国对现存国际体系的敌意和仇视心理，相应地带来"打烂旧世界"的对抗意识和追求。改革开放后，随着逐渐融入国际社会，特别是随着自身能力的快速增长，中国关于自身与国际社会的关系以及自身对国际社会的责任两个方面的思考不断深入，对国际社会的责任意识和共生意识不断发展。1990 年代末以来，国内关于"如何成为一个负责任大国"以及"和平崛起或和平发展"道路问题的讨论，在一定意义上代表了中国人关于自身国际责任的思考。① 在这种思考中，中国开始越来越多地强调，在维护自身利益的同时要关照国际社会的整体利益，做一个负责任的国际社会成员。江泽民同志在党的十六大报告中指出："我们主张顺应历史潮流，维护全人类的共同利益。"在亚洲地区，中国政府强调"中国的发展

---

① 关于中国国际责任意识的讨论，参见秦亚青《国家身份、战略文化和安全利益——关于中国与国际社会关系的三个假设》，《世界经济与政治》2003 年第 1 期；秦亚青、朱立群：《新国际主义与中国外交》，《外交评论》2006 年第 5 期；王逸舟：《磨合中的建构——中国与国际组织关系的多视角透视》，中国发展出版社，2003 年，第 1 ~ 12 页；苏长和：《发现中国新外交——多边国际制度与中国外交新思维》，《世界经济与政治》2005 年第 4 期；李宝俊、徐正源：《冷战后中国负责任大国身份的建构》，《教学与研究》2006 年第 1 期；门洪华：《压力、认知与国际形象——关于中国参与国际制度战略的历史解释》，《世界经济与政治》2005 年第 4 期；王海运：《中国现阶段宜定位为负责任发展中大国》，《环球时报》2006 年 2 月 24 日，第 11 版；肖欢容：《中国的大国责任与地区主义战略》，《世界经济与政治》2003 年第 1 期；郑必坚：《中国的和平崛起及其在亚洲的新角色》，2005 年博鳌亚洲论坛，http：//www. tecn. cn/data/detail. php? id = 6863。

离不开亚洲，亚洲的繁荣也需要中国"。① 中国的发展是亚洲崛起的组成部分，中国追求与亚洲共同发展的大目标。这些都比较清晰地表述了中国的责任和共同发展意识。正是在对中国与国际社会关系的思考中，中国从宣示走和平发展道路，到提出建设"和谐世界"，中国外交的价值追求从来也没有像今天这样清晰明确地体现了和平与和谐的理念。

二　中国外交变化的国内动力

中国外交的变化是深刻的，决非所谓的权宜之计。这里的关键是，这些变化的动力来自何方？是外在压力，还是内部动力？应该说，区别外交政策的国内和国外因素是困难的，全球化的加速发展已经使内外界限变得越来越模糊不清，国内政治与国际政治的互动日益频繁，相互影响显而易见。但一个重要的现象是，中国外交变化表现出长达近三十年的持续性，似乎与国际体系结构重大调整之间的关联度不大，却与中国改革开放进程的发展密切相关。因此应该说，中国外交的变化更主要是源于国内动力，即源于国内的深刻变化，其源头可以一直追溯到 1978 年开始的改革开放。

以下几个方面的国内变化，推动了中国外交的变化。

（一）实行改革开放，工作重心转向经济建设，推动了中国外交目标的根本转变。1978 年 12 月，中共十一届三中全会决定把党的工作重心从以阶级斗争为纲转移到以经济建设为中心，并由此提出了改革开放政策。邓小平同志在多次谈话中论述了中国改革开放的根本动力。第一是落后和贫穷使中国决心改弦更张。邓小平在一次与外国友人的谈话中说："我们干革命几十年，搞社会主义三十多年，截至一九七八年，工人的月平均工资只有四五十元，农村的大多数地区仍处于贫困状态，这叫什么社会主义

---

① 胡锦涛：《中国的发展、亚洲的机遇——在博鳌亚洲论坛 2004 年年会开幕式上的演讲》，载中华人民共和国外交部编《中国外交》，世界知识出版社，2005 年，第 396 页。

优越性?"① 正是由于太穷,"我们就把工作的重点转到了建设上。我们要把这条路线一直贯彻下去,决不动摇"。② 第二是要在国际事务中发挥更大作用,并最终解决国家统一问题,"归根到底还是要我们把自己的事情搞好","把经济建设搞好"。③ 这一点是从国内外经验教训的比较中得出来的。第三是,要搞好经济建设必须走一条新路,过去的闭关自守和盲目排外已被历史证明不可能带来繁荣。这条新路就是"两个开放",即对外开放和对内开放,对外开放就是不搞闭关自守,对内开放就是改革。④ "独立自主不是闭关自守,自力更生不是盲目排外。"⑤ 正是基于国内发展缓慢落后、中国的国际地位与自身的规模不相称以及国家统一等一系列问题,中国必须结束"以阶级斗争为纲",转而重视生产力发展和经济建设。应该说,结束以阶级斗争为纲、实行改革开放,是中国外交目标和任务发生根本转变的基本前提。国内政策的变化要求外交创造良好的国际环境,以保证现代化建设的顺利进行。正如邓小平同志早在1980年初就强调的,"我们的对外政策,就本国来说,是要寻求一个和平的环境实现四个现代化。这不是假话,是真话。这不仅是符合中国人民的利益,也是符合世界人民利益的一件大事"。⑥ 正是中国国内政治的根本转变,导致了中国外交政策目标的根本转变。

(二)开放带来中国与国际社会利益的高度认同,进而带来观念和身份上的转变。观念和身份的转变,稳定了中国同国际社会之关系的良性互动与合作关系的进一步发展。开放密切了中国与国际市场的联系,带来了中国综合国力的迅速提升。改革开放20多年,中国的国际地位发生了根本变化。1979~2005年,中国的 GDP 年均增长9.6%,GDP 总量从1978年的1433亿美元增加到2005年的22612亿美元,人均 GDP 从1978年的379

---

① 《邓小平文选》第三卷,人民出版社,1993年,第10~11页。

② 《邓小平文选》第二卷,人民出版社,1994年,第312页。

③ 同上书,第240页。

④ 《邓小平文选》第三卷,第17页。

⑤ 《邓小平文选》第二卷,第91页。

⑥ 同上书,第241页。

元人民币增加到 2005 年的 1490 美元。2004 年中国的 GDP 占到全球当年
GDP 总量的 4.4%，国力上升到世界第六位。① 这一发展成绩表明，正是对
外开放才使中国实现了经济的快速增长。

中国经济的增长是在与世界市场的密切联系中实现的。1979～2004
年，中国对外出口总额增长约 43 倍，年均增长 17.4%。同期，中国的进
口增长了近 51 倍。② 根据世贸组织公布的数据，2004 年中国在世界商品贸
易总额中所占的比重达到 6.5%，首次超过日本（6.2%），居世界第三
位。③ 这表明，中国逐步扩大了与世界市场和全球经济体系的融合，中国
市场已经成为世界市场的重要组成部分。

融入世界经济体系使中国的经济和国际地位得到极大改善，带来中国
对全球化、国际体系和自身定位认识的深刻变化。1990 年代初，中国学术
界和媒体对全球化的批评意见较多，认为在这一发达国家主导的进程中，
发展中国家包括中国在内处于不利境地，面临的挑战和风险远远大于机
遇。科索沃危机之后，特别是中美关系因"炸馆事件"而恶化，"一定程
度上加剧了大众传媒和青年知识分子对'西方主导的全球化'的抵制心
理"。④ 但是，伴随着 WTO 谈判的成功，中国对全球化的认识越来越朝着
如何"趋利避害"、乘势发展的方向转变。认识全球化的过程，也是中国
认识国际体系的过程。20 世纪 70 年代中国虽重返联合国，但是，"中国对
联合国和其他国际组织的怀疑并没有立即消除。这个时候的中国仍然摇摆
于国际机制局外者和局内者之间"。⑤ 从 80 年代到 90 年代，中国开始全

---

① 《中国国家统计局 2005 年国民经济和社会发展统计公报》，2006 年 2 月，http：//
  www. stats. gov. cn/tjgb/ndtjgb/qgndtjgh/t20060227_ 402307796. htm。

② 《商务部副部长廖晓琪在博鳌亚洲论坛 2005 年年会上的讲话》，http：//
  news3. xinhuanet. com/fortune/2005－04/23/content_ 2869786. htm。

③ WTO，"International Trade Statistics，2005"，http：//www. wto. org/English/res_ e/statis_
  e/its2005_ e/its05_ overview_ e. pdf。

④ 王逸舟：《全球政治和中国外交》，世界知识出版社，2003 年，第 4～6 页。

⑤ 门洪华：《国际机制与 21 世纪的中国外交战略》，《中国社会科学》2001 年第 2 期，第
  182 页。

方位参与国际组织，并且逐渐加深了对国际机制的认识。中国认识到，"由于国际机制不仅体现着主导国的利益需求，也同样体现着所有国家一般性的美好愿望，选择置身国际机制之外甚至成为挑战国并非明智的抉择。20 世纪 50～70 年代中国充当挑战国的经历证明，采取只斗争而不合作的战略是得不偿失的"。① 随着冷战结束后多边主义的发展，中国与国际组织的互动逐渐加强。"在这种互动过程中，中国不断通过认知、学习和反馈，更加了解国际规范，中国的行为也更多地受到国际规范的约束。"② 在不断的实践中，中国不仅认识到中国利益与国际社会利益的一致性，而且在不断遵守规范的过程中，逐渐形成了中国应该成为国际社会负责任成员身份的认知。作为一个负责任的成员，中国与国际社会共同发展的意识开始增强。这种新的身份和意识使和平、发展、合作成为中国外交的内在需求，维护世界和平和促进共同发展成为中国外交的宗旨。

（三）中国的社会转型需要不断深化改革与持续开放，这一进程的艰巨性和复杂性需要强有力的政治领导，中国现阶段治理模式为社会平稳转型提供了保障。正是这一治理模式有助于中国外交保持连续性，并在持续进程中创新发展。中国的社会转型是人类历史上前所未有的巨型工程，其中充满了风险和困难，需要持续不断的努力。经过二十多年的快速经济增长，中国的发展面临着一系列严重的挑战。这些挑战归纳起来主要是三大不平衡：一是国内市场与国外市场不平衡，经济发展过度依赖外部市场和投资；二是经济与社会不平衡，包括沿海地区与内地发展不平衡，城乡差距和贫富差距拉大；三是人与自然的关系不平衡，过度追求增长，导致环境破坏严重。这种不平衡发展导致国内批评甚至反对改革开放的声音四起，民族主义情绪有所上升。中共十六届三中全会针对发展中存在的严重

---

① 门洪华：《国际机制与 21 世纪的中国外交战略》，第 183 页。

② 秦亚青：《国家身份、战略文化和安全利益——关于中国与国际社会关系的三个假设》，第 9 页。

问题，提出了科学发展观和以人为本的指导思想，强调在发展问题上，中国没有退路可走，只有"毫不动摇地坚定改革方向"。[①] 中国社会在转型中出现的问题，只有通过进一步深化改革才能解决。只有深化改革才能带来发展，而在全球化的今天，进一步发展只能从进一步融入国际社会、在与外部世界的合作中去寻求。这表明中国政府深刻地认识到，"中国同世界的政治经济联系已达到前所未有的密切程度，实际已形成这样一种局面：如果重新返回闭关自守的状态，中国内部可能出现的政治经济问题将比由于实行改革开放而带来的一时的政治经济问题更为严重；而要继续进行改革开放，就不能同西方发达国家处于对立状态"。[②]

应该说，坚持对外开放和深化改革体现了中国政府的领导能力。改革开放近三十年来，中国政府始终坚持"实事求是"的原则，寻求在发展中谋求稳定，在稳定中追求发展。这一政治智慧不仅基于中国的历史经验，基于需要提高13亿人口生活水平的基本现实，也基于对世界发展大势的深刻理解。每当重大关口，特别是每当改革开放政策遭到质疑，能否坚持改革开放、能否妥善化解内外矛盾就成为考验中国政府领导能力的重要标志。从国内政治进程看，与改革开放相关的三次大辩论最终所确定的正确政治方向，应该说是这种领导能力的根本体现。从对外关系角度看，冷战结束后维护相对和平稳定的国际局势，不断改善与各大国的关系，化解矛盾争取主动，也是这种领导能力的体现。

正是因为始终坚持在改革开放中寻求发展，中国才有必要在对外政策领域不断宣示自身发展利益与国际社会整体利益的一致性。中国追求国际和平、安全与稳定，主要是基于内在寻求发展与平稳转型的需要。正是由于坚定选择了在改革开放中求发展、在发展中不断改革的路线，中国外交才得以保持前所未有的连续性，并在连续性中不断创新，逐步形成了和平

---

① 钟轩理：《毫不动摇地坚持改革方向 为实现"十一五"规划目标提供强大动力和体制保障》，《人民日报》2006年6月5日，第2版。

② 章百家：《改变自己，影响世界——20世纪中国外交基本线索刍议》，第16页。

发展观、合作共赢观、和谐世界观和新安全观等一系列前后关联的重要思想。

（四）中国社会领域的深刻变化，一方面使外交决策环境日益复杂，另一方面也有力地推动着中国外交的悄然转型。改革开放带给中国社会的一个深刻变化就是市场经济推动了中国城市化的快速发展。1980 年中国的城镇居民仅为 1.9 亿，2005 年已达 5.4 亿，增长了 180%。① 伴随着人口城市化的进程，中国社会阶层也处在不断分化之中，多元化已经成为一个事实。2005 年，中国人均收入达到 1490 美元。按照购买力平价计算这个数字可能更高。中产阶级在不断扩大，② 越来越多的中国人拥有了休闲度假的时光。2005 年，中国出境旅游人数高达 3102 万人次，远高于日本的 1700 万。其中因私出境 2514 万人次，占出境总人数的 81%。③ 在中国，中产阶级的发展导致公民权利和参与意识大幅度提高，民间日益凝聚自己的诉求。各种利益团体通过各种渠道包括互联网发出自己的声音，要求保护自身利益，参与公共决策。公民社会伴随着城市化和社会阶级分层化的发展开始逐渐形成。④ 尽管目前非政府组织对中国外交的影响还不大，但它们代表了一种民间力量，对中国外交决策构成了一定

---

① 陈淮：《中国城市化战略的回顾与反思》，http：//www. ctaxnews. com. cn/news/xwmjiazl/ch/t20060216_ 1228186. htm，2006 年 1 月 11 日。

② 在中国，由于关于中产阶级的界定多种多样，对这一阶层的人数估计没有形成统一的看法。如果按照职业、收入、消费和主观认同四个标准来估计中国的中产阶级规模，按其中任何一个单一指标划分的中产阶级都达到了一定规模。按职业标准划分，中产阶级占全国适龄人口（16～70 岁非学生人口）的 15.9%；按收入标准划分，占 24.6%；按消费标准占 35%；按主观认同占 46.8%。同时符合上述四个标准而可以称为真正意义上的中产阶级则比较少，仅占 4.1%。见李春玲《断裂与碎片——当代中国社会阶层分化实证分析》，社会科学文献出版社，2005 年，第 512 页。

③ 中国国家旅游局统计数字，http：//www. cnta. com/22－zcfg/tj. asp。

④ 根据民政部的统计，截至 2004 年底，中国的非政府组织已达 289476 个。根据有关研究认为，由于分工变化，大量非政府组织因找不到相关的挂靠单位而难以注册，致使所谓的草根非政府组织大量存在。因此，民政部的统计数字是不完全的。http：//www. chinanpo. gov. cn/web/showBulltetin. do？Id = 20153&dictionid = 2202。

的影响。

在社会日益多元化的发展进程中，中国外交必须越来越多地听取民众的声音，反映民众的愿望，保护民众的利益，并使这种利益得到发展。正是在这种新的形势下，中国外交加大了领事保护力度，外交领域不断延伸。除传统的政治外交之外，经济外交、文化外交、民间外交近年来快速拓展。多元化的社会发展，也使中国外交决策面对日益复杂的国内局面，全国上下一致的外交决策环境已不复存在。中国外交在决策过程中，一方面开始越来越多地关注学术界的声音，注意听取专家学者的意见。另一方面也越来越重视职能部门的协调，避免出现相互制约、自说自话的不利局面。与此同时，中国外交也加大了公共外交的力度，通过各种积极手段宣传外交政策，寻求公众对外交政策的理解和支持，对各种非理性的呼声和舆论加以引导。尽管如此，伴随着中国社会的迅速变化和日益多元化，如何保持外交的持续性和连贯性，实现中国外交的目标和任务，已经成为中国外交面临的重大挑战。中国政府提出的对内建设和谐社会、对外追求建设和谐世界的理想目标，实际上反映了中国转型过程中多元社会发展的内在需求，这一内在需求必将对中国外交的进一步转型构成越来越大的压力。

三 变化模式：观念＋领导

与改革开放前相比，中国外交的确展现出了新面貌、新姿态和新理念。这既非外部压力的产物，也非权宜之计，它更主要的是源于国内需求，来自中国的深刻转型。如果对中国外交的国内动力进行模式总结，至少在现阶段可以概括为"观念＋领导"模式。时殷弘提出的"经济第一"与"愈益并入国际体系"的解释模式，提供了中国外交战略演变的"经济性质"动机，[①]但他没有解释为什么"经济第一"采取的是一种开放的形式，而不是一种自力更

① 时殷弘：《中国的变迁与中国外交战略分析》，第 34 页。

生的形式。马克斯·韦伯曾指出,尽管"不是观念,而是物质的和观念上的利益直接支配着人的行为","然而,常常是观念所创造出的'世界印象'——如同铁路岔道上的扳道工一样——决定着行动在利益动力的推动下运行的轨道"。① 从根本上说,中国的转型始于观念的变化,特别是世界观的转变。观念的变化改变了中国国内的政治经济议程,开启了以经济建设为中心的改革开放和国际化进程。改革开放使中国日益卷入国际体系,不仅在利益层面与国际社会形成了深度相互依赖的关系,而且在身份上越来越成为国际社会中的"利益攸关方"。

中国人观念转变的起点,是 20 世纪 70 年代末 80 年代初中国领导人对时代特征的重新认识和思考。重新认识时代特征的变化,用"和平与发展"取代"革命与战争",标志着中国人世界观的重大转变。新中国成立以后,中国在相当长一段时间里都认为世界大战是不可避免的。20 世纪 60 年代末至 70 年代初,中国曾深挖洞、广积粮,全力以赴准备应对迫在眉睫的全面战争。这种相对严峻的认识,主要和以阶级斗争为纲的国内政治密切关联。70 年代末 80 年代初,中国开始转变关于我们仍然处在帝国主义与革命时代的认识。② 邓小平同志多次提出,战争是可以避免的,世界大战打不起来。③ 这不仅是因为核武器制约了大国之间的全面战争,也因为二战后西欧资本主义国家进行的社会改良和二次分配,保证了其战后的稳定发展,促使西方社会内部发生了巨大变化。于是,战争迫近的看法被改变了,和平与发展成为当今时代的主题。这一认识"完全超越了传统的意识形态的局限,跳出了以阶级观点为分析国际问题出发点的传统思维"。④ 这个观

---

① Max Weber,"The Social Psychology of the World Religions", in H. H. Gerth and Wright Mills eds. ,*From Max Weber*,Oxford:Oxford University Press,1946,p. 280. 转引自〔美〕朱迪斯·戈尔茨坦、〔美〕罗伯特·基欧汉编《观念与外交政策——信念、制度与政治变迁》,刘东国等译,北京大学出版社,2005 年,第 49 页。

② 《邓小平文选》第三卷,第 104 ~ 106 页。

③ 《邓小平文选》第三卷,第 82、105、127、233 页。

④ 叶自成:《新中国外交思想——毛泽东、周恩来、邓小平外交思想比较研究》,北京大学出版社,2001 年,第 49 页。

念的变化,在很大程度上类似于"扳道工"的作用。

观念不仅起着路线图的作用,"在某一时间点上一种观念可以向政治讨论和政策结果投上长期的阴影"。① 关于时代特征认识的转变,首先在一定程度上影响了国内的政治经济议程。中国对国家安全环境和安全威胁的认识,从刚性极强的要为战争时刻准备,转向世界大战打不起来,这种转变为"经济第一"、追求发展提供了前提。另外,对待资本主义以及社会主义与资本主义的关系不再从消灭资本主义的思维框架去看待,就为对外开放做好了心理准备。正是在世界观转变的基础上,才有了一切围绕经济建设为中心的政策,才有了外交为建设中国现代化和小康社会服务的目标转变。中国对自身核心国家利益的认识,才有了从抓革命到谋发展的转变。为了发展,内外稳定的和平环境才成了中国外交的目标和任务所在。

其次,在时代特征问题上的观念转变,还影响了中国对利益实现方式的重新认识。如果说追求现代化的理想塑造了中国的根本国家利益,其实现方式在改革开放以前与以后有很大的不同。改革开放以前,中国试图在国际体系之外实现其根本利益,之后则主要是通过融入体系的合作方式来实现。融入现存体系,就要改变行为模式,遵守现有规范,发展合作关系。正是在这个融入的过程中,中国的身份发生了悄然转变,并深刻地影响了中国对自身与他者关系的再认识。随着中国日益成为维护世界和区域秩序的现状国家,发展平等互利合作关系,维护国际体系的现有秩序,就成为中国自身的内在需求和国际战略任务。

必须承认,观念发挥作用不仅需要与特定的时间和背景相联系,也需要一定的干预变量。时代特征认识上的转变之所以发生在 20 世纪 70 年代末 80 年代初,是因为十年"文化大革命"已经使中国经济走到了崩溃的边缘,人心思变成为一种社会整体的共有知识。在这样的关键时刻,有效的领导成

① 〔美〕朱迪茨·戈尔斯坦、〔美〕罗伯特·基欧汉编《观念与外交政策——信念、制度与政治变迁》,刘东国等译,第 13、16 页。

为一个关键因素。没有有效的领导,中国在改革开放进程中实现国际化,进而在国际化进程中改变自己是难以想象的。可以说,没有邓小平的领导,就没有中国的改革开放,也没有中国外交的创新发展。此后,国内在改革开放发展道路问题上的三次大辩论,也都有高层干预。中国政府坚定不移地相信,"改革开放是强国之路,是决定当代中国命运的重大抉择"。① 在近三十年的发展历程中,正是由于强有力的领导,中国关于世界大势的基本判断、关于和平与发展是时代主题的判断、关于世界大战打不起来的判断、关于超越意识形态发展国家关系以及争取发展同一切国家平等互利合作关系的方针,都保持了长期的稳定性。在许多方面,中国外交还表现出了复杂学习的特征。学习参与各个领域的国际机制,学习多边主义,学习用新的安全观念看待和解决国家安全问题,学习地区主义观念和参与地区合作进程,学习用新的主权观念处理棘手的香港、澳门等问题。正是这种持续学习和不断积累,使得近些年来中国外交不断表现出创新思维和创新政策,并且这种持续的创新保持了高度的连续性和开放性。有效的领导不仅是中国社会转型的保障,也是中国有条不紊融入国际社会的必要条件,是中国外交不断学习创新的基础所在。

中国转型本身就是一个过程,这个过程实际上是一个观念变化的过程,或者说观念的变化在其中发挥了引领作用。"观念 + 领导"与中国外交变化之间的关系是显而易见的,对于改革开放以来中国外交的持续变化具有相当的解释力。当然,中国外交的继承与创新还可以从历史文化角度进行挖掘,因篇幅所限,本文不进一步讨论。展望未来,中国外交仍然面临众多挑战。最大的挑战莫过于在全球化加速发展和中国社会转型变化中,如何进一步推动观念创新和制度创新,如何塑造一个更加和谐发展的国内和国际社会,以及在动荡不定的世界中如何以和平方式维护自身利益,寻求与国际社会共同和平发展。更进一步,我们要回答,中国能够

---

① 钟轩理:《毫不动摇地坚持改革方向 为实现"十一五"规划目标提供强大动力和体制保障》。

给 21 世纪的世界带来什么样的理想和追求？随着中国与国际社会的进一步互动和相互依存关系的不断加深,中国外交必将继续发生变化,其进一步演变的轨迹毫无疑问仍将主要取决于中国的国家利益、身份和价值追求。

中国外交的"中庸"特色

改革开放以来，特别是 20 世纪 90 年代以来，中国外交在继承优良传统的基础上有许多令人惊叹的创新。中国外交的这种创新发展，获得了国内外的广泛认可。虽然各种形式的"中国威胁论"始终存在，但是中国外交实践不仅极大地缓和了国际社会对中国的负面评价，而且还给亚洲地区及全球体系带来了积极的影响。

冷战结束以后，西方社会对中国与外部世界的关系做出过各种各样的预测。基于现实主义权力平衡和权力转移理论的学者，预测中国必然采取制衡美国的政策，认为中美必有一战；信奉自由主义的西方学者，或是认为经济市场化的中国必然完全照搬西方的政治模式，最终演变成为一个西方式国家，或是认为中国受意识形态和自身文化传统的影响，从身份上不可能融入西方主导的国际社会。但是，改革开放 30 年的中国外交实践，上述西方主流理论都难以解释。中国既抛弃了美苏冷战关系模式，也没有像自由主义预期的那样发生单一的身份转变。反而，中国外交在目标、身份、行为三方面呈现出一种带有"中庸"特性的整体特点，充分体现了均衡性、实践性和强调事务变化与关联的关系性。

21 世纪以来，国际秩序建设进入了新的阶段，大国间的竞争越来越体现在软实力方面。作为一个迅速发展中的大国，中国不仅需要提出自己关

---

* 原文载于《外交评论》2009 年第 3 期。

于国际秩序的理念和构想,而且这一构想还应该具有中国的特色,传递中国的经验,注入中国的追求。认真总结中国的外交实践,并对外交的行为模式进行提炼,应该能够对中国特色外交理论的建设有所贡献。

一 中国外交三个可观察的特征

自改革开放以来,中国的外交实践丰富多彩,其中的继承与创新相互交织。在不断发展中,中国外交表现出了三个明显的特征:一是和谐世界的目标定位;二是融入国际社会的多重身份定位;三是互利共赢的行为定位。这三个定位,凸显了中国与西方大国不同的外交特色。

(一) 和谐世界的目标定位

和谐世界的目标定位,实际上是在外交上争取一切可以团结的力量,为国际社会的和平、繁荣、稳定做出共同努力。1982年底,中国就在新宪法中规定了在国际事务中不结盟、不同任何国家建立战略关系、不联合一家反对另一家的外交政策基本原则。中共十二大还就党际关系提出了需淡化意识形态色彩的精神,强调中国同许多西方国家虽然社会制度不同,但都有维护世界和平的共同愿望,在开展经济文化合作方面有共同的利益和巨大的潜力。这样,就为中国外交确立了不结盟、不以政治制度和意识形态论亲疏的基本原则。

冷战结束后,特别是20世纪90年代中期以后,中国积极着手同各主要国家建立战略性合作伙伴关系。这里的战略性,并非针对第三方的战略结盟,而是强调着眼于发展长期稳定的合作关系,不受一时一地单一事件的影响,特别是着眼于超越眼前利益和意识形态的分歧。战略伙伴关系的界定发展了80年代提出的不结盟、不以意识形态论亲疏的原则,而且将这一原则不断深化,并积极落实在外交实践之中。经过十多年的发展,中国建立并发展了与遍布五大洲各主要国家的战略伙伴关系。

从不结盟到发展战略伙伴关系,在中国外交中实际上看不到敌人的概念，甚至也看不到对手的概念。如果说不结盟是从消极意义上定义自我与他者的关系，那么发展战略伙伴关系则是从更加积极的角度定义中国与外部世界的关系。在二者关系中，既不存在敌对的高度竞争关系，也不存在盟友或者准盟友的关系，中国努力发展同所有国家长期稳定的友好合作关系，追求一个"和而不同"的和谐世界。这一战略目标定位为中国减少了敌人、增加了伙伴，拓宽了建设和谐世界的努力空间。

（二）融入国际社会的多重身份定位

改革开放以来，中国逐渐融入西方主导的国际体系，积极寻求国际合作，日益重视多边主义。在国际体系层面，中国进入了以世贸组织为代表的国际经济体系，逐渐与国际人权标准接轨，加入了《核不扩散条约》等国际安全机制。在地区层面，中国签署了《东南亚友好合作条约》，积极探索建立东亚共同体的可能性。中国还积极推动上海合作组织、东盟地区论坛、亚洲合作对话机制的发展，并在朝核六方会谈中发挥了积极的建设性作用。总之，中国正在加快融入国际社会的步伐，成为一个带有新国际主义特征的国家。

与此同时，中国始终坚持自己的发展中国家身份和社会主义国家性质。这一方面与中国实力还相对落后有关，另一方面更为重要的是和中国自身的历史、政治文化和战略考虑密切相关。尽管体系内负责任国家与发展中国家的身份并不必然矛盾，但在政策取向上存在某种程度上的张力。在具体实践中，中国不从政治和意识形态上对国家进行身份归属，因而减缓了身份带来的矛盾和冲突。

实际上，中国是从关系中定位身份的，多重结构关系会带来不同的身份特征，不同的进程会导致关系不断再造，身份也会发生变化，这是一种复杂的多重身份定位。

（三）互利共赢的行为定位

观察中国外交，可以明显发现理性互惠是中国外交决策的基本逻辑。

在互利共赢的基础上维护和扩展中国的国家利益，是中国对外宣示的基本政策，也是外交行为的内在动力。在理性互惠的基础上，中国比较稳妥地解决了除与印度、不丹之外的所有陆地边界问题，通过"一国两制"的方法顺利完成了港澳回归，通过《南海行为准则》相对稳定了南沙问题。中国通过参与世贸组织，实现了贸易领域的互利共赢。在安全领域，以"新安全观"为指导追求互信互利、平等合作的共同安全。在文化领域，强调相互尊重基础上的文明和文化的交流与对话。

为了追求互利共赢，中国在国际事务的广泛领域实行一定程度的自我约束。中国主动接受国际社会对我发展战略武器的限制，在二十年时间里裁军总数约达 200 万。中国通过参与各种全球和地区制度安排，遵守国际规范和规则，约束自身行为。

中国外交在目标、身份、行为三个方面的定位，凸显了"持中"或"中庸"的特性。中庸之道者，用中为常道，以走极端为非也。它包含了中国人"天人合一"的朴素世界观，以调节社会关系达致和合秩序的实践本体论，以及处理人间万物一切相互关系需以我为主、从自我做起的基本原则。从上述观察的三个指标看，中国外交的上述特色表现得非常突出。

二 "中庸"特色外交的来源

应该说，带有"中庸"特色的中国外交来源于以下三个方面。

（一）它是继承与创新的产物，特别是向中国文化传统的回归

不可否认，改革开放以来的中国外交是对"文革"时期外交的深刻反思，是对教条主义和"极左"外交路线的否定。改革开放以后，中国既不能遵循旧的革命外交，也不能完全照搬西方的外交理念。正是在这种情况下，中国外交开始回归传统，从中国文化和哲学中寻找营养，探寻自己独特的外交原则、理念和行为方式，并逐渐形成了今天的模式。这种对传统的回归，不是复古，而是创新，是在新形势下对传统的创造性继承和

发展。

（二）它是改革开放的产物，是中国特色社会主义建设在对外领域的延续，是中国发展道路选择的对外特征

外交是内政的延续。改革开放三十年，中国所走的道路既不同于自身的传统，也没有照搬西方发达国家，而是在现代化建设和转型过程中不断探索自己的新路，也就是我们所称的中国特色社会主义。中国新外交正是中国特色社会主义在对外关系中的反映，它的独特性实际上是由中国内在发展道路决定的。

（三）它是贯彻党的实事求是思想路线的产物

中国人口多，发展不平衡，社会主义现代化建设处在初级阶段，现代化进程中的社会政治经济矛盾还处在多发期。与此同时，中国外交所处的国际环境变化迅速，全球化和新技术革命使得国际事务越来越具复杂性、联动性和多变性。单一权力主导单一结构的时代过去了，但多元问题领域格局中的不对称性依然存在；各种行为体密切互动扩大了共同利益和认知，但主权国家体系和主权规范依然占据主导地位，所有这些需要中国外交采取以我为主、扎实稳健、动静有矩、游刃有余、有理有节的应对之道。

三　"中庸"特色外交的现代意义

中国外交的"中庸"特色虽然深刻反映了中国的传统与现实，带有自身独特性，但是确与当今世界的发展演变趋势十分契合，具有非常重要的现代意义和普遍价值。之所以这样说，乃是基于以下几个方面的原因。

第一，从行为体的角度说，全球化和信息革命使得参与国际体系的行为体大大增多，它们的自主性加大，互动频率加快，组织性和分散性都在发展，国家的控制力大幅度下降，权威向上、下两个方向扩散，导致系统

的有序性降低，不确定性和动态性大大加强。这种情况在国际经济、安全等各个领域都表现得十分明显，要求国家行为模式朝着灵活反应、善于应变的方向调整，持中的外交路线比其他选择更善于应对新的形势。

第二，从结构的角度看，国际体系很难再现冷战时期两极敌友界限分明的局面。全球化导致系统内存在多重结构和多重相互依赖；问题领域更加分离，同时又相互关联；各种行为体的互动呈现各具特色的不同进程，多重复杂关系相互交织，呈网络发展态势。在这种新形势下，任何单个力量都不可能独自包揽所有领域和所有进程，这样就为不同权力和外交模式提供了广阔的活动空间，也呼唤国家一身多任、一角多能，或者要求国家具备多重身份和多种角色。中国自我身份的多重性，恰恰反映了当今时代的要求。

第三，西方文化和思维模式正面临深刻的危机，"中庸"作为一种哲学思维具有重要的普世价值和现代意义。进入21世纪以来，布什主义和强制推广自身民主模式的做法陷入了困境，这从一个方面表明西方二元对立的思维传统难以适应全球化的时代。国际社会正在思考二元关系之外是否存在多元的关系，多元关系中的空间位置是否更具有相对性，多元因素间的关系网络是否同样具有重要意义。在新的历史时期，国家之间的关系需要在众多议题和众多进程的关系网络中重新定位，这种定位远比二元对立复杂。而且，多元关系的移动、变化以及各种关系之间的平衡和微妙分寸的把握，均会影响到空间位置的变化。在这种情况下，事物之间的差异不是因为本质，而是显现为彼此的不同关系。从这个意义上说，全球化时代需要放弃纯粹的结构思维，要善于在关系中定位身份，解决问题，在关系网络中认识外交的作用，这就是"中庸"的现代意义所在。

四 "中庸"外交的特性及其政策含义

从本体论意义上说，"中庸"强调的是进程和关系，但并不否认结构的重要意义。在各种关系进程中的"中庸"外交，具有三个重要特性：均衡性、实践性，以及强调事务变化与关联的关系性。

"中庸"外交首先体现了均衡性。守中意味着不走极端，不搞对立。均衡，是"中庸"外交的核心理念所在。国际关系中存在着各种各样的进程，不同进程之间是联系的而非割裂和对立的关系，因而需要采取均衡的态度。均衡不是西方意义上的势力均衡（balance of power），而是维持各种关系的适度性和一定意义上的平衡。由于目标与身份是在关系进程中定位的，而且同时存在着多种关系进程，因而身份不可能是非黑即白的。尽管多重身份之间存在着内在的张力，但是行为上的理性互惠，特别是自制原则，有助于缓解矛盾，化解冲突。

"中庸"外交还体现出较强的实践性，这是"中庸"外交的内在需求。要维持均衡，靠的是以实事求是的精神不断参与实践，并在实践中根据事物的发展变化不断创新。事物并非是一成不变的，这需要摒弃教条主义的思想，在实践中不断探索和创新，在变化中把握微妙的平衡。实践性要求外交保持高度的灵活性和技巧性，并在积极务实原则下不断推动创新的发展。

"中庸"外交还体现出事务变化与关联的关系性。全球化时期的国际关系实际上是一个多元因素交叉互动的关系网络，众多议题相互关联，事物发展变化迅速而又相互影响，权力、身份、利益都需要在这个网络中定位。谁能够把握各种关系并占据网络关联的核心地位，谁就掌握更大的权力，占据有利的地位。"中庸"实际上是在多元关系的移动和变化中，争取有利的地位以便更好地实现自身利益。当然，关系的维护还需要不断规范化，动之以情，晓之以理，互动需要遵循一定的规则和程序，这些规则和程序需要体现时代的特征和要求。

"中庸"外交所体现的上述三大特点，对外交政策的制定和执行提出了很高的要求。它要求中国外交决策高瞻远瞩，审时度势，把握大局，洞察变化；它要求中国外交在实践中的全局意识和协调精神，只有在全局中协调才能保持均衡；它要求中国外交以灵活性和联系性处理好内外各种关系，以便在复杂多变的各种关系结构中占据有利地位。它还需要不断培育符合时代特征的理念和精神，以便中国外交能够获得更广泛的认可和更广阔的发展空间。

外交环境变化与中国外交能力建设

当前国际体系正在持续发生着深刻的变化。经济上，国家间相互依存和相互影响不断加深，积极或消极因素加速外溢；政治上，新兴市场崛起导致像二十国集团（G20）这样的新型国际制度诞生，发展中国家开始分享国际决策权力，但这些国家也面临诸多内部挑战，参与全球治理显得力不从心；安全上，传统和非传统安全相互交织，国家安全（national security）与人的安全（human security）日益同等重要，各国面临两个战线上完全不同的安全诉求；在社会领域，信息技术赋予个人更大权力，公民社会迅速发展，权利诉求加大，并对国内和国际政治投射日益增长的影响力，这一发展正在深刻地改变着国内和国际政治的运作方式。在这种全新的形势下，中国外交既面临新的机遇，也面临复杂的挑战，需要全方位加强外交能力建设：观念上，要深刻认识形势变化对外交的影响，重新定义外交的内涵与功能；制度上，需整合各种力量，加强外交协调，创新责权明确而又协调统一的协作机制；政策上，协调好资源、手段和能力三者关系，加强策略研究，提高外交艺术，从而使中国外交更好地为全面建设小康社会、实现中华民族伟大复兴的总体战略目标服务。

---

* 原文载于《国际问题研究》2013 年第 2 期。

一 外交环境的新变化

外交运行环境的深刻变化可以概括为以下三个特点：内外事务纠缠性、外交事权分散化和外交运作透明化。

外交运行环境日益具有纠缠性，是指国内和国际事务出现了界限不清、关联密切和相互作用的复杂局面，也就是我们常说的国内国际两个大局交织的情景。通常来讲，外交是一国政府采用沟通、谈判等非暴力手段落实对外政策的各项活动，而对外政策负责的是"调停外部对内部的影响"，① 它的形成和实施依赖于国家主权，也即"国家的存在所创造的空间"。② 但是，全球化和信息化改变了国家存在的方式和存在的空间，资本在全球流动，市场经济在全球扩张，生态环境在全球联动，内外事务呈现出高度的流动性、共时性和相互交织的特征。过去，国家是在其主权范围内处理自身发展的诸多问题；现在，这些问题却往往需要在全球体系当中加以解决。例如，全球经济失衡是在全球化背景下各主要经济体的结构和政策矛盾造成的，因此全球经济的再平衡也就需要各国在结构和政策调整中采取协调行动，兼顾内部政策与外部效应的平衡。再如，中美在经济领域形成了深度相互依存的关系。2012 年 1 ~ 11 月，中美贸易额达到 4386 亿美元，③ 中国拥有超过 1 万亿美元的美国国债，是美国第一大海外债务持有者。因此，保持积极、健康的中美经贸与投资关系成为中美两国经济发展的一个基本条件。在这种背景下，经济事务成为外交事务中的头等大事，逐渐占据对外政策的核心地位，外交政策和对外经济政策变得日益纠缠不清，对外经济政策与全球经济政策的协调

---

① 〔英〕克里斯托弗·希尔：《变化中的对外政策政治》，唐小松、陈寒溪译，上海人民出版社，2007 年，第 33 页。

② 同上书，第 33 页。

③ 中国商务部新闻办公室：《2012 年商务工作年终述评之三：中美双边贸易额将近 5000 亿美元 创历史新高》，http://www.mofcom.gov.cn/article/ae/ai/201212/20121208498231.html。

变得空前重要。

伴随着经济主权边界的若隐若现，安全事务的内外纠缠也变得显而易见。"9·11 事件"带来美国十年的反恐战争，催生了美国国土安全部的建立，以及各种各样的内部反恐措施的实施。中日关于钓鱼岛的主权争端导致中国国内民族主义情绪高涨，极端民众打砸抢烧引发了对国内安全与稳定的严重关切。全球气候变化带来环境安全问题，极端天气引发水灾、旱灾、城市溃涝和其他自然灾害，使得对人的安全关注不断上升。社会安全在各个国家的议事日程上日益重要，民生问题与国家的稳定和安全紧密相关，一些国家无法提供基本的国民福利，导致国家内乱不断，并外溢成为整个地区的安全问题。可以说，国际安全与国内安全的联系从来没有像今天这样紧密，这样错综复杂。

政治上风行日盛的人道主义干涉也不断侵蚀主权规范。20 世纪末以来，人道主义的发展催生了"保护责任"和"负责任主权"的概念。后者论证的出发点是人权，强调的是主权国家在维护本国秩序和公民权利的同时，还需要承担起尊重、维护他国正当权益和国际社会共同利益的责任。因此，"负责任主权"强调的是国家不仅不再拥有绝对权力并可任意运用这种权力，而且，国际社会还负有责任干预不负责任的主权。"负责任主权"与"保护责任"从合法性的角度侵蚀着内外事务的边界，使之变得纠缠不清。近年来，国际刑事法庭几个具有全球影响的审判以及在某些国家设立禁飞区的做法，实际推动了"保护责任"规范的发展，并使得主权与人权的争议日益具有全球性。这一争议本身正是导致内外事务相互纠缠不清的内在原因。

社会领域的内外渗透更呈现不断增长的趋势。信息技术和互联网的诞生，不断推动着跨境社会组织与社会网络的发展；全球中产阶级队伍的壮大，权利诉求在各国普遍加大。近年来，一个突出的现象是公民社会走出国界，日益成为全球治理的重要行为体。在实现联合国千年发展目标、全球零地雷运动、解决生态负债问题、人权与人道主义救援等领域，公民社会组织通过推动国际社会的议程设定、推广概念和规范、自下而上地评价与监督等方式发挥着越来越重要的影响力。它们通过跨国社会运动的方式动员力量，推广自身的价值和理念，提供跨国社会服务，具有极强的号召力。如 1992 年开始的国际禁雷运动，就直接促成了 1997 年渥太华政府间会议的召开和《渥太华禁雷公约》的签署。在 2009 年哥本哈根气候大会上，新的世界"气候正义"（climate justice）网络在"气候论坛"（Klima Forum）中发挥了显著作用。[①] 这些例子表明，跨国社会组织通过社会运动等方式可以对一国的外交政策产生直接或间接的影响。在这种情况下，外交政策所需处理的不仅是政府之间的事务，还需要应对个人赋权加大和社会组织网络化的发展，以及跨国性质的经济、政治和社会运动。这种权力向下和平行发展的跨国运动实际上远远超出了主权概念所界定的外交政策运作范围，使现有的外交应对力不从心。

内外事务的纠缠性带来外交事权的分散化趋势。对此，英国著名外交政策专家希尔早有论述。他指出，由于形势的变化，外交部对国内官僚机构的涉外事务失去了控制，不得不与军方、经济部门和情报部门等分享外交政策的制定和执行，从而导致对外政策的平行分权局面。[②] 看看国内参加中美经济战略对话的众多相关部门就可以了解这一趋势仍然在发展。由于国际和国内事务日益纠缠，一个国家的发展越来越依赖于在国际社会的有效外交行动，这导致外交事务的重要性不断上升，领域不断扩展，外交日益变成一个涉及整个政府的事情。与此同时，正是由于外交涉及整个政府，外交部作为政府的一个部门，地位相应下降，需要面对国内众多参与决策的伙伴。外交官也面对日益众多的国内"竞争对手"，在处理诸如国际金融危机、气候变化、大规模杀伤性武器扩散等全球问题上，他们必须依靠不同部门的技术专家。在这种情况下，外交部虽然仍是主导力量，但已不再是国家主权

---

① Raffaele Marchetti, "The Role of Civil Society in Global Governance", in Álvaro de Vasconcelos ed., *Global Governance: Building on the Civil Society Agenda*, Paris: EU Institute for Security Studies, 2011, p. 28.

② 〔英〕克里斯托弗·希尔：《变化中的对外政策政治》，唐小松、陈寒溪译，第 94 ~ 97 页。

的所谓"守门人"。① 同时，地方、企业、社会组织和个人也越来越多地参与到国际交往与合作当中，其与政府外交虽然并不必然构成竞争关系，但个体利益与整体利益也并非总是一致。这种局面导致外交政策必须在国内进行上下左右的协调，因而建立可协调各部门和各方面的事权高度统一的协调机制就成为一种必需。外交部门相较于其他部门的重要性，越来越体现在面对竞争的利益和多重责任时如何框定外交议程、界定政策目标以及如何更好地引导政策的落实。协调日益成为外交部一项重要而又艰巨的任务。

信息化和网络时代还导致外交日益公开透明。外交决策者不仅面对竞争性的责任要求和冲突的规范，他们的一举一动都受到新旧媒体的持续关注。对外政策本是一个具有独特性的公共政策领域，有自己的运作渠道。作为一种妥协的艺术，外交也需要有自己独立的空间。但是，在媒体的高度跟进中，妥协的空间被大大缩小，外交运行中必要的时间差几乎不复存在，这使得本应该是慢工细活的外交有时变成了"即时外交"。② 也就是说，当面对危机或突发事件，外交决策者需要立即做出反应，否则媒体或大众的反应，不论其是否理性都会迅速占据舆论和信息空间，从而挤压官方的外交应对。今天的世界，信息化时代的媒体在赋予话语权和形象塑造上发挥着前所未有的巨大作用，这是外交面临的前所未有的新局面，它迫使外交日益走向公开化，面临来自公众的强大压力。

透明化主要是因为信息化导致国内社会日益暴露在外部世界面前，国内事务的方方面面不断地被外部世界观察和评论。在信息传递迅速和公民社会发展的今天，外交事务不仅变得异常"民主"，国家形象建设也提升为一项重要的外交任务，这意味着外交工作的对象如同外交主体一样在全方位拓展，从而使"公共外交"空前重要。这样一种发展，不仅导致外交战略需要凝聚广泛的国内共识，它还需要对外传递国际社会可以接受的价

---

① Brian Hocking et al., "Futures for Diplomacy: Integrative Diplomacy in the 21st Century", Netherlands Institute of International Relations 'Cligendae', Report No. 1, October 2012, p. 5.

② Philip Seib, *Real - Time Diplomacy: Politics and Power in the Social Media Era*, New York: Palgrave Macmillan, 2012.

值与理念。因而,外交运行背后的价值观问题被提上了日程。仅仅致力于
国家利益,外交就走不远,难以赢得人心,也无法应对今天对外交公开性
的要求,更无法在信息化时代塑造良好的国家形象。

外交环境变化深刻地影响着外交的内涵与功能,推动着外交概念的变
化,所谓"转型外交"(transformational diplomacy)[1]、"大外交"(mega -
diplomacy)[2]、"整合外交"(integrative diplomacy)[3] 等新概念的出现,就
是这种变化的产物。

二 中国外交能力建设的三大挑战

外交环境的新变化,对外交运作方式和外交质量提出了更高的要求。对中
国外交来说,在新的形势下,面临如何进一步提升外交能力的新型挑战。它主
要涉及三个方面:外交的策略能力、外交的协调能力和外交的观念能力。

外交能力问题的产生首先来自我国的基本国情和内外事务相互纠缠的
现状。2010 年中国经济总量超过日本,成为世界第二大经济体。但是,我
国总体上说仍是一个相对贫穷的国家,人均 GDP 只有 5445 美元(2011
年),约占美国人均 GDP 48112 美元(2011 年)的九分之一。[4] 仍处于社
会主义初级阶段的这一发展中国家身份,[5] 使得我国成为世界上一个独特

① Condoleezza Rice,"Transformational Diplomacy",A speech at Georgetown University,January
    18,2006,http://merln.ndu.edu/archivepd (f) nss/state/59306.pdf.

② Parag Khanna,*How to Run the World:Charting the Course to the Next Renaissance*,New York:
    Random House,2011,pp.22 - 28.

③ Brian Hocking et al.,"Futures for Diplomacy:Integrative Diplomacy in the 21st Century",
    p.10.

④ 中国人均 GDP 和美国人均 GDP 数据均来自世界银行数据库,参见 http://
    data.worldbank.org/indicator/NY.GDP.PCAP.CD。

⑤ 胡锦涛:《坚定不移沿着中国特色社会主义道路前进,为全面建成小康社会而奋斗——在
    中国共产党第十八次全国代表大会上的报告》,http://cpc.people.com.en/18/n/2012/
    1109/c350821 - 19529916 - 2.html。

的全球大国。一个人口众多，仍处于工业化、城市化和农业现代化进程之中，还有 1.28 亿贫困人口①的中国，发展经济始终是刚性需求。因而，中国一方面代表着巨大的市场潜力，同时也对世界资源和能源的需求巨大。中国经济总量世界排行第二，导致国际社会要求中国承担更大的国际责任甚至发挥领导作用，如在解决全球经济危机、气候变化、苏丹达尔富尔问题、朝核和伊朗核问题上，都存在过高期许。而在中国国内，大量贫困人口和贫富差距拉大的社会现实，大众希望不断改善住房、教育、医疗、交通等民生条件的诉求，又使中国政府需谨慎对待加大承担国际责任的外部要求。在这种情况下，中国就必须妥善平衡内外不同的诉求，既要保持相对较高的经济发展速度以满足国内的需要，也要逐步提升对国际社会的贡献以减轻外部世界的压力。平衡不好，就会两头出现问题。中国赠送马其顿校车在国内引发一片不满和质疑之声，② 国际社会关于中国搭便车的指责，便是这种基本国情和内外事务交织给中国外交带来两难境地的典型例证，它要求我们的外交能够在国内和国际两条战线上应对这种双重挑战。

国内和国际事务的相互纠缠，导致对内和对外的能力建设也交织在一起，二者的联系较之过去更加突出。应该说，外交能力越来越演变成为执政能力的延伸。因此，外交能力建设不只是外交部的事情，而且是一个国内各级、各部门、甚至是全体人民的事情。国内在某些问题上处理不好，就会演变成为产生国际影响并损害中国国家形象的问题。美国驻华大使馆公布北京 PM2.5 值，就会在社会上形成关于北京行政部门对环境监测不到

---

① 按照 2011 年中国提高了的贫困标准（农村居民家庭人均纯收入 2300 元/年），目前中国还有 1.28 亿贫困人口。参见中国科学院《2012 中国可持续发展战略报告》，http://www.chinadaily.com.cn/hqgj/jryw/2012 – 03 – 12/content_ 5395999. html。

② 根据 2011 年初达成的援助协议，中国政府向马其顿提供 23 辆校车。2011 年 11 月 25 日，中国援助马其顿校车项目交接仪式在马其顿总理府举行。该消息在网上发布之时，正逢中国甘肃省某地发生幼儿园校车因过度拥挤导致车祸造成儿童伤亡的事故。因此，赠送校车一事在国内引起广泛关注，网民表达强烈不满，并质疑政府为什么在国内校车问题尚未解决好却要去援助人均收入高于中国的马其顿。

位的指责和批评，暴露了中国在环境方面的缺陷和管理能力的不足。因而，外交能力不仅仅是执政能力建设的重要组成部分，二者的能力强弱还会因为内外事务的纠缠性而相互影响。因此，加强外交能力建设，成为中国政府执政能力建设的重要组成部分。

外交能力建设上的挑战首先表现在策略能力方面，它主要是指如何灵活娴熟地运用自身实力以及如何提升执行力等问题。外交是实践性突出的领域，"如何说"与"如何做"都十分重要。中国政府关于走和平发展道路的对外政策宣示相当成功，为此已经发表了两个白皮书，系统阐释了中国走和平发展的战略选择基础、实现方式和对国际秩序的目标期待。^① 但是，在各个具体问题领域、在不同的地区以及在发展各种国家关系方面，如果策略能力不够，就难以落实和平发展的方针，就会使和平发展成为一种空话。在完善和平发展的理论上，还需要进一步讨论和平发展道路与国防现代化建设的关系、和平发展与军事手段运用的关系等。例如，在地区层面，东亚地区合作面临日益复杂的竞争，再加上岛礁等领土争议导致的紧张局面和国家间信任不足，使得东亚经济合作日益政治化和安全化，地区秩序建设不断受到强权政治和集团政治的干扰。如何走出安全困境，需要多种策略，特别是平衡协调综合运用软硬两种实力。太软或太硬，政策缺乏弹性和灵活性，都不能处理复杂的局面。在全球经济治理层面，尽管我国不断地从边缘走向国际舞台的中心，但是当前的国际经济和金融体系仍然由西方发达国家主导，一个国家的中心地位通常是通过制定和影响议程与规则来确立的。如何提出可被接受的议程和规则，如何加强国际事务上的领导力，我们面临长期的能力建设任务。同时，在国际层面参与公民社会组织间的交往，我们不仅在观念上准备不足，在经验上也没有什么积累。再加上自古以来中国公民自治意识淡薄，实践经验缺乏，国内公民社会建设还处在起步阶段，这些都

---

① 中华人民共和国国务院新闻办公室：《中国的和平发展》，2011 年 9 月，中华人民共和国国务院新闻办公室网站，http：//www. scio. gov. cn/zfbps/ndhf/2011/201109/tl000032. htm；中华人民共和国国务院新闻办公室：《中国的和平发展道路》，中华人民共和国国务院新闻办公室网站，http：//www. scio. gov. cn/zfbps/ndhf/2005/200905/t307900. htm。

影响到中国与地位不断上升的全球公民社会打交道的能力和水平。

外交能力建设面临的第二个挑战来自制度方面，它是指如何协调国内上下左右各种力量形成步调一致、相互协同、效率彰显的外交能力问题，它需要事权统一和功能界定清晰的制度安排作为基础。实际上，因外交事权扩张而带来的建制调整，各个国家一直随着形势的变化在不断地展开。例如，克林顿政府时期，美国主管军控事务的军控与裁军署、主管对外援助事务的国际开发署、主管公共外交和对外宣传的信息署三个机构合并进了美国国务院。按照英国学者杰夫·贝里奇的说法，这样做的目的不是为了协调，而是为了通过降低这三个部门的行政自治，达到在美国对外政策中降低这些问题领域重要性的目标。[①] 由此可见，形势的变化不仅带来涉外各部门相互协调的问题，它还需要通过行政建制的调整来突出事务领域的优先次序，最终目的都是为了提升外交运行的效率。

随着中国外交涉及的领域不断扩张，国防安全、财政金融、贸易投资和发展援助等领域都存在一个对外责任的问题，这使得建立权威协调机构或机制成为必要。中国外交的决策在高层中枢机构，[②] 但大量需要日常协调的事务仍然广泛存在，并面临着什么事情需要协调、谁来协调和谁最终说了算的问题。部门之间不通气、不沟通、责任不清、相互扯皮等现象，并非鲜见。与此同时，如何保障中国和平发展的大政方针能够在各级各部门执行过程中得到正确理解和实施，保证对外政策与各类国内政策和谐一致，仍是一个需要持续努力加以解决的问题。

除此之外，中国外交还面临一个上下协调的大问题。2008 年以来，以"3·14 事件"和奥运火炬在境外传递遭遇麻烦为代表的一系列事件，凸显了"草根包围中国"的新动向，表明中国外交工作的对象正呈现多元格局，面临妥善推动社会层面与国际对接的新形势。如何推动国内非政府组

---

① 〔英〕杰夫·贝里奇：《外交理论与实践》，庞中英译，北京大学出版社，2005 年，第 16、22 页。

② 王存刚：《当今中国的外交政策：谁在制定？谁在影响？——基于国内行为体的视角》，《外交评论》2012 年第 2 期。

织积极有效地参与国际交流与合作，奏响政府与社会协同共进的交响曲，使社会力量更好地为中国外交服务，是一个仍需努力解决的问题。社会上的多种声音虽然一方面反映了中国社会多元化发展的新趋势，但同时也带来凝聚国内共识的困难，以及政府外交应对国外社会力量上的力不从心。在更大层面上，如何运用社会力量服务中国外交大局，与国内深化政府职能的改革密切相关。如何改革和创新更加适应新的市场经济基础的上层建筑，如何协调更具现代性特征的合理有效的政府、社会和市场三者之间的关系，如何进一步从制度上推动中国的民主和法治建设，这些都是中国在现代化进程中面临的根本性挑战，需要全力以赴、持之以恒地加以应对。外交机制上更为顺畅和有效的改革，是这个更大改革进程中的一个组成部分。

外交能力建设的第三个挑战来自观念方面，它是指在清晰界定国家利益的同时，外交的背后还需要明确的规范原则以及与国内核心价值一致的追求。规范原则与核心价值互为表里，相互构成，形成一种内外统一的观念体系，用以指导外交政策和外交行为。随着全球化和信息化的发展，我们日益进入了一个权力多极化和碎片化的世界。这个多极化并非存在着界线分明的政治结构，各国之间相互依存程度不断加深，对软权力的争夺日益加剧，各种权力都试图占据道德的高地。这是因为，在一个联系越来越紧密的国际社会里，价值观占据着一个社会思想观念的主导地位，传递价值和理念就是不战而屈人之兵的攻心之举。在当今社会，人不能只是经济动物，所作所为不能仅遵循利益最大化的理性原则，还必须遵守规范，具有人文关怀。同理，在国际社会，与什么样的国家打交道、向着什么方向努力、建立怎样的国际秩序等等，也是国际社会日常实践的核心问题。因此，外交背后体现的价值理念，不只关乎国家争夺话语权，还关乎一个国家如何在国际社会安身立命并发展壮大。和平发展与和谐世界两大基本理念，不仅反映了中国自身的优秀文化传统和对国际秩序的理想期待，也是中国人顺应世界潮流的选择。[①] 要使这两大理念的传播更具穿透力，并具

---

① 中华人民共和国国务院新闻办公室：《中国的和平发展》，2011 年 9 月。

体落实在行动上，就必须与十八大报告提出的社会主义核心价值观①构成一个内外一致的观念体系，使外交行为和决策判断具有更可操作的道德依据。目前，这个观念体系已经基本成型，最重要的是如何在外交实践中不断加以落实和体现。

三 中国外交能力建设的几个认知问题

中国外交能力建设是一项长期任务，与我国进一步深化改革、提高执政能力建设密切关联。要想积极应对我们在能力建设上面临的挑战，首先需要解决思想认识问题，特别是需要更新观念，开拓思路，只有这样我们才能更好地面对变化的环境。这里谈三点认识问题。

第一，需要重新认识国际体系结构，重视能动性的发挥，主动塑造战略机遇期。由于美国国际关系理论风行中国，我们对于国际体系结构的认识趋于单一、静态和注重实力。在这样的结构观下，我们虽可以很好地分析大国关系，但容易忽视全球经济、政治和社会运动的发展对大国关系作用方式的影响；我们虽可以很好地分析力量对比，但容易轻视国内因素对外交产生的影响，从而在结构突然变化面前束手无策。因此，我们需要突破单一的结构认识，树立动态的、互补的结构观，既要看到国际体系的实力结构，也要看到经济社会的结构，既关注权力分布，也关注社会运动，既重视外部环境，也关照内部环境。结构不被看死，认识上才可能为人的能动性开放空间。能动性实际上包含主体性、位置性和策略性三个方面，②它强调的是个体嵌入社会世界、不断通过自身言行介入物质和社会环境之中。这种介入就是要在实践中运用各种能力形式，主动应对变化，创造环境，改善自己。今天的环境，要求我们积极主动地维护和营造我国进一步

---

① 胡锦涛：《坚定不移沿着中国特色社会主义道路前进，为全面建成小康社会而奋斗——在中国共产党第十八次全国代表大会上的报告》。

② 关于能动性的学理讨论，见朱立群、聂文娟《从结构—施动者角度看实践施动：兼论中国参与国际体系的能动性问题》，《世界经济与政治》2013 年第 2 期。

发展的机遇期和良好环境。因此，重新认识结构和能动性，是十分重要的。

第二，加强对过程的认识，重视大国关系的过程管理。中国与国际体系的关系是中国寻求与国际体系不断协调调整的互动过程，它表现出两个重要特征：过程性和实践性。过程性是指中国与国际体系处在一个历时性发展的两个进程之中，一个是中国内部不断改革开放的现代化进程，一个是国际体系因中国的融入而不断演变的进程。中国与国际体系之间的互动，使得这两个进程相互作用，相互影响。实践性是指中国与国际体系关系的发展是一个在实践当中不断摸索、形成新知、塑造身份的过程。① 中国的参与不仅是一个触及中国自身政治、经济、社会等各领域深刻变化的过程，其作用于国际体系的程度也因中国规模庞大而影响甚巨。管理好这两个进程，既没有现成的理论，也没有足够的经验，因而必然是一个充满探索和不断调整的实践过程。既然中国与国际体系是一个不断演进的互动过程，管理这个过程就成为关键。既然结构是互补的，大国利益是纠缠的，管理这种纠缠也就是事务形态的核心。管理一词，在国际关系领域从来没有像今天这么重要。建设中美新型大国关系，对于和平稳定的国际秩序具有首要意义。在结构性矛盾突出和战略互信相对缺乏的情况下，建设中美新型大国关系，实际上要求我们对这一关系进行过程管理，就是管理中美互动，并在过程中逐渐形成有效的管理机制和管理规则，这应该是新型大国关系建设的本质内容。

第三，重新认识功能主义的作用，妥善处理好资源、能力和手段三者之间的关系。过去，我们高度关注结构上的权力分布，不够重视功能主义。这种认识带来的行为取向必然是被动应对，重视大局而忽略小节和细节。而实际上，许多事情的成功取决于在一些小节或细节上的突破或者创新做法。功能主义重视功能领域，注意解决问题的路径和方法。它告诉我们，解决具体问题有时需避开政治或者难题，而是采取先易后难、循序渐

---

① 朱立群：《中国参与国际体系的实践解释模式》，《外交评论》2011 年第 1 期。

进、不断增量的路线。重视过程管理，就要关注一些细节和小事，加强对策略的研究。在策略问题上，要处理好资源、能力和手段三者之间的关系。资源是从历史和地理中派生出来的如位置、规模和发展程度等要素，构成对外政策的"基础力量"。要使其达到可运用的手段层面，就必须将其转化为能力，也就是转化成可运用的手段以实现自身的目标。① 手段是多种多样的，任何特定的手段又存在各种技术类型，但是，由于每种手段都有它独特的从决策到结果的行动过程，因此能力实际上是在行动过程中向外投射的影响力。② 加强外交能力建设，不仅要明确我们所拥有的资源，还要研究如何运用外交、军事、经济和文化等各类手段，特别是研究结合特定行动过程巧妙运用手段的各种策略。正确的策略，在一定的情况下，可以起到扭转乾坤的作用，其对于互动关系的过程管理是非常重要的

总的来说，外交环境变化给中国带来了机遇和挑战。本文突出强调了外交环境变化对中国外交能力建设的巨大挑战，这是因为中国的现代化进程也是一个中国融入国际体系并适应和重塑国际秩序的进程。在这个进程中，中国与世界密切联系，相互影响，我们必须在地区和全球层面把中国的现代化发展与国际秩序建设放在一起考虑。从这个角度来说，中国面临的最大挑战就是如何通过参与全球治理创造较好的国际环境，促进中国经济、政治和社会的全方位可持续发展。同时，中国已经深深融入并影响着国际体系，办好中国的事情和办好世界的事情密切相关，因此，中国要想在国际体系中占据重要地位并发挥较大的积极影响，首要的是把自己内部的问题解决好，把自己的能力建设好，坚持改革和创新，不断提升主体能力。一个和平、发展、合作的中国，是 21 世纪世界秩序的根本保障。

---

① 〔英〕克里斯托弗·希尔：《变化中的对外政策政治》，唐小松、陈寒溪译，第 161～162页。

② 同上书，第 162 页。

中国参与国际体系的实践解释模式

当前，国际体系面临新一轮调整，中国正处于深入参与国际体系的重大机遇期。如何使国际体系的调整向着有利于中国的方向发展，是我们面临的核心战略任务。随着外部世界对中国快速发展的担忧加剧，如何深化中国与国际体系的关系，破解"中国威胁论"，是中国外交面临的紧迫课题。与此同时，中国自身也正处于国内深化改革的关键阶段，内部平衡的压力增大，各种问题与世界政治经济的关联度大幅提高，如何在参与国际体系的进程中统筹国内国外两个大局并坚持和平发展，是中国今后面临的重大挑战。因此，加强对中国参与国际体系进程的研究，提出更具解释力的理论框架，并据此进行深入细致的经验研究，具有重大的理论和现实意义。

中国参与国际体系的本质是参与全球互动和集体决策，在全球治理中获取和维护中国的国家利益，促进国际社会的进步和发展。改革开放以来，中国加快了参与国际体系的步伐，并逐渐从体系的边缘进入体系的中心，成为负责任的重要成员。

中国与国际体系的关系已经发生了巨大而深刻的变化。在这一过程中，中国没有像传统崛起大国那样通过武力挑战现存秩序，而是利用现有制度渠道不断提升自己的地位。与此同时，中国始终反对霸权主义，坚持独立自主的和平外交路线。从这个意义上说，中国参与国际体系的外交实

＊ 原文载于《外交评论》2011 年第 1 期。

践，不仅对现有西方国际关系理论构成了挑战，也在经验层面提供了一个值得深入研究的独特案例。

本文在梳理现有研究的基础上，提出一个以"参与实践"（practice of engagement）为核心概念的理论分析框架，旨在探讨中国与国际体系关系发生历史性变化的根本动力问题。本文认为，中国参与国际体系是一个持续不断的实践过程，参与实践推动了中国与国际体系关系的深刻变化。中国参与国际体系的实践，创造了中国与国际体系关系的新认知，建构了中国在国际体系中的新身份。在中国与国际体系的互动中，这一新身份从形式、分配和价值三个层面获得了不同程度的承认。与此同时，中国的参与实践也以自身的方式影响着国际秩序的变革方向。由此，可以在"参与实践"、"身份承认"和"秩序变革"之间建立起一个因果作用机制，用于解释中国积极参与国际体系的过程。

通过对中国参与实践模式的建构和阐释，本文也试图表明，关于中国参与国际体系的研究需要从我们自身丰富多彩的实践出发，而不是从西方国际关系理论流派的预设出发。只有这样，我们才能更好地创新外交理论，形成具有针对性的战略对策，并且促进我们的研究更好地体现中国特性。

一　核心问题：中国与国际体系关系变化的根源

无可否认，经过 30 年的改革开放和广泛卷入国际事务，中国与国际体系的关系已经发生了历史性的变化。那么，究竟是哪些因素在推动这一历史性转变？如何判断这一变化的发展趋势？对于这一问题，国内外学术界给予了大量关注，产生了许多研究成果。总的说来，不同的理论流派提供的是不同的解释。

第一，现实主义最具代表性的是米尔斯海默的观点。他认为，霸权追求是中国参与国际体系的动力，而与美国争霸是中国与国际体系关系的本质特征。[①] 在米尔斯海默看来，崛起的中国绝不可能维持现状，凡是崛起的国家必

---

① 〔美〕约翰·米尔斯海默：《大国政治的悲剧》，王义桅、唐小松译，上海人民出版社，2008 年，第 400 页；John J. Mearsheimer, "China's Unpeaceful Rise", *Current History*, Vol. 105, No. 690, April 2006, pp. 160 – 162。

然是体系的挑战国，而不可能是现状国家。权力转移理论也认为，处在权力转移中的霸权国家和崛起国家最容易因崛起国家对自身地位的不满而走向战争，[①]而中国无疑是一个具有全球领导地位、对现状不满的潜在挑战国。[②]

第二，英国学派以巴里·布赞的观点最具代表性。他认为，新兴国家融入国际体系是国际社会扩展的结果。国际社会从先发的欧洲向其他区域和全球扩展，欧洲以外的国家只有适应和接受核心体系的规范才能成为维护体系的成员。[③] 中国参与国际体系，动力来自国际社会的扩展，中国与国际体系的关系取决于中国是否全部接受现有体系规范。在布赞看来，中国只接受了国际经济规范，而拒绝接受西方的民主、自由、人权等核心制度规范，因而，对于国际社会来说，中国未来的发展仍然是极其不确定的。[④]

第三，主流建构主义以规范结构和规范传播为中心讨论新兴国家与国际体系的关系。建构主义和英国学派一样都重视规范结构的影响，关注规范传播的方式、主客体关系以及规范的社会化问题。[⑤] 因此，遵守和内化国际规范是新兴国家参与国际体系的实质性内容。在这一视角下的中国研究，以考察中国是否遵守国际制度规范的情况居多。一种观点认为，中国在单极时代没有强制性外来压力和回报的情况下，主动参与国际机制，表明中国对国际体系采取了更加合作和自我约束的政策，[⑥] 因而中国更像一

---

① A. F. K. Organski and Jacek Kugler, *War Ledger*, Chicago：The University of Chicago Press, 1980, pp. 22 – 27.

② David Rapkin and William R. Thompson, "Power Transition, Challenge and the（Re）emergence of China", *International Interactions*, Vol. 29, No. 4, 2003, p. 316.

③ Barry Buzan, *From International to World Society? English School Theory and the Social Structure of Globalization*, Cambridge：Cambridge University Press, 2004, pp. 222 – 227; Barry Buzan, "Culture and International Society", *International Relations*, Vol. 86, No. 1, 2010, pp. 1 – 25.

④ Barry Buzan, "Culture and International Society".

⑤ 关于建构主义国际规范传播的研究，参见黄超《建构主义视野下的国际规范传播》，《外交评论》2008 年第 4 期，第 55 ~ 62 页。

⑥ Alastair Iain Johnston, *Social State：China in International Institutions, 1980 – 2000*, Princeton：Princeton University Press, 2008, p. 196.

个国际体系的现状国。① 另一种观点则认为，中国的遵约是选择性的，完全受功利主义驱动，中国是一个"准革命性国家"。②

以上现实主义、英国学派和建构主义的主流观点，都集中在在体系层面寻找中国参与国际体系的原因，并将重点放在辨别中国究竟是挑战国还是现状国的问题上。

第四，国内政治视角。从单元层次解释中国与国际体系关系的学者，不再将中国视为单一、理性的行为体，而是分析影响决策的各种行为体和国内因素，强调中国参与国际体系不是应对国际结构压力的简单镜像反应，而是国内政治进程的产物。最具代表性的是章百家提出的中国通过改变自己而影响世界的观点。他认为，中国对外关系的变化，"始终与中国内部的政治发展紧密地联系在一起，甚至可以说，中国主要是依靠自己的内部变革，而不是通过某种外部行为来改变中国与其他国家乃至与整个世界的关系"。③ 但是，这种观点并没有说明国际社会与中国变化之间是否存在着互为因果的联系。

上述代表性观点从不同的角度解释了中国参与国际体系及其相互关系的问题，但是又存在若干缺陷和不足。首先，西方现有三大体系理论难以解释清楚中国参与国际体系的进程。中国的参与是一个快速融入的动态过程，现有主流理论，不管是结构现实主义以物质结构还是社会建构主义以观念结构来解释国家的行为，它们在解释中国参与国际体系进程时都碰到了困难。从

---

① Alastair Iain Johnston, "Is China a Status Quo Power", *International Security*, Vol. 27, No. 4, 2003, pp. 5 – 56; Alastair Iain Johnston, *Social States: China in International Institutions, 1980 – 2000*, p. 197.

② 安·肯特的研究充分肯定了中国在国际体系中的遵约行为，但认为中国在社会层面的遵约行为还有很大的差距，对人权领域的遵约还有较大抵触。她因而认定，中国参与国际体系是选择性的，中国的遵约行为完全出于自身利益的功利主义驱动，她将中国称为"准革命性国家"。见 Ann Kent, *Beyond Compliance: China, International Organizations, and Global Security*, Stanford, CA: Stanford University Press, 2007, pp. 242 – 243。

③ 章百家：《改变自己，影响世界——20 世纪中国外交基本线索刍议》，《中国社会科学》2002 年第 1 期。

物质结构出发的现实主义，把着眼点更多地集中在中国的军事现代化建设上，而中国在这方面的任何进展都导致"中国威胁论"的兴起。然而实际上，中国保持了30多年和平融入国际体系的基本行为特征。以观念结构解释中国与国际体系的关系，则更多看到的是中西观念的结构性差异，而看不到中国和西方国家之间总体合作发展的态势。因此，西方静态的结构主义理论难以清楚解释中国与国际体系的关系问题。它们看不到，随着社会世界的日益多元化，"结构并非以单一方式存在和发展，而是呈现多重和多个结构的关系性存在"，[①] 且处于不断地生成和发展的动态之中，因此需要我们引入过程思维，更多地关注中国参与国际体系的实践演进过程。

其次，中国参与国际体系的实践丰富多彩，很难从基于西方经验的理论预设出发进行研究。应该说，中国的参与实践远比西方理论模式来得丰富，也更为复杂。从西方自身经验孕育而成的国际关系理论，在解释中国参与国际体系的问题上具有局限性。另外，作为一个现代化进程中的发展中国家，中国自身内部就存在着各种不平衡，这种复杂性必然反映到中国的对外关系进程中。由于国际体系在全球化和信息技术的作用下进入快速变化时期，因而中国与国际体系的互动也必然是复杂的和不平衡的，不同领域的参与可能表现出不同的特征。

最后，中国参与国际体系的实践结果很难用修正主义国家和现状国家的二分法来描述。中国自改革开放以来，采取积极融入的国际合作战略，不挑战现存秩序。与此同时，中国的快速发展和国际地位的迅速提升，导致中国对国际秩序的影响力也不断加大。在这个意义上，很难说中国是一个修正主义国家，或者是一个维持现状的国家。实际上，二分法很难解释体系中的所有大国的外部行为，因为在快速转型的国际体系中，这些国家都需要不断调整战略以应对变化，亦即都不同程度地表现出双重或多重特性。现有理论显然因深陷西方中心论和二元对立思维困境，难以解释清楚

---

① Colin Wight, *Agents, Structures and International Relations: Politics as Ontology*, Cambridge: Cambridge University Press, 2006, pp. 297 – 299.

中国参与国际体系的复杂性。

中国参与国际体系并借此转型成长为一个新兴大国，这个转变发生在国际体系结构和中国国内政治结构都未出现重大变化的时期。这一现象在国际关系历史上是少见的。[①] 因此，究竟是什么推动了中国参与国际体系并带来中国与国际体系关系的深刻变化，是一个具有重大学理和现实意义的核心问题。我们需要在继承和批判现有理论观点的基础上，借鉴正在发展中的实践理论，[②] 引入中国传统的过程思维，[③] 提出一个新的理论分析框架。

二 核心概念：“参与实践”的界定

在界定核心概念之前，有必要讨论一下若干基本假定。首先，我们假定国际体系是以社会的形式存在的，不存在外在于国际社会的行为体。国际体系是国际关系行为体按照一定的规则相互作用而构成的一个整体，[④] 它至少包含三个基本内涵：一是国际体系的基本内容是国际关系行为体之间的联系和互动，这个互动的基本前提是其物质性存在；二是国际体系具有规范性，“它由共同理解、规则、规范和相互预期构成”，[⑤] 正是这种规范性赋予物质世界以社会意义；三是国际体系是历史的产物，是在社会建构中不

---

① Alastair Iain Johnston, *Social States*: *China in International Institutions*, *1980 – 2000*, p. 208.

② 关于实践理论，可参见朱立群、聂文娟《国际关系理论研究的“实践转向”》，《世界经济与政治》2010 年第 8 期，第 98 ~ 115 页。

③ 对中国传统的过程思维的讨论，见秦亚青《关系本位与过程建构：将中国理念植入国际关系理论》，《中国社会科学》2009 年第 3 期，第 5 ~ 20 页；Qin Yaqing, "International Society as a Process: Institutions, Identities and China's Peaceful Rise", *The Chinese Journal of International Politics*, Vol. 3, No. 2, 2010, pp. 129 – 153。

④ 朱立群主编《国际体系与中欧关系》，世界知识出版社，2008 年，第 29 ~ 53 页；亦可参见秦亚青等《国际体系与中国外交》，世界知识出版社，2009 年，“前言”第 3 ~ 4 页。

⑤ Andrew Hurrell, "Norms and Ethics in International Relations", in Walter Carlsnaes, Thomas Risse and Beth A. Simmons eds., *Handbook of International Relations*, London: Sage, 2002, p. 142.

断演变进化的。因此，国际秩序在本质上是社会性的，是一种主体间的规范或文化结构。"没有某种规范和习惯，就没有国际体系的存在。"① 只要存在着秩序，就存在着国际社会，② 任何行为体都不可能脱离国际社会而行动。

其次，我们假定国际体系社会性的典型表现形式是国际制度，国际组织是国际制度的一种代表形式。③ 国际制度包括为相关国家所接受和遵守的多边公约、国际机制和作为准则和规则正式安排的国际组织。④ 它们实际上就是规范和观念的汇聚，是一种权利约束，"规定了行为体在追寻自身利益时，可以做什么和不可以做什么或者能做什么和不能做什么"。⑤ 在一定程度上，它们还赋予国家以权力、集体身份和行为的合法性。⑥ 因此，主权国家出于自身利益会积极寻求加入国际制度，并借此参与国际体系的建设，促使国际体系朝着有利于自身发展的方向演变。同时，主权国家与国际制度之间也存在一定程度的紧张关系，因为主权的内在含义与国际制度的限制性特点是矛盾的，因此，主权国家与国际制度

① Adam Watson, *The Evolution of International Society*：*A Comparative Historical Analysis*, London：Routledge, 1992, p. 312.
② 〔英〕赫德利·布尔：《无政府社会——世界政治秩序研究》第二版，张小明译，世界知识出版社，2003 年，第 7 页。
③ 所有的国际组织都是国际制度，但并非所有的国际制度都是国际组织。制度可以缺乏组织形式而存在，某些组织又可能具有多重的制度角色。国际关系中的国际组织和国际制度往往是不可分离的。因此，本文也将国际组织作为国际制度对待，不对二者做细致区分。关于二者的关系，可见 Richard Higgott, "International Political Institutions", in R. A. W. Rhodes, et al. , eds. , *The Oxford Handbook of Political Institutions*, Oxford：Oxford University Press, 2008, p. 611。
④ 苏长和：《全球公共问题与国际合作：一种制度的分析》，上海人民出版社，2000 年，第 78 ~ 87 页。
⑤ 同上书，第 85~86 页。
⑥ Friedrich Kratchowil and Edward D. Mansfield eds. , *International Organization*：*A Reader*, New York：Harper Collins, 1994, p. xiii；Ann Kent, *Beyond Compliance*：*China, International Organizations and Global Security*, p. 20；苏长和：《中国的软权力——以国际制度与中国的关系为例》，《国际观察》2007 年第 2 期，第 27 ~ 35 页。

之间的张力使得任何参与国际体系的实践都注定充满着不平衡与斗争。

第三，我们把行为体参与国际体系的行动看成是一种实践行动，是一种参与实践。参与实践发生在一定的时空下，受到实践的环境和资源的影响。没有任何一种参与实践是可以在不受任何条件的限制下展开的。参与者在国际、国内特定条件下，通过学习、行动、表达等实践活动，参与和融入国际体系，接受体系的影响，被规范所塑造，发展形成体系所接受的新身份。同时，参与者也以自身能力影响制度的变迁，从而塑造国际体系的发展方向。因此，对实践结果的理解，必然通过对参与实践过程的了解以及对参与者身份变化的观察来获得。

（一）"参与实践" 及其类型化

按照马克思主义的基本观点，实践是首要社会事项，是人类社会生活的本质特征。当代社会学家将"实践"界定为具有某种稳定性的一系列语言的和非语言的行动，[1] 是一定时空条件下的行为和言语的联结。[2] 他们将"实践"看做一种常规的行为方式，"其中包含了身体的运动、事情的处理、问题的解决、对事物的表述以及对世界的理解"。[3] 总之，实践是行为体在一定的时空、认知和情感背景下展开

---

[1] Christian Büger and Frank Gadinger, "Culture, Terror and Practice in International Relations: An Invitation to Practice Theory", paper prepared for the workshop "The (Re) turn to Practice: Thinking Practices in International Relations and Security Studies", May 18 – 19, 2007, European University Institute, Florence, Italy, p. 10, http://www.eui.eu/Personal/Researchers/bueger/Documents/Bueger% 20and% 20Gadinger% 20 – % 20Culture, % 20Terror, % 20Practice, pdf.

[2] Theodore R. Schatzki et al., *The Practice Turn in Contemporary Theory*, London: Routledge, 2001, p. 89.

[3] Ibid., p. 2; Andreas Reckwitz, "Toward a Theory of Social Practices: A Development in Culturalist Theorizing", *Europe Journal of Social Theory*, Vol. 5, No. 2, 2002, pp. 249 – 250.

的活动，是实践者和与之相关的环境与资源相互作用的说与做的行为。

中国参与国际体系的行为是一种参与实践。"参与实践"是实践者在一定的时空条件下参与国际体系过程中的言语、行为活动。参与实践可划分为五个类别的实践活动，它们分别是话语实践、联盟实践、学习实践、遵约实践和创新实践。① 每一类参与实践都有可能产生新的认知空间，从而形成参与实践的动力，促进参与进程中的创新。

第一类为话语实践（goal - setting and framing practice）。话语实践是参与目标的认知框定实践活动，它往往和话语、概念等认知观念相关。观察和认知新事物往往需要对事物给予不同于以往的处理，特别是概念上的创新。② 通过赋予事物或事件特定意义，建构适当的认知框架，从而指导具体行动。因而，话语实践是实践者界定利益、赋予意义、框定认知的一个实践进程，是一个"使主体观念变成主体间观念的过程"，③ 是参与国际体系实践发生的思想准备活动。对于参与者来说，国际制度不仅是一个需要了解的新事物，还需要对加入制度的国内政治、经济和社会后果进行成本计算，并使参与行为合法化。所有这一切，都需要界定和言说这个新事物，④ 界定参与其中的利益和目标边界。以中国参与国际金融组织的目标边界为例，我们就经历了不同时期确定不同目标的话语实践，从最初表示希望获得贷款的物质性需求，到希望拥有国际金融体系认同的身份性需

① 布格与加丁格有关科学研究实践活动的分类对本文关于参与实践的分类具有启发意义。参见 Christian Büger and Frank Gadinger, "Reassembling and Dissecting: International Relations Practice from a Science Studies Perspective", *International Studies Perspectives*, Vol. 8, No. 1, 2001, pp. 100 - 105。

② Ibid., p. 98.

③ Audie Klotz, *Norms in International Relations: The Struggle against Apartheid*, Ithaca: Cornell University Press, 1995, pp. 29 - 33.

④ 关于语言建构国际政治意义的研究，可参见孙吉胜《语言、意义与国际政治：伊拉克战争解析》，上海人民出版社，2008 年。

求，再到争取更多份额和代表权的影响力需求。① 因此，话语实践主要涉及的是国家对利益的重新界定，对主权的再认识以及对成本支付的考量。

第二类为联盟实践（persuading and mobilizing practice），主要是为实现利益和特定目标所做的各种动员和说服工作。它是实践者从事的旨在说服目标群体接受、调整或放弃某些观念、态度、习惯和行为的活动。② 参与实践的目标群体包括两个方面：一是国内的目标群体，涉及如何动员社会各界特别是社会精英和利益集团支持参与国际体系；二是国际社会的目标群体，即国际制度主要成员接受中国的参与行为。国内的联盟实践对于中国参与国际体系具有重要意义，它直接关系到国内力量和政策乃至制度结构的整合或分离的问题。例如，苏长和从中央和地方关系的角度研究了国内动员能力对中国参与国际体系的影响。他指出，全球化的内化效应与地方国际化现象的齐头并进，使得像中国这样的单一制国家在动员社会整体进行协调统一行动上变得日益困难。一方面，地方国际化成为中国发展与国际体系相互依赖合作关系的重要基础；另一方面，地方利益构成的分割局面也会阻碍中央政府国际合作战略的落实。比如在知识产权问题上，中央政府保护知识产权的鲜明立场和政策作为，常常受到地方执行不力的打击，从而导致国际制度的内化效应大打折扣，使国家对国际制度的遵约信用受到损害。③ 国外的联盟实践，则涉及如何促使国际体系成员接受和正面评价中国的参与行为。以中国加入国际反洗钱和反恐融资机制（FATF）为例，由于美国不仅是 FATF 成立的推动者，还是其相关规则的重要制定者，因此，美国是决定中国能否加入 FATF 的关键力量。中国要加入 FATF，除了要遵守

---

① 宋国友：《中国参与国际金融组织的美国因素：以中国加入金融特别行动组为例》，《国际论坛》2008 年第 4 期，第 41~42 页。

② 赵鼎新：《政治与社会运动讲义》，社会科学文献出版社，2006 年，第 2 页；黄超：《说服战略与国际规范传播：以地雷规范和小武器规范为例》，外交学院博士学位论文，2009年，第 67 页。

③ 苏长和：《国际化与地方的全球联系——中国地方化的国际化研究（1978~2008）》，《世界经济与政治》2008 年第 11 期，第 29~32 页。

FATF 的逐项规则要求之外，最终还要得到包括美国在内的成员国的同意。① 为此，中国就需要采取措施积极争取 FATF 成员国特别是美国的支持。这个联盟实践活动，对于中国最终加入该组织是至关重要的。

第三类为学习实践（mimicking and learning practice），是实践者在参与国际体系过程中的模仿和学习行为。模仿和学习是初学者为应对不确定环境所进行的复制群体行为规范的行动，是社会化发生的重要微观机制。模仿者面对生疏环境的不确定性，简单地复制群体内其他人的做法，是出于本能的常识性做法。② 学习也是一种模仿，是以外部行为体作为观察、仿效的范例，使自己的行为与之相似或一致。③ 但是，学习不仅仅是为了适应环境而模仿成功者的行为，它还会导致行为方式和主导思想的改变。④ 这种学习被称为"进化性认知"。⑤ 实践者的学习意味着行为体自身认知体系与共同体成员之间的意义、认同和话语体系的接触、交流与沟通，从而促进规范的学习、传播和更新。中国在参与国际体系进程中存在着数不胜数的模仿和学习行为，特别是在最初加入国际体系的阶段。例如，中国从 20 世纪 80 年代开始参加《禁止化学武器公约》的谈判，从最初学习掌握专业术语，到参与谈判进程，再到提出自己的建议，参与制度建设，经历了一个从模仿到进化认知等复杂学习的实践历程。⑥

第四类为遵约实践（internalizing and socializing practice），是国家参与国际制度后按照制度规范修正自身行为、调整与国际体系的关系、重塑相

---

① 宋国友：《美国与中国参与国际金融组织：以中国加入 FATF 为例》，第 63～73 页。

② Alastair Iain Johnston, *Social States: China in International Institutions, 1980 - 2000*, pp. 23 - 46.

③ 刘兴华：《试析国家社会化的演变》，《外交评论》2009 年第 3 期，第 77 页。

④ 约翰·鲁杰：《什么因素将世界维系在一起？新功利主义与社会建构主义的挑战》，载〔美〕彼得·卡赞斯坦等主编《世界政治理论的探索与争鸣》，秦亚青等译，上海人民出版社，2006 年，第 270 页。

⑤ Ernst B. Haas, *When Knowledge Is Power*, Berkeley: University of California Press, 1990. 转引自约翰·鲁杰《什么因素将世界维系在一起？新功利主义与社会建构主义的挑战》，第 270 页。

⑥ 李巍岷：《〈化武公约〉：中国的参与和贡献》，《世界知识》1997 年第 7 期，第 33～35 页。

互预期的行为，实际上也就是国家遵守承诺、内化国际制度规范并使之社会化的实践活动。遵约实践涉及五个方面，分别是程序性遵约、行为遵约、制度遵约、政治遵约和社会遵约实践。[①] 它们分别对应的是履行条约义务，使自身的国际行为符合条约规定，进行国内立法，并在司法或制度中落实国际制度规范，在政府的政策中体现国际规范的要求以及社会层面的普遍遵约。当进入到国内层次的遵约程度时，国际制度规范就可以被认为达到了内化程度。

第五类为创新实践（creating and innovating practice），是参与者在参与国际体系实践过程中对于国际制度运行方式、国际规则、议程以及观念等的创新性行为。参与实践活动是参与主体与客体的意义、身份和认同的重构过程，它们之间的互动并非是单向的，而是相互影响和相互作用的。因此，参与者不仅在参与过程中被国际制度所塑造，它也以自身的特点和方式改造着国际体系。总体上说，中国参与国际体系目前仍处于以接受现有国际体系为主的阶段。尽管中国日益成长为世界上一个举足轻重的力量，但与发达国家相比，中国在框定议题、提出核心概念、进行议程控制等方面的能力还比较低。[②] 但这并不是说，中国在参与国际体系的过程中没有自己的创新性贡献。实际上，中国对国际体系的影响始终是存在的，从"和平共处五项基本原则"、"三个世界理论"再到"新安全观"、"和谐世

---

① 奥兰·杨最早提出了"遵约体系"的概念，见 Oran R. Young, *Compliance and Public Authority: A Theory with International Applications*, Baltimore, MD: Johns Hopkins University Press, 1979。此后，遵约问题的研究成为国际制度研究的一个重要议程。安·肯特在研究中国的遵约行为时，提出了五个分析指标：（1）签署条约或达成协议；（2）程序性遵约，即履行报告和其他义务；（3）实质性遵约，在国际行为上遵守条约；（4）正式遵约，即国际规范在国内立法、司法或者制度实践中得以落实；（5）实际遵约，即在政治层面和社会层面的落实，前者是指政府政策与国际规范一致，后者则是指国内社会普遍的遵约行为。这里提出的五项遵约实践，借鉴了肯特的五个分析指标，但有所修正。具体可见 Ann Kent, *Beyond Compliance: China, International Organizations and Global Security*, p. 221。

② 阎学通、徐进：《中美软实力比较》，《现代国际关系》2008 年第 1 期，第 27～28 页。

界"，所有这些概念都深刻地影响了世界。

以上五个方面是一组参与实践行动。每一类参与实践都是行为体、环境和资源的互动，都可能带来不同的实践结果。对实践者个体而言，参与实践不仅意味着参与者与国际体系关系的重新界定，也意味着参与者社会认同的转换和身份的重新塑造。对国际体系整体而言，参与实践是一个权力的社会化进程，也是共同体不断塑造和重建的过程。在这个进程中，实践活动不断产生着新的认知，并推动实践者与国际体系关系的演变。

（二）国内外互动中的"新剧本"

任何实践都可以开拓新的空间，推动新的学习，重写新的"剧本"。"新剧本"是实践的产物，是一定时空下实践的结果，是实践中形成的具有一定稳定性的新知识。实践总是在一定的时空条件下进行的，参与实践也是在一定的国际体系环境和国内资源条件下展开的，它们界定了参与实践发生的背景和结构。实践者是实践活动的主体，环境（context）则是实践者展开实践的场域，它圈定了实践者利益的范围和指向，说明了实践主体对自身利益界定的原因。① 环境包含着时间、地缘、认知和情感等多方面的内容。资源（resourses）则是指实践者在实践过程中所拥有的物质和文化的权力和手段。参与实践的"环境"主要是指与界定中国参与国际制度利益相关的国际体系环境，"资源"则是指实践者在参与国际体系过程中所依赖的物质文化权力和手段，主要是国内政治结构状况。

1. 体系环境：分类与特点

中国参与国际体系的实践离不开对国际体系环境的理解。国际体系环境是指体系的制度条件。出于分析的便利，我们可以把国际体系区分为国

---

① Stephanie Lawson, *Culture and Context in World Politics*, New York：Palgrave Macmillan, 2006, p. 36.

际经济体系、政治安全体系和社会文化体系。① 各体系的运行通常具有不同的作用机制，如国际经济体系不仅包含国际市场机制，还有世界银行、国际货币基金组织等具有管理职能的国际组织。但从整体上说，国际制度表现出三大基本特点：规范性、西方主导和可渗透性。

规范性是国际制度的核心特征，因为任何制度都包含一个基本规则系统、信息系统和反应系统。规则系统就是"给定问题领域中行为体共同预期的原则、规范、规则和决策程序"，② 它们限制和管理着行为体的国际行为。③ 信息系统主要是关于成员国、规则体系、违约和遵约等方面的信息收集、分析与发布的过程。反应系统则主要是对遵约和不遵约行为的奖惩措施体系。④ 国际体系的规范性，意味着中国的参与实践是一个遵守国际规范占主导地位的实践过程。

西方主导是指国际规则体系主要反映的是西方自由主义的价值观和利益偏好，这是因为大多数国际制度是西方国家主导建立的，它们在国际体系中长期占据统治地位。经验研究也表明，20世纪末，"富有的西方国家加入了更多的国际组织，而贫穷和动荡的国家则相对较少地加入国际组织；一些主要反映了西方价值观的核心制度变得越来越重要"。⑤ 这一重要

① 需要注意的是，这个划分只出于分析的目的，实际上很难简单地从政治、经济、安全等角度人为地划分国际制度的功能与作用。有的国际组织，如联合国，在上述三个领域都展开行动；有的国际经济组织，如世界银行和国际货币基金组织，深深卷入了国际安全事务。在全球化和相互依存不断发展的今天，国际事务的联系性和相互影响已经使我们很难从问题领域的角度对国际组织加以区分。

② Stephen Krasner ed. , *International Regimes*, Ithaca：Cornell University Press, 1983, p. 1.

③ 关于国际制度的功能和作用，不同理论流派有不同的解释。对此，西蒙斯和马丁进行了详细的讨论和综述。Beth A. Simmons and Lisa L. Martin, "International Organizations and Institutions", in Walter Carlsnaes, Thomas Risse and Beth A. Simmons eds. , *Handbook of International Relations*, pp. 192 – 211.

④ 关于制度体系三个方面的界定，本文参考了米切尔关于遵约体系的界定。见罗纳德·米切尔《机制设计事关重大：故意排放油污染与条约遵守》，载〔美〕莉萨·马丁、贝思·西蒙斯编《国际制度》，黄仁伟、蔡鹏鸿等译，上海人民出版社，2006年，第109页。

⑤ 〔美〕莉萨·马丁、贝思·西蒙斯编《国际制度》，黄仁伟、蔡鹏鸿等译，第102页。

特征决定了中国参与国际体系的实践不仅是一个学习性的实践，还是一个适应性的实践，对国际体系改革的要求必须在适应和接受现有制度的基础上进行。

可渗透性是指大多数国际组织是可进入的和可施加影响的。任何制度都是随着历史发展不断演变的，它需要解决现实提出的新问题和新挑战，从而为变革制度提供了可渗透性机会。如世界贸易组织的多哈回合谈判，为进一步解决农业、非农产品、市场准入、服务、知识产权、规则、争端解决、贸易与环境、贸易和发展等八个领域的问题提供了制度谈判的平台，从而为制度创新提供了机会。

尽管国际体系不同的领域具有共同特征，但各个领域的制度条件和规范要求确有所不同，因而国际体系的不同领域构成了不同的参与实践环境，有的具有强制性特征，有的则只是一种相互承诺，表现出软法的特点。[1] 因此，国际制度对制度内外的国家行为构成的是不同的限制和约束，它们所提供的可渗透性机会是不同的，这些构成了参与实践发生环境的不同。

2. 实践资源：国内结构、利益、规范

参与实践也受参与者国内资源的影响。国内资源是指实践者参与国际体系的国内政治结构状况，是参与国际体系的国家内部的政治制度、决策规则和程序，以及内嵌于政治文化中的价值和规范。[2] 它涉及三个重要方面：国内制度、国内利益和国内规范。[3] 这些方面直接关系到政治权力的可运用程度、组织机构的凝聚力、社会大众的动员能力以及社会精英的支持力度等。国内结构是参与实践发生的核心动力所在，也是国际制度规范

---

[1] 如欧盟的开放协调机制，就是在欧洲社会政策领域普遍运用的软法，它们通常是在原则上没有法律约束力但却具有实际效力的行为规则。G20 机制开启的相互评估进程，也属于这个范畴。

[2] Thomas Risse-Kappen ed. , *Bringing Transnational Relations Back In*, New York：Cambridge University Press, 1995, p. 20.

[3] 朱立群、林民旺等：《奥运会与北京国际化——规范社会化的视角》，世界知识出版社，2010 年，第 29 页。

进入一国国内并获得支持和产生社会影响的干预力量。① 也就是说，当一国参与国际体系时，国际制度规范必须有渠道进入该国的政治体系并在该国获得支持力量，从而使国际规范能够在该国社会化。② 在国家参与国际体系并将国际制度规范内化的过程中，国内结构发挥着至关重要的影响。

各国的制度因其所界定的政府与社会关系不同而差异很大，这种差异会影响国际制度规范进入一国并得以传播的机会。卡赞斯坦最早将国内结构分成了强国家（strong state）和弱国家（weak state）两大类。③ 强国家也即国家主导型的国家，其行为决策主要由政府主导，社会利益和偏好受到国家的影响和控制；弱国家是社会主导型国家，其行为决策更多地受社会的支配，政府行为只是社会集团偏好的集合。造成国家强弱的原因，主要是现代化进程中民族国家建设所处的发展阶段不同，也和历史传统与政治文化有关。根据现有研究，国际制度规范进入国家主导型的国家相对较为困难。但是，一旦某种规范获得政府的支持，其传播就非常迅速。反之，如果社会力量强大，可能有助于国际制度规范的迅速进入，但并不必然导致规范的快速传播和积极有效的遵约行为。④

国内利益的考量和规范的匹配程度会影响参与实践的选择。"在法治化的国际制度背景中，信用、声誉及计算遵约的成本和利益都是极其重要的。"⑤ 经验研究表明，如果接受某个国际规范被认为更有助于获得重要的国

---

① Thomas Risse-Kappen ed. , *Bringing Transnational Relations Back In*, p. 25.

② 社会化是指行为体逐渐接受并内化特定群体的规范和规则，其行为从后果性逻辑转向适当性逻辑的过程。社会化是社会学研究的核心概念。在国际关系领域，国家如何接受和内化国际社会规范是主流建构主义理论讨论的重点。关于建构主义的研究，参见秦亚青《建构主义：思想渊源、理论流派与学术理念》，《国际政治研究》2006 年第 3 期；也参见黄超《建构主义视野下的国际规范传播》，第 55 ~ 62 页。

③ Peter Katzenstein, "International Relations and Domestic Structures: Foreign Economics Policies of Advanced Industrial States", *International Organization*, Vol. 30, No. 1, Winter 1976, pp. 1 –45.

④ 苏长和：《中国与国际制度：一项研究议程》，《世界经济与政治》2002 年第 10 期，第 8 页；〔美〕罗伯特·基欧汉：《霸权之后——世界政治中的合作与纷争》，苏长和等译，上海人民出版社，2001 年，中文版序言。

⑤ 〔美〕莉萨·马丁、贝思·西蒙斯编《国际制度》，黄仁伟、蔡鹏鸿等译，第 281 页。

内物质利益，那么这一规范就更可能在国内传播。[1] 中国加入世界贸易组织后经济迅速发展，引发了中国国内对全球化和现行国际体系的积极评价，[2] 从而为新国际观的巩固和发展打下了坚实的基础。[3] 国内规范与国际规范之间的匹配程度也是影响参与实践的重要因素。规范的匹配度也决定了国内规范适应和调整的压力大小，决定着国际制度规范在国内传播的阻力和影响力。[4]

总之，国内资源可因制度、利益和规范三个因素而影响参与实践，使参与者在与不同的国际制度互动中形成差异，也就是导致参与实践对于国际体系的敏感度差异。这里的敏感度主要是指政治接受的程度，可形成从完全接受、主体部分接受、有条件接受到政治排斥四个程度构成的一个连续体。实践者在参与实践中根据不同的敏感度，会形成不同的参与剧本。

实践者的不断实践发展和演化了社会规范，形成了对社会规范的新的知识，也就是新剧本。"正是实践、构成实践的背景知识以及实践所发生的环境，促成了认知演化，使得政治行为体的社会化、规范劝服以及最终的理性计算成为可能。"[5] "参与政治行为不仅改变认同，也有助于建立和引导政治能力。"[6] 新剧本实际上说明，实践过程不仅生成了新的社会意义

---

[1] 可参见 Stephen Haggard and Robert Kaufman, *The Political Economy of Democratic Transitions*, New Jersey: Princeton University Press, 1995, p. 8。

[2] 蔡拓：《全球化观念与中国对外战略的转型——改革开放 30 年的外交哲学审视》，《世界经济与政治》2008 年第 11 期。

[3] 朱立群、赵广成：《中国国际观念的变化与巩固：动力与趋势》，《外交评论》2008 年第 1 期，第 21～22 页。

[4] 关于规范匹配对国际规范传播和遵约影响的研究很多，如 Jeffrey T. Checkel, "Norms, Institutions, and National Identity in Contemporary Europe", *International Studies Quarterly*, Vol. 43, No. 4, 1999, pp. 83 - 114；Amitav Acharya, "How Ideas Spread: Whose Norms Matter? Norm Localization and Institutional Change in Asian Regionalism", *International Organization*, Vol. 58, No. 2, 2004, pp. 239 - 275。

[5] Emanuel Adler, "The Spread of Security Communities: Communities of Practice? Self - Restraint, and NATO's Post - Cold War Transformation", *European Journal of International Relations*, Vol. 14, No. 2, 2008, pp. 195 - 230。

[6] 詹姆斯·马奇、约翰·奥尔森：《国际政治秩序的制度动力》，载〔美〕彼得·卡赞斯坦等主编《世界政治理论的探索与争鸣》，秦亚青等译，第 380 页。

结构，也改变了行为体参与实践、理解实践以及支配实践资源的能力。实践不仅意味着意义的重新界定，也意味着社会认同的转换和社会知识的积累。

在这方面，中国加入 WTO 的实践过程提供了一个绝佳的例证。我们面对 WTO 这一特定制度的话语实践形成了政治接受的新剧本，推动了中国历经 13 年谈判最终加入世贸组织的历程。而且，中国在谈判加入 WTO 的联盟实践中，形成了有条件接受的剧本，那就是"中国加入 WTO，不会接受损害国家根本利益的歧视性条件"。① 也就是说，中国在联盟实践过程中，始终坚持抵制种种苛刻和不切实际的要价，坚持中国的发展中国家地位。这个剧本的形成是国内各种利益考量的结果，在最后的谈判过程中国际社会接受了这个剧本，也就说明了国际社会对中国是一个发展中国家身份和地位的认可。因此，中国参与国际体系的程度，最终是通过国际社会对中国国际身份的承认来决定的。

三 参与实践与身份承认的因果关系

中国参与国际体系的实践基本上是一个自主的过程，② 但这并不意味着中国参与国际体系是一个自我实现的过程。国际体系作为中国参与其中的客体对象，需要对中国的地位和身份予以承认，从而实现中国与国际体系在主体间意义上的良性互动。这是由"人类主体同一性来自主体间承认的经验"③ 这一人类社会生存的本质决定的。

政治参与和认同发展的关系历来是一个充满争议的问题。④ 然而，越

---

① 朱镕基总理接受保加利亚《言论报》记者采访，1995 年 11 月 9 日，载《朱镕基答记者问》，人民出版社，2009 年，第 93 页。

② 章百家：《改变自己，影响世界——20 世纪中国外交基本线索刍议》。

③ 〔德〕霍耐特：《为承认而斗争》，胡继华译，上海人民出版社，2005 年，第 77 页。

④ 关于这个问题的讨论，见 Alexander Wendt, "Collective Identity Formation and the International State", *American Political Science Review*, Vol. 88, No. 2, 1994, pp. 384–396。

来越多的经验研究表明，政治互动促进行为体之间的交往和学习，从而推动社会化进程，产生共享经验和观念，促进共享意义的形成。特别是在国际制度日益发展深化的今天，政治参与导致的相互影响、相互学习和相互依赖之情形是日常发生的实践。中国参与国际体系的这一类实践，是国内政治选择的结果，也即中国愿意接受国际体系的规范和影响，寻求在体系中发展的自主行为。中国选择和平发展战略，就是要弥合与国际体系要求的差距，通过和平与合作的方式化解由差异带来的矛盾和问题，以避免对抗和敌对关系的产生。因此，中国与国际体系认同关系的发展，是中国与国际体系互动的参与实践的结果。在参与过程中，因互动密切、联系增加确实暴露了差异和矛盾，但是如何解决矛盾和问题，则是实践方式的选择问题。中国坚持改革开放与和平发展两大战略，保证了中国在国际体系中的政治参与行为不断带来积极的互动结果，形成了良性的主体间认同。因此，从作为参与实践主体的中国一方来说，积极主动与合作的参与实践，从一个方面保障了中国与国际体系政治认同的正向发展。

但是，身份从来都是社会性和关系性的，因而是一种主体间的状态。[①] 自我身份的肯定，必须在与他人的肯定性和共生关系中获得。从这个意义上说，中国参与国际体系的互动，需要国际体系的认可，特别是承认。不论是从哲学还是从政治学的意义上，"承认"涉及的不仅仅是个体的道德承认，也是共同体形成的基础。只有在承认中，自我才不复成其为个体。正如黑格尔所说，人必然地被承认，也必须给他人以承认。[②] 承认是自我在他者中的存在，承认表达的是主体存在于一种积极的交往关系之中，不仅反映的是人我关系，也即人的存在状态，更主要的是反映了一个社会的交往结构。[③] 在承认概念的背后，包含着价值判断。是在平等和尊重基础上的承认，

---

① 〔美〕亚历山大·温特：《国际政治的社会理论》，秦亚青译，上海人民出版社，2000 年，第 282、415 页。

② 黑格尔：《实在哲学》，第 206 页。转引自〔德〕霍耐特《为承认而斗争》，胡继华译，第 49 页。

③ 〔德〕霍耐特：《为承认而斗争》，胡继华译，第 103 页。

还是等级与轻视下的承认，价值的不同排序带来的是程度不同的承认。国际体系作为一个社会存在，同样充满了为承认而进行的斗争。

德国社会学家霍耐特发展了现代社会原则基础上的三种承认形式，从而形成了社会交往中完整的自我实践关系。他提出了三种承认原则：情感尊重、法律平等和价值，分别对应三种承认形式：爱、权利承认和社会重视。① 国际体系对中国参与实践的认可，主要体现在对中国国际身份的承认上。鉴于国际体系与国内社会关系的不同，我们将国际社会的承认依据不同的价值区分为三种程度，即形式承认、分配承认和价值承认。形式承认也可称做代表权承认，承认的是成员国地位。这种承认是一种有限的承认，因为在承认他者进入体系的同时，并不必然承认他者具有与自身同样的权利和尊严。分配承认是物质利益交往中的实质性承认，体现在国际制度中则主要是指对具有分配意义的投票权和在制度中地位的承认，反映的是利益实现的程度。价值承认是主体间的实质性承认，排除了异己的功利关系，以交往为前提，并超越交往，直指社会正义。它是在尊严、平等、尊重基础上的承认。体现在国际制度中的价值承认，应该是基于平等基础上的话语、规则、理念的承认。

参与实践是参与者积极能动的自主行为，但这个实践过程的目标是形成新的主体间认同，也就是获得国际体系的承认。因此，在本文中，参与实践是自变量，身份承认是因变量，是中国参与国际体系实践在国际制度中获得的身份认可。获得承认，也就是获得了新的身份。这个新身份就是国际制度对实践者"新剧本"的认可。参与实践与身份承认，就构成了一个完整的实践过程。实践者以新的身份重新投入实践过程，也就开启了新一轮的实践，中国参与国际体系的历程正体现了这样一个持续的、不间断的实践过程。

---

① 〔德〕霍耐特：《为承认而斗争》，胡继华译，第103～132页。对霍耐特理论的研究，参见李和佳《霍耐特承认理论研究》，南京师范大学博士学位论文，2008年。关于三种形式的承认，见〔德〕霍耐特《为承认而斗争》，胡继华译，第66～83页。

四　结论

任何理论和社会意义结构都是从实践中产生的，反过来又影响实践。理论创新之路，在于走向实践。实践不仅是检验真理的标准，还是形成新知识和建构社会意义的来源，这正是马克思主义的基本精神。

参与实践的解释模式，首先使"实践"重新回到了本体论地位。近代以后，个体理性破除神学垄断，使得个人重回社会生活的主体地位。然而个体理性的膨胀，也造成社会分裂和国际冲突的泛滥。于是，西方现代性和理性开始引起反思与批判，个体理性的强调逐渐被"协商理性"所补充，主体性逐渐上升到"主体间性"，人类在认识上实现了一次哲学转变。但是，"主体间性"既没有解决平等沟通交往的问题，也缺乏关注世界多样性差异的现实，它反而突出了观念的本体地位，强调了观念结构对身份和利益的塑造。而重回实践本体，才能够真正还原人类社会生活的本质特征。实践理性就是既注重物质性也注重精神性，既注重普遍性也注重特殊性。由此，我们认为，中国在国际体系中的身份既不是给定的，也不是观念的，既不是自身定位的，也不是国际社会强加的，它必然产生于中国所进行的参与实践。

第二，参与实践解释模式从深层次解决了规范和身份的来源问题。是实践创造了剧本，生成了新的话语和认知。它们的属性既可能是积极的，也可能是消极的，这取决于参与实践活动本身。实践者与环境互动所形成的积极实践，产生积极的话语和认知，推动正向认同产生。反之，则产生消极的话语和认知，促进反向认同的形成。中国参与国际体系的实践是在改革开放与和平发展战略的指导下进行的，国际体系主要大国对中国基本上奉行接触战略，这两个方面推动形成了中国关于国际体系的积极话语与认知，促进了二者关系的总体正向建构。

第三，参与实践解释模式赋予进程视角重要的方法论意义。它告诉我们，在结构相对确定的情况下，实践进程具有决定性意义。从这个意义上说，互动方式决定着互动结果。是积极互动还是消极互动，取决于实践行为体的战略选择以及行为方式，也取决于行为体的能动性。这样，我们就摆脱了结构决定论，赋予实践行为体真正的主体地位。同时，进程视角也赋予时间维度重要意义。时间维度对互动以及互动方式的影响是不能忽视的。实践行为体实际上是一个长期参与者，出于理性考虑会尽量避免"一锤子买卖"式的互动，而是放眼长远，更注重合作信誉。有了时间维度，我们对国际合作的理解才可能深入。中国参与国际体系正是在实践进程中不断形成新认知和新身份的时间过程。

在现阶段，中国参与国际体系仍然以中国遵循并社会化国际规范为主要内容。随着国际地位的不断提升，中国影响和塑造国际体系的能力会不断加强，中国与国际体系互动生成新规范的可能性越来越大。在参与实践中磨合生成的新规范，将会更多地反映中国的价值和理念。从这个意义上说，中国坚持改革开放与和平发展道路，坚持不断在话语和认知层面进行积极谋划和建构，是促进中国与国际体系关系良性发展的关键因素。

社会结构的实践演变模式

——理解中国与国际体系互动的另一种思路

进入 21 世纪以来，国际社会持续关注中国的发展，中国与国际体系的关系问题已经成为各方关切的议题。由于政治和社会文化的差异，中国在西方社会的意象中具有一定的"异质性"，因此，中国与国际体系的关系问题也就成了影响国际体系建设方向的大问题。从这个角度说，如何认识国际体系结构的演变方式以及作用主体具有重要的现实意义。

本文关注的正是这样一个涉及如何认识中国与国际体系关系的学理问题。笔者从"实践"这一元概念出发，重点分析了国际体系结构的进程性，认为国际体系的演变是一种社会实践进程，实践中的惯习—危机机制作用于体系结构，使得体系交替呈现出稳定与变化的特征。在这一进程中，实践者的实践行为可透过惯习—危机机制，发挥影响体系演变的巨大能动作用。

一　结构的演化：实践概念的回归

回顾国际关系理论的发展，从肯尼思·华尔兹（Kenneth N. Waltz）

---

* 原文载于《世界经济与政治》2012 年第 1 期。本文第二作者聂文娟，2011 年获外交学院法学（国际关系专业）博士学位，现为外交学院副教授。

的结构现实主义开始，到罗伯特·基欧汉（Robert O. Keohane）的新自由制度主义，再到亚历山大·温特（Alexander Wendt）的结构建构主义，我们不难发现，西方国际关系的主流元理论都是在体系结构层面上展开的。当然，尽管它们同属体系层次的结构主义研究，但这三者之间仍存在着一定的差异：华尔兹的结构是物质主义的，国家的行为受到结构整体的制约；基欧汉所说的结构也是物质主义的，但更多地被表征为物化的国际制度，认为物化了的制度影响国家的合作行为；而温特的结构是观念主义的，这种观念结构建构了行为体的身份和利益，从而影响了国家行为体的行为。① 三种结构主义尽管具有不同的形态，但它们的不足之处却具有共性，即三者都属于结构主义的分析范畴，对结构自身的形成过程都做了静态化处理。正如温特指出的，结构性分析在本质上都是静态的，"它们只告诉了我们结构是什么构成的以及它们怎样发生作用，但没有告诉我们结构在时间中的运行过程，亦即结构的过程"。②

实际上，结构之所以能够存在和产生作用，完全是个体施动者及其实践活动的产物。结构不仅在行为体的实践活动中处于不断生成和发展的动态之中，而且由于社会世界的多元特性，结构并非以单一的方式存在和运行，而是具有多重性，且依赖于和其他结构所形成的关系。③ 因此，在一定意义上，"结构应该被视为一种进程，而不是一种固定状态"。④ 换言之，结构处于一种演变的进程之中，而非以某种特定的本质形态恒

---

① 参阅〔美〕肯尼思·华尔兹《国际政治理论》，信强译，上海人民出版社，2003 年；〔美〕罗伯特·基欧汉：《霸权之后：世界政治中的合作与纷争》，苏长和等译，上海世纪出版集团，2001 年；〔美〕亚历山大·温特：《国际政治的社会理论》，秦亚青译，上海世纪出版集团，2000 年。

② 〔美〕亚历山大·温特：《国际政治的社会理论》，秦亚青译，第 231 页。

③ 朱立群、聂文娟：《国际关系理论的"实践"转向》，《世界经济与政治》2010 年第 8 期，第 100 页。

④ William H. Sewell, Jr., "A Theory of Structure: Duality, Agency, and Transformation", American Journal of Sociology, Vol. 98, No. 1, 1992, p. 4.

久存在着。

其实，温特在《国际关系理论的施动者—结构论战》一文中就竭力避免对结构进行"非历史性"的静态分析，强调结构主义者不能把结构作为一种预先设定的先验事实来处理。正是基于此，在解决施动者—结构关系这一问题中，结构化理论超越了个体主义和整体主义，不仅发展了国家施动者和体系结构的形成理论，而且避免了本体论的还原主义和具象主义。① 温特指出："我们尤其是不能像华尔兹、布赞、琼斯、利特尔那样，把结构和进程作为不同的分析层次处理，因为那将意味着结构可以独立于进程而存在、独立于进程而产生作用（'物化'），而进程本身也不是由结构构成的。"② 显然，温特借鉴了安东尼·吉登斯（Anthony Giddens）的结构化理论（structuration theory），试图用结构的二重性来代替结构的二元性对立，即主张社会结构和进程并不是彼此独立的两个既定现象；相反，社会进程总是由结构构成的，社会结构也总是存在于进程之中，③ 这也就是吉登斯所强调的，"结构化理论总是把结构看做社会系统的某种属性，'体现'在以时空为根基基础的被人们再生产出来的实践活动之中"。④ 吉登斯对结构与进程、结构与施动者的关系以及结构的使动和制约作用的分析，在很大程度上影响了温特结构理论的构建。⑤

但是，温特与吉登斯不同的地方在于，温特的理论存在实践的缺位。在吉登斯的结构化理论中，实践意识的概念具有根本性的意义。而对温特的结构理论而言，实践概念则以一种被抽空的形式存在。吉登斯表示，

---

① Alexander E. Wendt, "The Agent – Structure Problem in International Relations Theory", *International Organization*, Vol. 41, No. 3, 1987, p. 349.

② 〔美〕亚历山大·温特：《国际政治的社会理论》，秦亚青译，第 232 页。

③ 同上。

④ 〔英〕安东尼·吉登斯：《社会的构成：结构化理论大纲》，李康等译，三联书店，1998 年，第 272 页。

⑤ 〔美〕亚历山大·温特：《国际政治的社会理论》，秦亚青译，第 182 页。

在结构化理论看来，社会科学研究的主要领域既不是个体行动者的经验，也不是任何形式的社会总体的存在，而是在时空向度上得到有序安排的各种社会实践。① 实践既是人类行动者的存在方式，也是社会系统的基础。在一定场域的实践中，宏观的结构和制度对行动者的影响和作用得以体现。同时，只有在一定场域的实践中，行动者自身的特质才是可辨别和可分析的。因此，吉登斯表示："在我眼里，紧密渗入时空中的社会实践恰恰是同时构建主体和社会客体的根基。"② 对实践的关注把吉登斯的研究引向了对社会活动、社会具体过程的探讨，因此结构化理论的主要关切点也正在于社会结构在人的日常生活中形成的过程。③ 吉登斯通过对实践活动的深度挖掘，大大丰富了对结构意涵的理解，其中包括实践的时间向度、实践意识、实践惯习等重要概念，从而拓展了结构性特征、结构化方式等问题的研究。与吉登斯相比，温特在其理论分析中，并未充分探讨实践活动的重要性，在其分析施动者与结构互动的进程中，实践活动在很大程度上被简化为一种"符号互动"。④ 正如克里斯琴·布格（Christian Büger）和弗兰克·加丁格（Frank Gadinger）所指出的，"尽管实践是吉登斯的一个核心概念，但奇怪的是，国际关系学者在借鉴其理论时，只记住了施动者与结构的互构，却淡忘了实践及其施动者"。⑤ 罗克珊·林恩·多蒂（Roxanne Lynn Doty）也批评道，"具有讽刺意味的是，几乎所有的国际关系学者在谈到施动者—结构关系问题时，都赋予实践以重要意义，但从分析的角度，却没有给予实践

---

① 〔英〕安东尼·吉登斯：《社会的构成：结构化理论大纲》，李康等译，第 60 页。

② 同上书，第 42 页。

③ 同上书，第 8 页。

④ 〔美〕亚历山大·温特：《国际政治的社会理论》，秦亚青译，第七章，第 397~458 页。

⑤ Christian Büger and Frank Gadinger, "Culture, Terror and Practice in International Relations: An Invitation to Practice Theory", Paper prepared for the workshop "The (Re) turn to Practice: Thinking Practice in Internaional Relations and Security Studies", May 18 - 19, 2007, http://www.eui.eu/Personal/Researchers/bueger/Doc - uments/Bueger% 20and% 20Gadinger% 20 - % 20Culture, % 20Terror, % 20Practice. pdf, p. 13.

相应的地位"。① 如果认为结构是在行为体的实践活动中生成、发展和演化的，那么缺乏对实践的重要性认识，就不可能充分认识到行为体的能动性，也不可能充分认识到结构的生成性和动态性。正因为此，温特对结构变化的分析明显乏力，他所强调的施动者和结构的动态平衡、二者的"相互建构"以及结构和平转换四种变量中的自我约束如何可能并未得到充分的讨论，其理论最终由于对施动者和"进程"要素缺乏对等性关注而落入了结构主义的窠臼，其最初的"结构化"理论目标也滑落为一种"结构"理论。

应该说，正是温特理论的不足引发了学术界对结构生成和演变问题的深入讨论，如戴维·德斯勒（David Dessler）的结构"转型模式"、沃尔特·卡尔斯纳斯（Walter Carlsnaes）的"形态生成论"等论述，构建一个动态的结构理论已成为国际关系理论研究的一个重要议程。② 与此同时，实践概念的重要性也日益凸显出来，围绕着这一重要概念，人们对社会结构转化的研究不断深入，阿德勒关于安全共同体实践的研究堪称这一类研究的典范。③

由此可见，实践概念的回归在国际关系理论体系的发展演绎中具有一定的逻辑必然性，它是在温特理论不足基础上的进一步发展和完善。当然，它也和中国以及一些新兴国家崛起、国际体系发生重大转型的现实问题需求密切相关。正如温特所说，"一种理论是否有价值，最终取决于它是否能够对国际政治的具体问题做出有意义的解释"。④

---

① Roxanne Lynn Doty, "Aporia: A Critical Exploration of the Agent – Structure Problematique in International Relations Theory", *European Journal of International Relations*, Vol. 3, No. 3, 1997, p. 376.

② David Dessle, "What Is at Stake in the Agent – Structure Debate?", *International Organization*, Vol. 43, No. 3, 1989, pp. 441 – 473; Walter Carlsnaes, "The Agency – Structure Problem in Foreign Analysis", *International Studies Quarterly*, Vol. 36, No. 3, 1992, pp. 245 – 270.

③ Emanuel Adler, "The Spread of Security Communities: Communities of Practice, Self – Restraint, and NATO's Post – Cold War Transformation", *European Journal of International Relations*, Vol. 14, No. 2, 2008, pp. 195 – 230.

④ 〔美〕亚历山大·温特：《国际政治的社会理论》，秦亚青译，第4页。

二　理解社会结构演化：实践元概念的意义

近年来，国际关系理论研究出现了"实践转向"的思潮，[①] 最早关注社会实践现象的是国际关系研究中的后结构主义者。在他们看来，国际政治实际上是一系列的文本实践活动。[②] 在此之后，有学者呼吁"将实践概念带入国际关系研究的语言学转向"，[③]于是有越来越多的学者开始强调应关注国际政治中那些被人们忽视的"日常行为"、那些与日常事务相关的"小东西"（little things）[④]、"习惯"[⑤] 等，因为正是行为体的日常实践活动构成了国际政治的一幅幅复杂的图像。[⑥] 这些学者在皮埃尔·布迪厄（Pierre Bourdieu）等社会学家思想的启发下，开始对日常实践、语言与实践的关系以及"实践逻辑"（logic of practicality）[⑦] 等社会现象产生了浓厚兴趣，从而将国际关系的社会实践置于了国际关系研究的中心地位。总体而言，实践理论的研究视角从结构转向了行动者或实践者以及实践活动，因而摆脱了传统理论中的结构主义束缚，对社会结构以及结构—施动者的关

---

① 朱立群、聂文娟：《国际关系理论的"实践"转向》，《世界经济与政治》2010 年第 8 期，第 98～115 页。

② 参阅 J. Der Derian and M. J. Shapiro eds., *International/Intertextual Relations：Postmodern Readings of World Politics*，Lexington：Lexington Books，1989。

③ Iver B. Neumann，"Returning Practice to the Linguistic Turn：The Case of Diplomacy"，*Millennium：Journal of International Studies*，Vol. 31，No. 3，2002，pp. 627－651.

④ William Walters，"The Power of Inscription：Beyond Social Construction and Deconstruction in European Integration Studies"，*Millennium：Journal of International Studies*，Vol. 31，No. 1，2002，p. 97.

⑤ Ted Hopf，"The Logic of Habit in International Relations"，*European Journal of International Relations*，Vol. 16，No. 4，2010，pp. 539－561.

⑥ Emanuel Adler and Vincent Pouliot，"International Practices"，*International Theory*，Vol. 3，No. 1，2011，p. 2.

⑦ Vincent Pouliot，"The Logic of Practicality：A Theory of Practice of Security Communities"，*International Organization*，Vol. 62，No. 2，2008，pp. 257－288.

系提出了新的见解。

当我们回归实践概念，也就是回归以实践为研究的原点时，对结构演化的思考就会受到以下三个方面的影响。

第一，实践使得物质和观念得以统一。一直以来，对世界的本源性追问困扰着西方的主流思想界，很多学者陷入了物质与精神孰先孰后、孰轻孰重的二元对立中。在结构现实主义看来，国际体系结构是物质力量在国际体系中的分配状态，行为主体的观念或被认为说不清、道不明，或被认为是某种剩余现象，因此假定物质性因素先于社会性因素存在，并对后者起着决定性作用；① 温特对此进行了颠覆性的思考，他认为国际体系结构是一种文化观念结构，物质性因素只有通过社会观念结构才能对行为体的行为产生有意义的影响。换言之，物质因素只是观念符号的载体、表征或知识物化的形式而在场。② 实践理论视角则打破了这种"非此即彼"的二元对立，认为包括结构在内的整个世界既是物质的，又是观念的，但二者的关系不是一种简单的罗列或相加，而是有机的统一。

如何实现有机的统一呢？关键在于实践这一元概念本身。实践是一种具有主观能动性的行为模式，更具体地说，它是行为主体在特定的社会历史条件下能动的现实活动，是人的主观意识见诸客观物质世界的行动，在此意义上讲，它包含了主体性、社会性和物质性的统一。③ 应该说，任何实践以及实践所发生的情景都包含有物质因素，同时也具有语言、符号等表象因素。④ 因此关注实践活动和实践者，尤其是以实践者的视角观察外

---

① 参阅 Robert Keohane, "International Institutions: Two Approaches", in Robert Keohane ed., *International Institutions and State Power*, Boulder: Westview, 1989, pp. 158 – 179。

② 对文化理论中物质和文化关系的讨论，可进一步参阅 Andreas Reckwitz, "The Status of the 'Material' in Theories of Culture: From 'Social Structure' to 'Artefacts'", *Journal for the Theory of Social Behaviour*, Vol. 32, No. 2, 2002, pp. 195 – 217。

③ Emanuel Adler and Vincent Pouliot, "International Practices", pp. 4 – 5。

④ Christian Büger and Frank Gadinger, "Culture, Terror and Practice in International Relations: An Invitation to Practice Theory", p. 25。

在世界，就会发现外在世界并非是一个根据不同理论流派而分裂的支离破碎的世界，而是一个整合的、浑然统一的社会世界，并且"不可分割地被我们负载于身"。① 正是从人类的生存和各种实践出发，吉登斯颠覆了主体或客体任何一方在本体论上的霸主地位，② 超越主客体二元对立，将本体性关怀从传统哲学对事物抽象本质的关怀转向了对实践论或生存论的关怀。③ 西方哲学与社会学的这一发展，与中国实践哲学秉承的"反观自我"、"反观存在"的入世精神有异曲同工之处。所谓"不离日用常行内，直到先天未画前"，一直是中国哲学努力追求的境界。④

第二，实践使得施动者和结构得以统一。吉登斯表示，结构二重性观点认为，社会系统的结构性特征对于其反复组织起来的实践来说，既是后者的中介，又是它的结果。结构作为记忆痕迹，并非像埃米尔·涂尔干（Emile Durkheim）所说的是"外在"的，而是具体体现在各种社会实践中，"内在于"人的实践活动的。⑤ 也就是说，在实践中，既可以看到"施动者"的影子，也可以看到"结构"的痕迹，二者在实践中实现了统一。伊曼纽尔·阿德勒（Emanuel Adler）和文森特·普里奥（Vincent Pouliot）就指出，实践既是施动性的（agential），又是结构的（structural）。⑥ 实践具有施动能力，不仅因为它是由施动者所实行，还因为它同时塑造了施动者。正因为实践，施动者才认识他们自身以及知道如何以一种社会承认的方式行事。实践把作为结构背景的主体间知识转译为有意图的行动，并赋予其社会意义。因此，在实践中以及通过实践，施动者被框定在特定时空中的一定意义结构之内。⑦一方面，实践是结构的，不仅是因为它所具有的

---

① 〔法〕皮埃尔·布迪厄：《实践与反思》，李猛、李康译，中央编译出版社，2004年，第21页。

② 〔英〕安东尼·吉登斯：《社会的构成：结构化理论大纲》，李康等译，第61页。

③ 刘少杰：《后现代西方社会学理论》，社会科学文献出版社，2002年，第342~343页。

④ 冯友兰：《中国哲学简史》，涂又光译，北京大学出版社，2010年，第6页。

⑤ 〔英〕安东尼·吉登斯：《社会的构成：结构化理论大纲》，李康等译，第89页。

⑥ Emanuel Adler and Vincent Pouliot，"International Practices"，p. 16.

⑦ Ibid.

能动和制约作用，还因为结构的生成和转换对实践具有依赖性。结构以一种社会承认的形式体现在实践活动中，只有通过这种不断重复的体现，结构才得以存在。另一方面，施动者在被社会结构建构的同时，也具有一定的施动性。这一施动性不仅是指施动者具有行事的能力，更重要的是指它具有"换一种方式行事"的能力，也就是介入、干预这个世界的能力，或是摆脱这种介入和干预、影响事件的特定过程或事态效果的能力。[①] 正是这种施动性，通过周而复始的实践活动，促进了结构的转变和演化。

第三，实践使得社会结构的稳定与变革得以统一。在结构和施动者的关系中，两个端点代表着两种对社会结构和秩序的看法。前者代表的是稳定、保守的秩序观，后者则代表了变革、激进的秩序观。结构主义通常认为，"生产关系的结构决定了生产主体所占据的社会位置和所执行的社会功能，生产主体除了是这一社会位置的占有者和社会功能的执行者以外，什么都不是"。[②] 生产主体，作为社会世界的构成元素，不是具体或真实的个人，更像是社会位置和社会功能的概念界定。[③] 这样一来，社会中不存在具有创新性的个体，而是由设计精巧的"机器人"（automaton）构成的，[④] 社会结构就像是个体背后一股神秘的力量或一只无形的手，驱动着生产主体按照铁律行事，社会结构在这种严格的生产线上也充满了高度的稳定性。当然在结构主义的话语体系中，即使发生变革，这种力量也来自

---

① 〔英〕安东尼·吉登斯：《社会的构成：结构化理论大纲》，李康等译，第 76 页。

② Louis Althusser and Etienne Balibar, *Reading Capital*, London：New Left Books, 1970, p. 180；Colin Wight, "They Shoot Dead Horses Don't They？：Locating Agency in the Agent – Structure Problematique", *European Journal of International Relations*, Vol. 5, No. 1, 1991, p. 114.

③ Colin Wight, "They Shoot Dead Horses Don't They？：Locating Agency in the Agent – Structure Problematique", p. 114.

④ William H. Sewell, Jr., "A Theory of Structure：Duality, Agency, and Transformation", p. 2.

结构之外，或者是历史的终极目的，或者是导致系统不良运行的外在影响。① 相反，在个体主义看来，社会只能由具体行动着的个人组成，作为"实体"而独立存在的社会是没有的，只有作为社会行动的个体才是真实的。如马克斯·韦伯（Max Weber）认为，只有行为体才具有施动能力，才具有执行主观的可理解的行为的能力，社会是个人具体行动的广物，或者是由行为者的行为模式来表象。② 如此说来，社会中几乎不存在社会限制或制约性因素，个体几乎生活在结构的真空之中，个体也不需要社会化进程而天生成为社会中的施动者，个体的任何创新或社会互动都将带来社会影响，其变革潜力内在于社会生产的每时每刻，从而导致社会结构充满变化与革新。

其实，结构主义也好，个体主义也好，正如科林·怀特（Colin Wight）所言，它们提供的都只是一张"空头支票"。③ 因为在社会实践中，结构所孕育的稳定因素和施动者所带来的变革因素二者根本无法截然分开；相反，它们却总是共存于实践之中。历史是人类自己创造的，但是人类从来也没有随心所欲地创造过历史，卡尔·马克思（Karl Marx）的至理名言深刻地揭示了施动者与结构的互构关系。关键的问题是，当我们抛弃结构与施动者的二元对立时，就必须解释"创新和制约是如何联系的，我们又该如何解释这种共在性"，这正是施动者和结构问题中的焦点。④ 对此，布迪厄明确指出要"摆脱结构实在论，而又不重新陷入完全不可能阐明社会世界之必然性的主观主义，为此必须回到实践中来"。⑤

① William H. Sewell, Jr., "A Theory of Structure: Duality, Agency, and Transformation", pp. 2 – 3.

② Max Weber, *Economy and Society*, New York: Bedminster Press, 1968, p. 13; Colin Wight, "They Shoot Dead Horses Don't They?: Locating Agency in the Agent – Structure Problematique", p. 114.

③ Colin Wight, "They Shoot Dead Horses Don't They?: Locating Agency in the Agent – Structure Problematique", p. 114.

④ Colin Wight, *Agents, Structures and International Relations: Politics as Ontology*, Cambridge: Cambridge University Press, 2006, p. 291.

⑤ 〔法〕皮埃尔·布迪厄：《实践感》，蒋梓骅译，译林出版社，2009 年，第 73 页。

三　社会结构演变：实践中的惯习—危机模式

上文论述了结构始终处于社会实践的进程之中，但只有重回实践概念时，我们才能更好地理解结构的演变。那么进一步的问题是，结构在社会实践进程中是通过怎样的作用机制而发生演变的呢？

社会实践理论的代表人物西奥多·沙茨（Theodore R. Schatzki）指出，尽管社会实践理论内部具有多种研究路径，但都持有一个基本信仰，即众多社会现象如人类行为、权力、知识、意义、语言、社会机制以及历史变革都发生在实践的场域中，实践本体论也赋予我们考察结构演变的方法论启示，即它所强调的"方法论上的关系主义"。[1] 主流理论之所以局限于结构主义分析，对结构的形成过程做出静态化的处理，这也是与它们所采取的方法论密切相关的。为了更好地研究结构本身，它们在很大程度上把施动者或实践主体"悬置"起来。[2] 这种分析方法虽然也能够促进知识积累，但最终会造成对事物本质的歪曲理解。因为结构在本质上是一种动态的进程，这种静态的悬置式思维体现了一种"二元对立"的认识论，忽视了事物的进程性和联系性，因而最终难以反映结构的本质特征。因此，抛弃一元论，拒绝二元对立，重回中国的实践哲学，辩证地、联系地、相对地看待问题，可能是发现结构演变的根本方法。也就是说，运用关系主义方法论，我们就会发现结构演变所具有的相对性，即所谓结构的稳定不是绝对的稳定状态，而是相对的，是一种变革中的稳定。同理，结构的变革也是一种相对的变革，是稳定中的变革。其关键的问题是，结构如何在实践中实现了稳定和变革的统一以及创新和制约的统一呢？以下我们通过实践—惯习—危机模式来对结构的这种演化特征进行分析。

---

[1] 〔法〕皮埃尔·布迪厄：《实践与反思》，李猛、李康译，第 15～20 页。

[2] 在华尔兹看来，国际政治的结构理论就是主要探讨国际政治结构如何作为约束和支配力量作用于体系中的行为体，而对国家个体的行为反则则不予探讨，这属于外交政策理论的研究范畴，参见〔美〕肯尼思·华尔兹《国际政治理论》，信强译，第 80～96 页。

（一） 实践惯习：变革中的稳定

惯习（habitus）是行为体反复发生的行为并已经形成了一种稳定的模式。惯习脱胎于实践，正是实践活动周而复始的发生，才演变成为一种惯习。反过来，惯习也贯穿于我们的日常实践之中。通常情况下，一个行为体所从事的社会实践行动大多数都属于惯习范畴，形成了一种相对稳定的行为模式。如国际政治中的"外交惯例"（diplomatic habitus），也就是"一系列指导如何行事的惯用行为特征"，它使得国家间的外交互动成为可能。① 虽然惯习行为构成了大多数社会实践的内容，但"一直以来，我们都忽略了社会生活中大多数人大多数时间所经常做的事情"。② 也就是说，我们对于这种"日常事务"的社会功能，尤其是惯习行为对于社会结构运行的意义，对其重视程度远远不够。

实际上，实践惯习具有促结构化的功能，正是这种功能维护了社会结构的相对稳定性。惯习反映了结构的力量，与结构具有"同源相似"（ontological similarity）的特征。惯习不是一种简单的机械重复以及毫无意义的社会行为，相反它体现了一种对特定时空情境下社会结构的认同、认可或主观的调适反应，正是这种惯习行为表象和再造了社会结构，具有促结构化的特征。惯习之所以能够表征结构并具有促结构化的社会功能，一方面是因为惯习是在社会结构的客观制约条件下形成的，正如布迪厄所说的，"条件制约与特定的一类生存条件相结合，生成习性"。③ 它是由客观条件包含的可能和不可能、自由和必然、方便和禁忌所持久灌输的适应这些条件的行为倾向构成的。④ 另一方面，惯习具有历史的延续性特征，它来源

① Vincent Pouliot, "The Logic of Practicality: A Theory of Practice of Security Communities", pp. 272 – 273.

② Ted Hopf, "The Logic of Habit in International Relations", p. 539.

③ 〔法〕皮埃尔·布迪厄：《实践感》，蒋梓骅译，第 73 页。

④ 同上书，第 75 页。

于历史，寄存于现时，并传续未来。惯习是历史的实践活动，它确保既往经验的有效存在，这些既往经验以感知、思维和行为图式的形式储存于每个人身上，并包含了对未来的一种非设定性的指涉，与各种形式规则和明确的规范相比，能更加可靠地保证实践活动的一致性及其历时不变的特性。①惯习形成于社会结构，又将其固化和延续，因而它在很大程度上就是结构的一种"形塑机制"（structuring mechanism），它的隐喻就是社会结构的稳定。

另外，惯习具有能动和创新性，它是体现在行为体身上的历史，在行为体身体力行的实践中显现外化。一方面，惯习再现了社会结构，具有一定的客观性和外在性；另一方面，这种客观性和外在性只有通过行为主体的主观化和内在化过程才得以生成。因此，惯习尽管在经验层面被表象为一种经常出现的行为模式，但在观念范畴它的本质特征则是一种内化的、具体化的社会结构，是社会结构经过历史的连续在个体身上的一种沉淀。正如布迪厄所指出的："所谓惯习，就是知觉、评价和行动的分类图式构成的系统，它具有一定的稳定性，又可以置换，它来自于社会制度，又寄居在身体之中（或者说生物性的个体里）。"②惯习被称为"体现在行为体身上的历史"。也就是说，惯习既具有社会历史性，又具有行为主体的能动和创新性，这种双重特征说明它在促进结构化的同时，也蕴涵了改造结构的可能性。因此，它在带来结构稳定的同时，也生成结构变革的因子，毕竟行为主体对社会结构内化的过程不是机械地照抄照搬，而是创造性地适应和改造。

总之，惯习在社会实践中表征了社会结构，具有促结构化的作用，同时它又在主体实践中具有开放创新的特征，但这种创新是有条件的，是受一定条件限制的。因此，在惯习的作用下，社会结构保持着动态的相对稳定的基本特征。

---

① 〔法〕皮埃尔·布迪厄：《实践感》，蒋梓骅译，第 75~76 页。
② 〔法〕皮埃尔·布迪厄：《实践与反思》，李猛、李康译，第 171 页。

（二） 实践危机：稳定中的变革

实践在日常生活中被不断重复，秩序被不断地重建，从而构成了结构的稳定状态。但是在危机情景下，实践就可能发生变化，不断重复的行为模式就会被打断，从而为创新打开空间，为结构变化提供机遇。因此，危机构成了社会实践中推动结构变化的发生机制。

根据社会实践理论，社会结构的重大变革来自实践活动中日常惯例（routines）和危机（crisis）之间的互动，[①] 危机是日常惯例的对立面，是对日常实践正常运行的挑战。危机性情景或危机事件可能是一种具有积极影响的社会事件，如某项科技创新、战争的胜利或经济突飞猛进的发展，也可能是一种具有消极影响的社会事件，如自然灾害、战争、种族清洗或种族屠杀等。[②] 危机事件的特征在于它所带来的不确定性，从而促使行为体改变日常实践，推动社会结构的变革。

危机情景的出现也就是日常实践的"问题情境"，这主要是因为：第一，结构多样性的碰撞。国际社会的各个成员之间由于地理、文化、族群、政治和经济等要素的差异，而构成了一种多元性空间关系，这种空间差异性一旦与行动者的实践生活联系起来，也就转化为一种时间的差异性，即各个社会群体处于不同的历史发展阶段，具有不同的历史、认同和传统。正是基于行为体之间的这种"时空差异性"，所以"社会是由多重

---

① Christian Büger and Frank Gadinger, "Culture, Terror and Practice in International Relations: An Invitation to Practice Theory", pp. 20 - 24; Gunther Hellmann, "Creative Intelligence: Pragmatism as a Theory of Thought and Action", Paper presented at the "Millennium" Special Issue Conference on "Pragmatism in International Relations Theory", London, October 12, 2002, http: //www. soz. imi - frankfurt. de/hellmami/mat/millennium _ www. pdf, pp. 1 - 37.

② 马库斯·科恩普罗布斯特（Markus Kornprobst）曾经提出的革新性事件（revolutionary events）与本文的"危机性事件"具有相似之处，参阅 Markus Kornprobst, "Argumentation and Compromise: Ireland's Selection of the Territorial Status Quo Norm", *International Organization*, Vol. 61, No. 1, 2007, p. 78。

结构组成的，不同的结构具有不同的形态和规则资源，并在不同层次上发挥作用"。① 怀特也曾经指出，在国际社会中国际体系、国家、个人都可以作为结构实体，但是不同的结构显然具有不同的特性。② 正如国际体系结构会和国家行为体的结构产生纵向的碰撞，而在横向截面上，不同的国家具有不同的社会历史结构，也会导致实践中的碰撞。因此，不同结构所具有的多样性以及多样性所产生的碰撞导致了实践活动的不确定性，甚至危机的出现。对此，行为体必须放弃日常惯例实践，开启创新实践以应对危机。

第二，实践情景的"争议性"推动形成新的观念。当危机情景出现后，如何应对危机可能因知识储备的不足或差异而导致认知争议，因为"对一种实践情景的解读，并非取决于结构，而是取决于施动者的能力及其带入结构中的行为模式"。③ 由于存在对情景意义的争议和疑虑，不同行为主体可能利用符号、文本之间的游戏对情景意义权力进行争夺，正如在不同历史时期内和不同实践情景下，"主权承认"和"宗主权"（suzerainty）等概念意义引发了不同的解释版本，这种可争议性也就产生了沟通、协调、论争和谈判的必要，为行为体创新观念提供了机会和平台。

第三，实践资源组合的不可预测性。实践活动都是在特定时空内展开的，当实践要素重组时，实践主体面对的变数会大幅度增加。完全相同的惯习，在不同场域的刺激下，可能产生出不同的甚至对立的结果。④ 在不同的观众面前讲同一笑话、在不同的市场上进行投资、在不同的学生中传

① William H. Sewell, Jr., "A Theory of Structure: Duality, Agency, and Transformation", p. 16.

② Colin Wight, "They Shoot Dead Horses Don't They?: Locating Agency in the Agent Structure Problematique", p. 129.

③ Christian Büger and Frank Gadinger, "Culture, Terror and Practice in International Relations: An Invitation to Practice Theory", p. 19.

④ 〔法〕皮埃尔·布迪厄：《实践与反思》，李猛、李康译，第179页。

授知识，都会产生不同的实践结果。① 因此实践要素组合的不同，有可能会引发形态各异的实践情境甚至程度不等的实践危机。

危机情景可能导致日常实践的改变，迫使实践主体"换一种新的方式行事"。危机情景通常是"开放的"，运用显而易见的老办法处理危机是行不通的。日常行为因危机情景带来的问题和不确定性被迫中断，促使行为体必须面对危机，重新思考行为模式，重新组合资源，创新观念和行为方式，从而开启了社会结构变革的进程。马库斯·科恩普罗布斯特的研究发现，北爱尔兰问题的解决正是 20 世纪 70 年代一系列"麻烦事件"（the troubles）促成了相关各方的创新性思考，在新的背景知识下形成新的解决方案，其中包括北爱尔兰领导人放弃几十年坚持的收复领土的规范诉求，转而采取新的维护领土现状的规范选择。② 因此，可以说，正是实践危机开辟了结构裂缝中稳定与变化的界限，促使变革得以形成。③ 变化产生于问题情景，创新行动是在这种情景中解决实际问题的结果。

其实，回顾国际关系的历史，我们不难发现，国际关系重大创新性规则规范的建立都与重大危机性事件联系在一起。17 世纪欧洲大陆上旷日持久的三十年战争推动了基于国家主权原则基础上的威斯特伐利亚体系的形成，20 世纪两次惨绝人寰的世界大战又促使欧洲大陆超越国家主权，走向了欧洲联合的道路。在欧洲一体化的道路上，这些大大小小、程度不等的危机事件不断推动欧洲联合的深入发展。冷战的结束以及两极格局的突然崩溃开启了欧洲联盟的新时代。当下正在发生的欧债危机，又促使欧盟将

---

① 自然物理领域的科学研究对此观点也进行了佐证，如同样是磁悬浮系统、金属盘、光学系统、能量供应，但在这一电场中选择室温石墨颗粒悬浮，还是选择低温铌球悬浮则会产生截然不同的实践结果，前者支持了夸克的不存在，而后者却支持了夸克存在的结论。参阅〔美〕安德鲁·皮克林《实践的冲撞：时间、力量与科学》，邢冬梅译，南京大学出版社，2004 年，第 242 页。

② Markus Kornprobst, "Argumentation and Compromise: Ireland's Selection of the Territorial Status Quo Norm", p. 87.

③ Christian Büger and Frank Gadinger, "Culture, Terror and Practice in International Relations: An Invitation to Practice Theory", p. 22.

经济货币联盟向财政联盟扩展。因此，可以说，正是实践危机开辟了结构裂缝中稳定与变化的界限，才促使变革得以形成。① 变化产生于问题情景，创新行动是在这种情景中解决实际问题的结果。

实践危机引发的社会结构变革可能是局部的、缓慢的变革，也可能是重大的革命性的变革，但是任何一种变革都并非绝对意义上的变革，而是一种"稳定中的变革"。因为实践活动是一种时间化的行为，② 它总是在时间中展开，延续历史的踪迹，并非与历史完全割裂。从这个意义上讲，即使是革命性社会结构转型，也带有连续性的稳定特征。例如，东欧的制度性规范尽管在 1989 年发生了剧烈的变化，但是在此之前，东欧的文化认知要素已经发生了缓慢的变迁，之后这种更深层次的规范性要素的变迁仍然是一个长期渐进的过程。③

总之，社会结构的生成、维持和转换都是在实践活动中实现的。实践中形成的惯习再生产了社会秩序，维持了社会结构的稳定；而实践中引发的危机，激发了实践主体的能动性和创新性，开启了新的实践行为模式，推动社会结构的调整和变革。正是在实践中实践惯习和危机的持续交互作用，推动了社会结构的演变。

四 结论

本文在理论层面上讨论了国际体系演化的两种实践机制，这样就为深入理解国际体系结构与施动者互动提供了一个动态的解释框架，从而有助于解决中国与国际体系关系的相关理论问题。本文通过转换研究视角，即从关注体系结构转向实践行动，从关注结构作用转向结构的演变，从关注结构主义

---

① Christian Büger and Frank Gadinger, "Culture, Terror and Practice in International Relations: An Invitation to Practice Theory", p. 22.

② 〔法〕皮埃尔·布迪厄：《实践与反思》，李猛、李康译，第 183 页。

③ 〔美〕约翰·L. 坎贝尔：《制度变迁与全球化》，姚伟译，上海人民出版社，2010 年，第 40 页。

的解释模式转向以施动者为基础的实践解释模式的分析中发现，结构与施动者的关系是双向互构的，在国家行为背后有更为复杂的实践逻辑，结构演化具有稳定与变革的双重特征。这种以施动者的实践为中心的研究，既解释了施动者所具有的结构化能力，突出了施动者在结构演化过程中的能动性，又解释了行为体所具有的社会性和历史性，也就是结构对行为体的限制作用。

在 21 世纪，伴随中国实力的不断增强，中国与国际体系的关系问题将持续成为学者们关注的话题。从结构演化的实践机制出发，我们能深入探究中国与国际体系的双向社会化进程以及中国自身所发挥的巨大能动作用。没有中国的和平发展战略选择，也就不可能出现改革开放 30 年多来中国与国际体系的合作关系，更不可能形成国际体系大致和平的演变历程。中国遵循国际社会的规则，使之制度化并逐渐形成行为惯例，体现了国际社会结构和中国自身角色身份的"契合"过程。在这个过程中，中国将外在的社会世界看做自己的世界，并在其中找到"适得其所"的位置，外在的社会世界结构也在中国的实践活动中得以延续和强化。同时，作为实践主体，中国并不是完全被动地接受国际规范，而是在实践中发挥巨大的主观能动性，特别是利用危机带来的机遇对国际体系进行再理解、再阐释和再创新，这个社会实践活动也是推动国际体系变革的过程。因此，更好地理解国际体系结构与施动者在实践中的互动关系以及两种实践机制将是我们准确理解中国与国际体系关系的必要前提。

中国与国际体系：双向社会化的实践逻辑

一　实践视角下的中国参与国际体系进程

中国与国际体系的关系在几十年里所发生的根本性变迁，是任何一种现存西方经典国际关系理论都不能包含的事实，它使得过程性的历史分析成为必要，也使得学者们必须转换研究视角，探索新的分析框架。

我们把中国参与国际体系看成是一个连续不断的参与实践过程。[①]参与实践不仅受到国际国内环境的影响，而且实践主体在参与实践的复杂互动中不断学习、借鉴、创新，形成了关于国际体系及其相互关系的新认知。国际体系对中国各种参与实践的回应，推动中国新身份的形成。与此同时，中国在参与实践中不断通过反思和创新影响国际体系，促进国际体系朝着更加公正、合理和有序的方向发展。这实际上是一个相互影响的双向社会化过程，其中实践逻辑发挥着重要的作用，实践行为主体的能动性在很大程度上影响着社会化的方向和结果。当我们把研究视角转向社会实

---

*　原文载于《外交评论》2012 年第 1 期。

①　关于"参与实践"概念的提出及其具体内涵，可参考朱立群《中国参与国际体系的实践解释模式》，《外交评论》2011 年第 1 期，第 19～33 页。

践，特别是转向实践建构的过程，我们就可以在中国与国际体系关系的研究议题上产生以下三个方面的新发现。

（一）中国与国际体系是双向社会化的关系

首先，在"参与实践"这一概念工具的引导下，我们发现中国参与国际体系的过程是一个双向社会化的过程。也就是说，中国与国际体系的互动，是相互影响、相互作用、相互适应和相互改变的过程，因而也就是一个双向的社会化过程。在研究中，我们强调了国际制度的规范性、建构性和开放性特点，也就是承认国际社会具有经由社会化机制改变国家行为体行为的能力。同时，我们也相信，作为能动性行为体，国家行为体具有内化国际制度规范和规则并因此实现身份转换的能力。在此基础上，我们将社会化看做一个过程，一个行为体逐渐接受国际社会或特定群体规范和规则并因此改变自身行为和身份的过程。社会化意味着行为体的行为从后果性逻辑转向适当性逻辑，从特定身份转向新身份的过程。双向社会化意味着，一方面，国际层面的规范、规则为行为体所接受并内化，成为其行动准则；另一方面，行为体也将自身的规范、规则上传到国际层面，影响国际社会，并形成国际社会普遍接受的规范和制度。[1] 从这个意义上说，社会化过程是具有方向性的。但是，这个方向并非线性，也不是单向度的。

现有国际规范社会化研究不是强调自上而下的路径，如国际组织通过教化将国际体系规范传播到国家行为体，[2] 就是强调从中心到边缘的路径，如发展中国家全盘接受体系核心国家的规范，放弃旧有身份的社会化过

[1] 朱立群、林民旺等：《奥运会与北京国际化——规范社会化的视角》，世界知识出版社，2010年，第17页。

[2] 〔美〕玛莎·费丽莫：《国际社会中的国家利益》，袁正清译，浙江人民出版社，2001年；Margaret E. Keck and Kathryn Sikkink, *Activists beyond Borders: Advocacy Networks in International Politics*, Ithaca: Cornell University Press, 1998, pp. 203 – 206。

程。① 这种单一方向、单一身份、单一结构的研究假定，不仅与当今国际体系结构日益复杂多元的现实相距甚远，也与国际关系日益呈现动态和不确定性等特点相背离，更何况国际体系中行为体日渐增多、行为体身份日益多重、行为体战略选择愈发多变，单向度社会化只能是脱离现实的理想愿望而已。

正是从这个意义上，我们需要摒弃单向社会化的假说。以"参与实践"为核心概念的解释模式，不承认国际规范的社会化只能通过行为体接受体系规范、抛弃自我身份这一条路径。它突出了结构与施动者相互作用的双向社会化进程，行为体不但接受既有国际规范，还在参与实践过程中将自身规范和理念上传给国际体系。在这个双向社会化过程中，行为体一方面实现对国际体系的参与，另一方面还帮助塑造新的国际规范。

当然，双向社会化并不保证互动的积极结果。一般情况下，实践者与环境互动所形成的积极实践，会产生积极的话语和认知，推动形成正向认同。反之，则产生消极的话语和认知，促进反向认同的形成。中国参与国际体系的实践是在改革开放与和平发展战略的指导下进行的，国际体系主要大国对中国基本上奉行了接触战略，这两个方面推动形成了中国目前关于国际体系的积极话语与认知，促进了二者关系的总体正向建构。另外，双向社会化过程也是有实践顺序的。现有研究表明，中国参与国际体系现阶段仍然以学习和接受国际体系规范为主，但是，中国在参与实践中也不断通过联盟实践和创新实践，越来越深刻地影响着国际体系的发展。

（二） 实践逻辑推动中国与国际体系的关系演变

社会化过程离不开具体的实践，也就是说离不开实践逻辑。关于社会

---

① Barry Buzan, *From International to World Society? English School Theory and the Social Structure of Globalization*, Cambridge: Cambridge University Press, 2004, pp. 222 – 227; Barry Buzan, "Culture and International Society", *International Relations*, Vol. 86, No. 1, 2010, pp. 1 – 25.

化机制的现有研究极大地丰富了人们关于国际关系社会化过程发生机制的理解，但是这些研究集中在现实主义的权力逻辑和自由主义的规范逻辑两大范式之中，前者强调权力高压下的社会化过程，后者则存在着明显的"好规范"偏见。① 关于行为体的行为逻辑，普里奥总结了国际关系研究中普遍运用的三种逻辑，除了后果性逻辑和适当性逻辑，② 还有立足于人类追求真理和解放基础上的论争逻辑（logic of arguing）。③ 进而，他提出了第四种逻辑即"实践逻辑"的概念。他认为，前三种逻辑下的社会化机制忽视了时间和空间变量的地位，④ 忽视了社会世界的物质性，从而导致社会化研究忽视具体复杂的实践情景，以普遍性代替了个性化和类别化特征。

按照吉登斯的说法，社会科学研究的对象既不是个体行动者的经验，也不是任何形式的社会总体存在，而是在时空向度上得到有序安排的各种社会实践，⑤ 正是这些实践构建了社会结构以及结构建设的行为体。理性主义和规范主义的逻辑，其实都不同程度地忽视了吉登斯所强调的时空向度。而排除了时间和空间，也就忽视了实践行为发生的当下性和情境性，忽视了社会世界的物质性，忽视了个性化特征，更忽视了社会世界的多样性、自组织性以及偶然因素在其中所发挥的重要作用。

实践逻辑强调行为体的行为受实践情境、背景知识以及身、心、物在

① Ryder McKeown, "Norm Regress: US Revisionism and the Slow Death of the Torture Norm", *International Relations*, Vol. 23, No. 1, 2009, pp. 6 – 9.

② 关于这两种逻辑作用的情况，可参见〔美〕詹姆斯·G·马奇、约翰·奥尔森《国际政治秩序的制度动力》，载〔美〕彼得·卡赞斯坦、罗伯特·基欧汉、斯蒂芬·克拉斯纳编《世界政治理论的探索与争鸣》，秦亚青等译，上海人民出版社，2006年，第366~371页；Jeffrey T. Checkel ed., *International Institutions and Socialization in Europe*, New York: Cambridge University Press, 2007, pp. 3 – 27。

③ Vincent Pouliot, "The Logic of Practicality: A Theory of Practice of Security Communities", *International Organizaiton*, Vol. 62, No. 2, Spring 2008, pp. 262 – 263.

④ 对于后果性和适当性两种逻辑的讨论和批判，见 Vincent Pouliot, "The Logic of Practicality: A Theory of Practice of Security Communities", pp. 257 – 288。

⑤ 〔英〕安东尼·吉登斯：《社会的构成：结构化理论大纲》，李康等译，三联书店，1998年，第60页。

一定时空条件下交互作用所推动，它是情境的、联系的、辩证的、开放的逻辑。在本体论上，实践逻辑实际上较之理性和规范都具有先在的地位。它是情景合理性逻辑（logic of contextual reasonableness），是在实践情景下追求合理性的一种逻辑。实践逻辑之所以具有先在的本体地位，是因为无论是理性逻辑，还是规范逻辑，"都是历史性地建构于惯习和场域之中"，人类并非先验地拥有这些逻辑。[1] "施动者会决定一种特定社会情境是需要工具理性，还是需要遵守规范，或是需要沟通行动。"[2]

这里，我们强调实践逻辑是最大限度合理化的逻辑，主要是因为任何实践活动都是物质的、时间的、情境的、联系的和开放的。

物质性是实践逻辑的基础。这一基础并非现实主义所强调的物质性的实力分布决定国家间关系的因果逻辑，而是强调任何实践都是身体力行的活动。作为身体力行的活动，任何实践都不可能不涉及事物，因而这些事物也是具有社会性的。"我们不可能脱离物质实际从事实践活动。"[3] 也就是说，我们的任何实践都是在物质情景中并使用我们生产出来的物质产品而进行的。从这个意义上说，人类历史也是物质事物的历史，我们发现、生产、创造和发展新的事物，这些新的事物带来新的实践，新的实践反过来又改变我们对世界的理解，从而进一步改变我们的社会实践。实践逻辑就是事物的逻辑，任何实践不能脱离事物的逻辑来发展。气候变化相关机制的建立受气候变化物质条件的影响，不同国家对气候变化的态度和认知一旦离开其所处的空间所在就难以理解。中国参与国际体系不能脱离中国

---

① Vincent Pouliot, "The Logic of Practicality: A Theory of Practice of Security Communities", pp. 276 – 277.

② Ibid.

③ Christian Büger and Frank Gadinger, "Culture, Terror and Practice in International Relations: An Invitation to Practice Theory", Paper Prepared for the Workshop "The (Re) turn to Practice: Thinking Practice in International Relations and Security Studies", May 18 – 19, 2007, European University Institute, Florence, Italy, http://www.eui.eu / Personal / Researchers / bueger / Documents / Bueger% 20and% 20Gadinger% 20 – % 20Culture > % 20Terror,% 20Practice, pdf, p. 19.

的发展阶段和中国的物质生产能力，中国承担国际责任不能脱离自身能力和各种限制，这就是实践逻辑作用的结果。

即时性是实践逻辑作用的条件。按照社会学家布迪厄的观点，任何社会实践都是完全内在于持续时间的，是在时间中展开的，因而是与时间紧密联结在一起的。① 紧迫性是实践的一个基本属性，② 没有离开时间维度的实践。同时，时间并不是单一的，也不是脱离历史的。现实世界往往是不同社会时间存在于同一个时期，例如今天的国际社会同时存在着前现代、现代和后现代三种社会形态，③ 它们并不分享同一历史意义上的时间，因而政治行为的合法性标准可能有所不同，参与国际制度的规范化原则也就不会相同，或者不容易达成规范认同。另外，实践者总是需要在紧迫性中做出即时决定，这些决定既依据当下的客观可能性，也着眼于未来的发展，但是紧迫性以及多元历史时间④决定了实践者不可能在参与进程中实现完全理性，或者受单一规范原则的主导。

情境性是实践逻辑的内在特质。情境性是包含社会意义的，它们总是历史和文化的产物。实践知识的生产总是和情境与行动密切相关。对于实践者的知与行来说，一种情境的社会性是具有建构作用的，因此，我们不能脱离历史和情境这一背景知识来谈论制度设计和建设。实践者通过实践、通过活动于情境之中获取关于制度的知识。在实践中，实践者自身的特性会引导选择，促发特定情境的产生，导向特定的参与实践。实践者的

---

① 〔法〕皮埃尔·布迪厄：《实践感》，蒋梓骅译，译林出版社，2009 年，第 126 页。

② 同上书，第 127 页。

③ Robert Cooper, *The Breaking of Nations: Order and Chaos in the Twenty - First Century*, London: Atlantic Books, 2003.

④ 汪晖教授在其《跨体系社会与区域作为方法》一文中谈到，在民族学、人类学和宗教学的研究中，多元时间观提供了关于差异政治的认识论框架。在中国研究中，少数民族研究、地方史研究正在以一种多元时间的框架塑造新的主体，以抗衡或平衡单一主体（民族—国家历史）的时间观（或历史观）。该论述对本文思考实践的时间观具有重要的启发意义。见汪晖《东西之间的 "西藏问题"》（外二篇），三联书店，2011 年，第 181 ~ 185 页。

特性通常是在一定的社会环境中发挥作用的。实践者的自身特性和社会情境都具有施动性，它们相互作用，相互建构，从而形成特定实践模式。以东盟和非盟制度设计中的人道主义规范为例，东盟依据自身的情境发展出了不干涉原则，而非盟则在自身历史和背景知识的作用下形成了不漠视原则，这就是实践逻辑下的产物。① 从理论上说，行为体在实践中大体会遇到两种实践情景，一种是惯习作用的实践情景，一种是危机作用下的实践情景。惯习（habitus）就是行为体反复发生的行为，并已经形成了一种稳定的模式。通常情况下，一个行为体所从事的社会实践行动大多数都属于惯习范畴。如国际政治中的外交惯例（diplomatic habitus），就是"一系列指导如何行事的惯用行为特征"，它使得国家间的外交互动成为可能。② 它体现了一种对特定时空情境下社会结构的认同、认可或主观的调适反应。在惯习作用下的实践情景，行为体的行动原则往往依据常识，也就是那些从不去质疑甚至没有意识到的社会性原则。③ 危机情景是日常惯例的对立面，是日常实践中的"问题情境"。实践情景的"争议性"往往推动形成新的观念，因为日常实践被问题情境打破，处理危机状况没有先例可寻，需要发挥主观能动性"换一种方式行事"。这就是在危机中的创新，正是这种创新，带来了社会结构的变化与革新。从这个意义上说，实践逻辑，也是一种常识逻辑，④ 无须反思也不受逻辑控制，它具有自然生成的特性。在情境性的作用下，施动者做其所能做，而不是做其所应该做。因此说，

① 关于东盟和非盟人道主义规范的比较研究，参见聂文娟《历史怨恨情感与规范认同——非盟与东盟人权规范的比较研究》，外交学院博士论文，2011 年。

② Vincent Pouliot, "The Logic of Practicality: A Theory of Practice of Security Communities", pp. 272 - 273.

③ Emanuel Adler and Vincent Pouliot, "International Practices", *International Theory*, Vol. 3, No. 1, 2011, pp. 10 - 11.

④ 常识逻辑不是霍普夫所说的习惯逻辑，后者更强调行为反复出现形成完全内化的社会习惯，而常识逻辑是具象的、情景的、关系性的和意向性的，具有能动性。关于习惯逻辑，见 Ted Hopf, "The Logic of Habit in International Relations", *European Journal of International Relations*, Vol. 16, No. 4, 2010, pp. 539 - 561。

"实践逻辑并非建立在'应该怎样'，而是建立在'能够怎样'的基础上"。①

联系性是实践逻辑的特征。实践是一种具有主观能动性的行为模式，更具体地说，它是行为主体在特定的社会历史条件下能动的现实活动，是人的主观意识见诸客观物质世界的行动，在此意义上讲，它包含了主体性、社会性和物质性的统一。②实践活动连接着主体和客体，从人类的各种实践出发，就可以颠覆主体或客体任何一方在本体论上的霸主地位，③超越主客体二元对立，将本体论关怀从对事物抽象本质的关怀转向对实践过程的关怀。参与国际体系并非是"外在"的，而是"内在于"人的实践活动的，因而需要不断地把作为结构背景的主体间共识转变为有意图的行动，并赋予其社会意义。同时，社会意义的转换以及规范认同的重塑也依赖于实践中的创新和实践介入。实践结果总是身心作用的产物，是物质与精神的结合，是结构与施动者的相互构成，是惯习与创新的统一。从这个意义上说，实践逻辑本质上是联系的、辩证的，是实践者内在的社会属性与其所在的社会环境的某种综合。

实践的联系性以及实践的过程性本质上决定了实践逻辑是一个开放的逻辑。我们"不能用一种同质性模式来解释一切形式的实践"，或者说"没有通用于一切具体实践的逻辑和模式"。④ 实践者可以通过自己的行为来为事情如何完成以及呈现怎样的状态和性质画上一个句号，这样的实践进程为偶然性和主观能动性提供了自由的空间。⑤ 从这个意义上说，不同的实践领域具有不同的实践逻辑。正如布迪厄所指出的，"确信只有深入一个经验的具有历史处境的现实的特殊性中，才能理解社

---

① Vincent Pouliot, "The Logic of Practicality: A Theory of Practice of Security Communities", p. 275.

② Emanuel Adler and Vincent Pouliot, "International Practices", pp. 4 – 5.

③ 〔英〕安东尼·吉登斯：《社会的构成：结构化理论大纲》，李康等译，第 61 页。

④ 刘森林：《实践的逻辑》，社会科学文献出版社，2009 年，第 215 页。

⑤ 同上书，第 219～220 页。

会世界最深刻的逻辑"。① 这种以实践为导向的社会化过程，正是通过进程的开放性，突破了单一方向、单一身份、单一结构框架下的社会化研究。

中国在国际体系的不同领域有着不同的参与实践。正是因为参与实践的情景不同、互动不同，参与程度和范围也就有所不同。例如，中国参与国际货币基金组织和世界银行的情况就有所不同。在初始阶段，中国对两个组织并没有差异性偏好，而是在参与实践过程中由于两个组织的功能不同以及互动方式的不同，中国对两个组织的参与进程呈现出差异。总的说，中国和国际货币基金组织互动的范围和深入程度都不如中国与世界银行的互动。② 再如，在地雷控制机制中，中国参与《修订的地雷议定书》的程度明显比参与《渥太华禁雷公约》的程度要深。中国已批准《修订的地雷议定书》，并严格按照其要求实践，但中国没有签署和批准《渥太华禁雷公约》，尽管认同该公约的目标和宗旨。③ 这主要是由于《渥太华禁雷公约》要求"无保留、无例外、无漏洞"地绝对禁止地雷的规范，中国对该国际制度的认知与《修订的地雷议定书》不同，因而导致了不同的参与实践。

（三）中国参与国际体系的巨大能动性

当我们将研究视角转换到参与实践上，实践主体的能动性就能够较好地呈现出来。在现有的社会化研究中，国家往往是被动的角色，是国际组织传播规范的对象，是国际规范的被动接受者，④ 这样的研究忽视了实践主体的主观能动性。同时，现有规范传播的研究，过于关注体系层次上规

---

① 皮埃尔·布迪厄、山本哲司：《关于实践、时间和历史的谈话》，载〔法〕皮埃尔·布迪厄《实践理性：关于行为理论》，谭立德译，三联书店，2007 年，第 149~150 页。

② 曲博：《中国参与国际金融组织的实践》，载朱立群等《中国与国际体系：进程与实践》，世界知识出版社，2012 年。

③ 黄超：《中国参与地雷和轻小武器国际控制机制的实践》，载朱立群等《中国与国际体系：进程与实践》。

④ Barry Buzan, "Culture and International Society", pp. 1 - 25.

范的重要性以及传播规律，而对哪些规范重要、如何重要、为何重要等问题的讨论严重不足。而一旦涉及这些问题，研究者的视角必然要瞄准行动者。① 参与实践的解释模式，使得"实践"重新回到了本体地位，从而在更新意义上解放了实践的行为主体。近代以后，个体理性破除神学垄断，个人重回社会生活的主体地位。但是个体理性的膨胀，也造成了社会分裂和国际冲突的泛滥。于是，出现了对西方现代性和理性的反思与批判，个体理性的强调逐渐被"协商理性"所补充，主体性逐渐上升到"主体间性"，从而实现了人类认识上的哲学转变。但是"主体间性"既没有解决平等沟通交往的问题，对世界多样性差异的现实也缺乏关注，它反而突出了观念的本体地位以及观念对于实践的先在地位，强调了观念结构对身份和利益的塑造。重回实践本体，才能够真正还原人类社会生活的本质特征。重新强调实践，才能充分重视实践主体的能动作用。重回实践本体地位，就是重视实践情景和实践行动本身。特别重要的是，它要我们认识到，"并不是结构决定着一种实践情景的状况，是施动者的能力及其带入结构中的行为模式塑造着情景"，② 实践者的实践行动具有重要的地位和作用。由此，我们强调，中国与国际体系的关系既不是给定的，也不是观念赋予的，既不是自身定位的，也不是国际社会强加的，它产生于中国所进行的积极的参与实践。

实践行为体通过参与进程改变自己，影响体系。我们认为，没有对参与进程的考察，就不可能了解具体的实践情景和实践资源，就不可能发现背后的实践逻辑，从而难以清楚了解实践特性。因此，我们必须回到具体进程中的实践行动中去。在结构给定的情况下，进程中的互动方式决定着互动结果。积极互动还是消极互动，取决于实践行为体的战略选择以及行为方式，也就是取决于行为体的能动性。③ 这样，我们就摆脱了结构决定论，赋予了实践行为体真正的主体地位。在参与实践中，困难和危机构

---

① 〔美〕玛莎·费丽莫：《国际社会中的国家利益》，袁正清译，第 153～161 页。

② Christian Büger and Frank Gadinger，"Culture，Terror and Practice in International Relations：An Invitation to Practice Theory"，p. 19.

③ 朱立群：《中国参与国际体系的实践解释模式》，第 33 页。

成"问题情境",它们恰恰是改变陈旧认知、形成新的观念、进行实践创新的"机遇之窗",为行为体发挥主观能动性提供了巨大的空间。同时,行为体在参与过程中作为一个长期参与者,会从长远考虑,注重合作信誉,尽量避免"一锤子买卖"式的互动,从而带来更为积极的战略选择。

改革开放以来,中国对内改革、对外开放,实行和平发展的战略。这一战略对中国与国际体系的关系形成了非常积极正面的影响,在一定意义上塑造了中国与国际体系的学习、遵约、合作、融入的关系。正是因为中国在参与实践过程中的积极战略选择和有所作为的全方位外交,促进了中国与国际体系关系的良性互动,推动了双向社会化进程中的正向身份认同。在积极的和平发展战略的指导下,中国对国际体系的融入受到了实践主体的积极推动,如从中央各个部委到地方政府对国际化进程的促进和主导就发挥了重要的作用。在G20的反恐融资问题上,中国政府各部门协调会议作为制度通道,推动了国际规范快速进入中国国内。① 也就是说,中国坚持改革开放与和平发展道路,坚持不断在话语和战略层面进行积极谋划和建构,构成了中国与国际体系关系良性发展的关键因素。

二 中国参与国际体系的现阶段特征

通过参与实践,中国与国际体系的关系日益加深,在国际舞台上的影响力与日俱增,作为新兴大国的地位受到国际社会的认可。总的来说,现阶段中国参与国际体系的本质特征表现为两个方面:一方面,中国参与国际体系的过程,是中国与国际体系形成共有知识并进而形成共有身份的过程,这是主导的方面。另一方面,由于中国的国情和特点,中国参与国际体系的实践也带有一定的特殊性,或中国特性。

---

① 关于G20反恐融资机制国内制度通道与国际规范传播关系的研究,见朱杰进《G20与中国反恐怖融资体系建设》,《外交评论》2011年第3期,第62~71页。

（一）塑造共有知识和共有身份

中国参与国际体系的过程，就是中国与国际体系形成共有知识和共有身份的过程。在此过程中，中国的观念、行为和政策都发生了重大变化。观念上，中国与国际社会的主体间认知差距越来越小，国际观念日益开放多元；行为上，中国参与国际制度的遵约表现良好，社会化程度逐渐加深；政策上，中国加强国际合作的政治意愿强烈，外交政策体现出高度的合作性。

1. 国际社会的观念增强

在参与实践进程中，中国的国际观念发生了深刻变化，并日益与国际社会整体观念接轨。一般说来，国际观念就是"如何与国际社会打交道的观念"。① 它是一个国家作为集体所持有的世界观，是关于国家在国际社会实现自身利益有效手段的信念。它包括对国际体系性质的判断、对自我与国际体系关系的认定以及与外部世界打交道方式的选择。

改革开放以前，中国与国际体系的关系总体呈现对抗性特点，国际观念的主导方面是斗争而非合作，斗争的目标是建立国际反帝统一战线，建立一个全新的世界。改革开放以后，中国对世界整体形势的认识，由倡导多极化逐渐发展形成全球化时代国际社会日益紧密相互依存的新认知，这是中国国际观念的一个重大发展。中国共产党第十五大报告首次提到"全球化"的概念，十六大报告对这一概念的使用增加到四次，十七大报告进一步上升为九次。② 十六大以后，相互依存和互利共赢的理念开始突出，执政党越来越强调"在实现本国发展的同时，兼顾对方特别是发展中国家的正当关切"。③ 十七大报告首次提到国际相互依存的概念，指出中国的前

---

① Jeffrey W. Legro, *Rethinking the World*: *Great Power Strategies and International Order*, Ithaca: Cornell University Press, 2005, p. 8.

② 朱立群、赵广成:《中国国际观念的变化与巩固: 动力与趋势》,《外交评论》2008 年第 1 期, 第 21 页。

③ 江泽民:《全面建设小康社会, 开创中国特色社会主义事业新局面》, 2002 年 11 月, 中国共产党新闻网, http: //cpc. people. com. cn/GB/64162/64168/64569/65444/4429125. html。

途命运日益紧密地同世界的前途命运联系在一起，因此应该"共享发展机遇，共同应对各种挑战"。"不管国际风云如何变幻，中国政府和人民都将高举和平、发展、合作旗帜，维护国家主权、安全、发展利益，恪守维护世界和平、促进共同发展的外交政策宗旨。"①

相互依存观念的发展，必然带来关于自我身份的新的思考。随着自身能力在融入国际体系中快速增长，中国关于自身与国际社会的关系以及自身对国际社会的责任两方面的思考不断深入，对国际社会的责任意识和共生意识不断发展。90年代末以来，国内关于"和平崛起或和平发展"道路问题以及"如何成为一个负责任大国"的讨论，在一定意义上代表了中国人关于自身身份定位和国际责任的思考。江泽民在十六大报告中指出："我们主张顺应历史潮流，维护全人类的共同利益。"② 在亚洲地区，强调"中国的发展离不开亚洲，亚洲的繁荣也需要中国"，③ 中国的发展是亚洲崛起的组成部分，中国追求与亚洲共同发展的大目标。这些都比较清晰地表述了中国的责任和共同发展意识。正是在对中国与国际社会关系的思考中，中国从宣示走和平发展道路，到提出建设"和谐世界"，中国外交的价值追求从来没有像今天这样清晰明确地体现了和平与和谐的理念。

因此说，当下，中国的国际观念发生了根本变化：对国际社会性质的判断，从帝国主义和战争的时代转变为和平、发展与合作的时代；对自我与国际社会关系的认定，从强调独立自主到强调相互依存，从认同自身的革命者身份转变为负责任的利益攸关方的身份；与外部世界打交道的方式，从零和思维到共赢理念，从革命、反抗到全面融入国际体系，建设和谐世界。在这个转变过程中，中国的国际观念呈现出一个全新的面貌，与

---

① 胡锦涛：《高举中国特色社会主义伟大旗帜为夺取全面建设小康社会新胜利而奋斗——在中国共产党第十七次全国代表大会上的报告》，2007年10月，中国共产党新闻网，ht-tp://cpc.people.com.cn/GB/64162/64168/106155/106156/6430009.html。

② 江泽民：《全面建设小康社会，开创中国特色社会主义事业新局面》。

③ 胡锦涛：《中国的发展亚洲的机遇——在博鳌亚洲论坛2004年年会开幕式上的演讲》，载中华人民共和国外交部编《中国外交》，世界知识出版社，2005年，第396页。

国际社会的主导理念的一致性日益增强。

中国参与联合国维和行动、不扩散武器机制以及其他国际制度的历程，很好地说明了这种演变的情况。例如在维和领域，20世纪50、60年代中国基本上抵制维和行动，80年代以后逐步参加到联合国维和行动之中，1989年底首次派遣人员参加维和，之后参与的范围不断扩大、程度不断加深，成为目前安理会常任理事国中派出维和人员最多的国家，也就是联合国维和行动的中坚力量。[①] 在参与国际禁雷的《渥太华禁雷公约》机制上，中国的立场也经历了由"拒绝"、"解释"、"话语肯定"到"影响国内政策"的演变过程。[②]

2. 遵约行为不断深化

通过参与实践，中国深深卷入了各个领域的国际组织，积极遵守国际制度的原则和规范，参与国际制度的改革与建设。过去，由于政治、历史和文化等原因，中国一直被认为是"最不可能遵约"（the least–likely）的国家。[③] 但是，我们的研究表明，与中国在20世纪50、60年代甚至是80年代对待国际组织和国际法的态度相比，中国在参与国际组织以及遵守国际条约和规范等方面取得了前所未有的巨大进步。

考察中国参与各主要国际制度的情况发现，在中国参与的绝大多数国际制度中，我们基本上实现了正式遵约和实际遵约，[④] 也就是在国内的立法和制度建设中运用国际规范和规则，并在国内政策领域和社会领域落实

---

① 冯继承：《中国参与联合国维和行动机制的实践》，载朱立群等《中国与国际体系：进程与实践》。

② 黄超：《中国参与地雷和轻小武器国际控制机制的实践》。

③ Ann Kent, *Beyond Compliance*：*China*, *International Organizations*, *and Global Security*, Stanford, California：Stanford University Press, 2007, p. 222.

④ 安·肯特提出了国际制度遵约的五项指标，它们分别是：(1) 签署条约或达成协议；(2) 履行报告和其他义务的程序性遵约；(3) 在国际行为上的实质性遵约；(4) 正式遵约，即国际规范在国内立法、司法或制度实践中得以落实；(5) 实际遵约，即在政治层面和社会层面的落实，前者是指政府政策与国际规范一致，后者则是指国内社会普遍的遵约行为。参见 Ann Kent, *Beyond Compliance*：*China*, *International Organizations*, *and Global Security*, p. 221。

国际规范的要求。例如，在国际安全的不扩散武器领域，中国已加入了所有国际条约和多边机制。不仅如此，中国还积极参与多边防扩散体系的建设，签署了所有已开放签署的无核武器区条约相关议定书。中国还不断加大核领域出口管制力度，建立起了一整套与国际接轨的法律法规体系。①当然，在某些方面的实际遵约仍然有进一步改善的广泛空间。在有些领域，中国的参与是有选择的，视情况而定，如参与前述的地雷控制机制。在国际经济领域，中国是世贸组织、世界银行和国际货币基金组织的成员。国际经济制度为中国提供了一个透明、稳定、开放的外部经济环境，使中国能够在改革开放过程中保持经济持续高速增长。中国在加入世贸组织前后，认真学习，信守承诺，严格遵守世贸组织的规则，并按照其规则要求扩大对外开放和深化对内改革。② 中国通过将世贸组织、世界银行和国际货币基金组织的规范和规则纳入国内法律体系，实现了相关规范和制度的内化。在人权等社会文化领域，中国加入了主要的人权机构并批准了反对酷刑等内容的条约，积极参与国际人权对话，实行有力的人权外交。总体上说，当前中国对国际人权组织的参与程度，处于积极参与、不断学习和借鉴并逐渐在国际人权保护机制的改革和完善过程中增强中国话语权的阶段。③ 与发达国家相比，中国在框定议题、提出核心概念、进行议程控制等方面的竞争力还比较薄弱。中国较少主动提出国际议程，提出的议程最终为国际社会接受的情况也还比较少。甚至在很长一段时期里，中国还一直是国际人权组织内被批评、指责、围攻的对象，在国际人权组织中并不居于主导地位。尽管如此，中国在人权领域中主张平等对话、促进全面理解人权概念、推动将人权与发展问题相关联的主张，引起了国际社会的广泛关注。

---

① 高望来：《中国参与不扩散武器机制的实践》，载朱立群等《中国与国际体系：进程与实践》。

② 卢静：《中国参与世界贸易组织的实践进程》，载朱立群等《中国与国际体系：进程与实践》。

③ 张爱宁：《中国参与国际人权机制的实践》，载朱立群等《中国与国际体系：进程与实践》。

遵约合作实际上就是按照国际规范办事。遵循国际规范，就会带来稳定的预期，增加行为的可预测性，从而减少不确定性和降低合作成本，为国家间实现稳定的合作奠定基础。遵约行为不断深化是和中国奉行的和平发展战略紧密联系在一起的。一般说来，任何国家的遵约都不是绝对的，没有尽善尽美的遵约行为。在一些领域，国际规范在中国国内社会普及方面也还需要进一步加强，但需要强调的是，中国与国际社会的政治合作意愿强烈，而合作意愿是实现遵约的重要前提。

3. 外交政策凸显合作性

新中国成立以来，中国外交政策从体现斗争性和对抗性发展到体现建设性和合作性，外交战略和外交任务都发生了深刻的变化。新中国成立以后，外交战略几经调整，从"一边倒"、"一条线"到和平发展；外交任务从反美、反帝、反苏修、反对一切反动派，到通过参与、融入、建设国际体系，为促进国内经济建设和现代化发展、实现建设小康社会的总体目标服务；中国的国际身份从反抗国际体系的挑战者，演变成为国际体系中的利益攸关方和负责任的建设者，这种政策变化是深刻的、巨大的，具有历史性意义。

改革开放以后，为了实现建设小康社会的总体目标，中国外交开始致力于争取和平稳定的国际环境、睦邻友好的周边环境、平等互利的合作环境和客观友善的舆论环境。在与世界各国的交往中，中国提出要根据世界发展趋势和自身利益处理与不同类型国家的关系，不以意识形态画线，主张发展与各国友好合作、平等互利的关系，即"站在时代发展和人类进步的高度，以合作谋和平，以合作促发展，努力扩大各国利益的汇合点，寻求互利共赢"。① 在处理与大国关系方面，中国坚持不结盟、不对抗、不针对第三方的新型伙伴关系政策，积极通过战略对话和谈判协调大国关系，努力"寻求共同利益的汇合点"，"增进互信，深化合作，妥善处理分歧，

---

① 《和平、发展、合作——李肇星外长谈新时期中国外交的旗帜》，2005 年 8 月 22 日，ht-tp：//www.mfa.gov.cn/chn/zxxx/t208030.htm。

推动相互关系长期稳定健康发展"。① 在处理与发展中国家关系方面，中国强调不当头、不扛旗、永不称霸，积极援助和支持发展中国家的发展。中国奉行睦邻、安邻、富邻的政策，坚持与邻为善、以邻为伴的方针，极大地改善了同周边国家的关系。通过"一国两制"的方法顺利完成了港澳回归。因此，可以说，改革开放以来，坚持合作、追求共赢、促进发展成为中国外交的一条轨迹清晰的主线。

（二）参与实践的"中国特色"

中国参与国际体系是在全球化背景下运用自身物质和精神资源所进行的伟大实践。这一实践受到实践逻辑的推动，因而必然呈现出自身的实践特性。如前所述，参与实践总是在一定时间内的实践情景和资源条件下发生的。中国以自身资源和能力卷入国际体系，不能不从中国的国情出发，这个国情就是人口多、发展不平衡、社会主义现代化建设处在初级阶段、社会政治经济矛盾处于多发期。因此，中国与国际体系的参与实践，既不能遵循旧的革命外交原则，也不可能完全照搬西方的理念，从而注定了中国参与实践的双重变奏：一方面向西方学习，向国际体系学习，通过模仿和学习，认知和熟悉国际体系的原则、规范和程序，与国际体系接轨；另一方面，面对前所未有、无先例可循的实践情景，特别是时常出现的问题情境和危机情境，中国的实践必然躬身向内，从中国文化和哲学中寻找营养，探寻自己独特的方式方法，从而逐渐形成了具有中国特色的实践价值。如果高度概括这一实践价值，那就是两个字：中庸。"中庸"价值可以被看做中国参与国际体系进程中的特殊性，或者说"中国特色"，其具体表现为三种价值观：整体主义、协调主义和常识主义。

1. 参与实践的整体主义

整体主义价值观指导下的参与实践，表现为国内国际统筹的大局意识

---

① 胡锦涛：《高举中国特色社会主义伟大旗帜为夺取全面建设小康社会新胜利而奋斗——在中国共产党第十七次全国代表大会上的报告》。

和兼容并蓄的学习意识，这两个方面在中国与国际体系的关系中表现得十分突出。

应该说，整体主义是中国人的世界观。中国自古以来在本体论上强调天人合一，不仅人同自然是一体，主观世界是一体，客观世界是一体，主观和客观世界也是一体。中国人在整体主义指导下的"世界"思维方式，是一种"历史的、国际的眼光"，一种"全局的、战略的思维"。① 从"天下"的角度去理解世界，特别是从和合的角度理解中国与国际体系的关系，就使得中国参与国际体系的进程变得比较容易，理念上较少抵触，在实践上具有更深刻的内在动力。改革开放以后，特别是随着中国不断融入国际体系，中国始终注意从国际国内形势的相互联系中把握方向，注意从国际国内条件的相互转化中用好机遇，注意从国际国内资源的优势互补中创造条件。中国领导人反复强调，要"始终站在国际大局与国内大局相互联系的高度审视中国和世界的发展问题，思考和制定中国的发展战略"。② 中国与世界密切相关的整体主义思想在中国和平发展道路的选择中体现得十分清晰，那就是"中国的发展离不开世界，同样世界的繁荣需要中国"。③ 强调"大局"和整体，并不意味着忽视个体的独立性。在发展与国际体系关系的过程中，中国始终强调在积极参与国际体系的同时保持自主性。如中国在加入 WTO 等国际组织的过程中始终坚持"发展中国家身份"，在相关问题领域机制中始终强调"共同但有区别"的原则，都是这种自主性的表现。

整体主义影响中国与国际体系的参与实践，还表现在中国对国际体系兼容并蓄的学习态度上。在中国参与国际体系的过程中，模仿学习实践是最大的亮点，也构成了改革开放以后 30 多年来中国与国际体系关系的主导特征。中国的对外开放度不断加大，参与国际体系的实践进程不断加深，

---

① 温家宝：《关于社会主义初级阶段的历史任务和我国对外政策的几个问题》，《人民日报》2007 年 2 月 27 日，第 2 版。

② 胡锦涛：《继续把改革开放伟大事业推向前进》，《求是》2008 年第 1 期，第 5 页。

③ 《中国的和平发展道路》，《人民日报》2005 年 12 月 23 日。

中国的对外学习、借鉴、参照和吸收始终没有间断，有些成功经验被模仿和移植到各个领域改革的众多试验中。例如，"在快速融入全球经济体系的过程中，封闭多年的中国企业表现出如饥似渴的求学精神，国外企业的各种管理制度、方法、工具都成为中国企业学习的对象"。[①] 中国的整体主义观念突出的是包容，是海纳百川，是兼收并蓄为我所用，这使得中国向国际体系学习的进程更易于发生，而且其广度和深度在中国现代史上都是前所未有的。

2. 参与实践的协调主义

整体主义的世界观导致认识论和方法论上的协调主义。世界是天人合一的，也是"合而不同"的，是各种关系和进程的相互联系和相互影响，因此协调关系、执两用中、不走极端、不搞对立、善于妥协就成为处理内外事务的方法论。

协调主义的观念使得中国在参与国际体系的实践进程中能够妥善处理和协调各种关系。整体主义观念不是看不到差别和对立，而是强调存在差别的互补性，这就为协调主义奠定了世界观基础。在中国参与国际体系的实践中，协调主义涉及两个重要的问题，一个是如何看待和处理多重自我身份的冲突问题，一个是如何看待和化解自我与他者身份冲突的问题。

自我的多重身份是中国发展阶段和参与阶段的客观反映。在参与实践进程中，中国善于从普遍联系和发展的角度看待自身与国际体系的关系，努力不将身份关系绝对化，强调国际社会存在多种关系不断发展的进程，因而中国自身以及中国与国际体系的关系不可能是一种非黑即白的关系，也不可能是一成不变的关系。从自我身份来说，中国既是一个与西方政治体制不同的社会主义国家，也是一个发展中国家，更是一个国际体系的维护者、建设者和负责任的利益攸关方。中国的社会主义国家身份定位，并不妨碍中国融入国际体系，也没有阻止中国成为负责任的国际体系维护

[①] 王雪莉：《"中魂西制"下的中国企业变革》，《新华文摘》2011 年第 13 期，第 128 ~ 130 页。

者。多重身份并存作为一种特定历史阶段的现实，虽然存在一定的内在张力，但并没有给中国参与国际体系的实践带来内在的矛盾冲突，这主要是因为中国的整体主义思想本身就是二元互补的思想。在中国人看来，任何事物都是组合、协调与互补的产物。国际体系存在着政治、经济、军事、社会文化等不同的领域，不同领域中也有不同的议题，中国不从政治意识形态的角度界定自我身份，使得中国在参与不同领域和不同议题的过程中，没有意识形态的身份界限，从而更容易合作，更容易开展联盟实践。

从自我与他者的关系来说，中国在参与实践中，并没有将中国与国际体系的关系、中国与国际体系主导国家如美国之间的关系对立起来。中国的整体主义首先承认自我与他者之间存在差异，但认为这种差异是社会赖以存在的基础，世界的多样性是整体主义世界的本质特征，是天道所在，因而需要予以尊重并顺势而为。因此，协调自我与他者的关系，不是将自我的利益、价值观和行为规范强加于他者，而是成为"合而不同"世界的内在要求，也成为中国处理与国际体系关系矛盾的方法。中国同美国等主要国家建立战略对话，不断通过沟通对话来减少分歧，促进相互理解和信任，就是协调主义观念的产物。这种在自我与他者关系上不界定清晰界限的做法，正是建设集体身份进而实现国际体系和平演变预期的必要条件。①

中国参与国际体系的具体实践充分体现了这种协调主义的特点。在与国际社会的关系问题上，改革开放以后中国始终坚持避免对抗，不设定敌人。在与国际组织的关系上，中国对制度规则一方面展现出良好的遵约行为，同时也表现出了灵活性和不拘泥的特点。不论是在谈判过程中还是在发展国家间关系上，中国都善于妥协，寻找折中方法，积极主张对话和谈判解决实践中出现的问题。

3. 参与实践的常识主义

常识主义简单地说就是实事求是，就是按照事物本身的逻辑办事，就

---

① Emanuel Adler and Michael Barnett，"A Framework for the Study of Security Communities", in Emanuel Adler and Michael Barnett eds., *Security Communities*, New York：Cambridge University Press，1998，p. 38.

是根据参与实践的情境，根据我们的自身状况和能力做我们所能做的事情。常识主义体现在以下两个方面。第一，具体问题具体分析。中国人相信事物从来不是静止的和僵死的，而是发展变化的，因此需要因人、因地、因时、因势、因主客观条件来区别对待和处理问题。因此，教条主义和本本主义在中国没有市场，主义之争最终要落实到解决具体的实际问题。中国在参与国际体系实践中的许多做法都体现了这种常识主义，如中国在参与联合国维和机制的过程中，始终不赞成无视主权规范的武力维和以及美欧国家极力推广的"保护责任"规范。自参与维和行动以来，中国坚决维护《联合国宪章》的宗旨和体现对主权原则尊重的维和三原则。面对冷战结束以后国内冲突增加造成人道主义灾难的问题，中国主张根据具体情况、以个案处理的方式决定是否采用武力维和，履行保护责任，并强调应始终以成员国的广泛共识为基础。

第二，常识主义还体现为顺势而为，适应变化的特点。中国改革开放过程中大量的"摸着石头过河"的做法是常识主义的生动体现，中国参与国际体系过程中的大量行为也体现了这种常识主义。如在许多参与过程中，大量模仿和学习行为完全出于对国际制度缺乏了解。由于不了解，也就没有特别明确的目标，更多的情况是遇到问题就解决问题。因此，参与实践体现出以问题为导向、有时是即时性的过程性特点。面对中国特殊国情的地方，则不得不"摸着石头过河"。例如，中国参与国际体系过程中的国内金融改革，就是"'演绎式决策'（以国外成功经验或经典理论为依据）与'归纳式决策'（以事实或特殊国情为依据）共同作用的结果"。① 中国在参与国际体系的过程中，不断根据变化的局势调整政策，表现出极强的适应能力，也是一种顺势而为的实践能力，如中国参与 WTO、G20 以及国际安全领域的不扩散机制、维和机制等过程，都突出地表现出了这一特点。

---

① 丁骋骋：《中国金融改革的内在逻辑与外部绩效：1979～2009》，《新华文摘》2010年第24期，第53～57页。

第三，常识主义还体现为一种对事物采取渐进和增量发展的态度和认识。中国在整体主义世界观的指导下，相信事物的联系性和复杂性，相信过程的持续性和发展变化，因而在价值追求上希望渐进改革而不是激进变革，喜欢做加法而不是减法。1978 年以来的改革就是一个渐进式的过程，中国参与国际体系也是一个渐进增量的过程。"中国金融改革的特殊路径主要表现为政府主导的强制性制度变迁。中国金融改革内在逻辑遵循着'机构改革—市场改革—制度改革'这样一个路线图。这种特殊的战略安排，鲜明地表现出中国改革的特点，即它是一个渐进式的过程。"①

渐进和增量的方式在中国参与国际体系的过程中表现为先易后难、先经济后政治的做法。如中国参与国际经济体系的程度要比参与人权机制的程度深，中国对 WTO 的程序也比对国际金融机制更加熟悉。这种渐进和增量的做法也是中国参与国际体系过程中必需的态度，因为大量的学习、借鉴和吸收行为，常常会造成食洋不化、消化不良，也需要在渐进过程中逐渐吸收加以改善。当然，在有的领域也可能出现退步的情况。如中国企业界在学习西方管理办法的过程中，采取拿来主义大量借鉴西方的管理办法，但是，在采纳这些方法推进内部管理变革的过程中，许多企业都遇到了挑战，或是在推广阶段困难重重，或是水土不服与预期效果相反。于是，导致大量企业或是回到中国的传统中去，开始"倾向于特殊主义"，或是在学习中进行创新，"更强调辨别类型，整合局部关系，更注重大局观"。② 这些都表明，中国在参与国际体系的进程中，传统价值观和文化仍然发挥着重要的作用。当所接受的西方规范与地方文化构成冲突，社会化过程遇到困难和挑战是正常现象，最好的出路应该是寻找中西结合的创新点，更好地利用两种文化的优势，做到取长补短，优势互补。当然，这在中国的参与实践中并非易事。

总之，中国在参与国际体系进程中表现出一定程度的自身特性，体现

---

① 丁骋骋：《中国金融改革的内在逻辑与外部绩效：1979～2009》，第 57 页。

② 丁骋骋：《中国金融改革的内在逻辑与外部绩效：1979～2009》。

为带有中国文化特征的整体主义、协调主义和常识主义。这三个方面本质上是一种"中庸"特性，也就是维持中国参与国际体系所涉及的各种关系的适度性和一定意义上的平衡。要维持这种平衡，一方面要审时度势，把握大局，洞察变化；另一方面还要有全局意识和协调精神，因为只有在全局中协调才能保持均衡。同时，要维持均衡，也需要以实事求是的精神不断展开参与实践，并在实践中根据事物的发展变化不断调整、适应和创新，从而在多元关系的移动和变化中更好地实现自身利益。

三 总结与展望

无可否认，中国参与国际体系给中国带来了深刻的变化，同时也对国际体系产生了巨大的影响。展望未来，中国参与国际体系的实践进程不仅会继续下去，还将日益深入发展。这种深入发展的趋势，有可能体现在以下三个方面。

第一，中国参与国际体系的创新实践应比现阶段更加突出，但培育创新能力的背后是具有广泛可接受性的价值体系的确立。现阶段的参与过程，仍然以中国与国际社会的接轨为主要特征，因而话语实践、学习实践、联盟实践、遵约实践是五类参与实践中的主要实践活动。虽然，创新实践时有发生，但并不占据主导地位。这主要是和中国现阶段仍然处于社会主义初级阶段密切相关。如 2011 年国内社会广泛讨论的奶制品标准问题很好地说明了这一点。中国的奶制品标准是目前全世界最低水准的标准，这也就说明我们不可能在国际上具有制定标准的能力。因此，现阶段中国参与国际体系必须以与国际社会接轨为基本任务，也就是通过参与国际体系，熟悉国际规则，提高国内制定规则与实施规则的水平，改善治理条件和能力，提高法治水平。随着中国越来越深入地参与国际体系，树立可信的国家形象，形成具有广泛基础的价值体系，中国参与国际规则制定的能力才有可能加大，创新力才能增强，这对中国来说更具有重要的战略意义。今天的接轨实际上是为了更好地参与今后轨道的设计和铺设，因此，可以预期，中国参与国际体系的创新实践会随着中国的进一步融入和发展而逐渐增多。这种创新实践的核心任务就是进一步提高我们在全球事务中设置议程、提出和传播规范、掌握话语权的能力，改革国际制度，改善国际秩序，提高全球治理的水平。

第二，多边主义将在今后较长一段时间里成为我们的必修课，其在中国外交布局中的地位将越来越高。随着中国日益深入地卷入国际体系，多边事务将日益成为中国外交的重心所在。历史地看，国际体系总是在稳定与变革、继承与创新之间调整和演进。对于国际体系的转型和变化，权力政治的逻辑强调的是转型只能通过新兴国家挑战霸权国的霸权战争完成。这一逻辑忽视了影响国际关系发展趋势的新生事物，也忽视了冷战结束后国际关系互动进程在形式、范围、重点等方面展现出来的新特点。实际上，冷战以和平方式终结，已经标志着体系的转型有可能超越传统的战争模式，以一种渐进的和平方式进行。和平方式转型的过程比较长，延续性比较大，体系转型过程中的利益分配更多的是在体制内通过讨价还价进行，其完成的标志是对旧的制度原则、规范、规则和程序的修订或者更新。另外，由于经济要素和人员在国际体系内的加速流动，各国内部问题也日益上升到国际决策层次，国际层次的决策也越来越多地影响各国内部的决策，因此，国际体系内集体决策范围、议题和参与成员的不断扩展，一方面表明国际体系日益朝着民主化的方向演进，同时也预示着参与国际集体决策日益成为维护国家利益的重要渠道和保障。冷战后的这一发展趋势，为中国以和平方式参与国际体系建设提供了前所未有的机遇。国际社会是一家说了算，还是大国共治，还是以更加民主的方式进行集体决策，并使已有的集体性决策变得更加法治民主，是当前国际社会争夺的焦点。从发展趋势看，国际关系民主化是今后国际体系发展演变的方向，因此，多边主义是一个重要的发展趋势。在这一趋势下，中国应该成为多边主义的重要推手，这是我们追求和谐世界目标内在的方法论要求。中国政府在向国际社会宣示走和平发展道路、建设和谐世界的目标时，实际上已经承诺自身追求的是国际关系民主化，反对权力政治和霸权主义，而国际关系民主化说到底是落实多边主义的规范原则，是真正按照具有合法性的规则办事。中国参与国际体系的实践过程，也是我们学习、接受和习惯多边主义的过程。总的说，我们仍然还是更习惯于双边的对外经济政治关系，对多边的重视程度仍有待提高，对多边主义的理解还有待深化，将多边主义内化为外交政策的原则规范，还需要一个长期的建设过程。因此，今后中国进一步参与国际体系的实践，在很大程度上是做好双边和多边的相互促进，协调好二者的相互关系，并最终将多边主义确立为外交政策的基本原则。

第三，辩证地看待中国与国际社会关系中的权利与责任问题，避免二元对立的思维，妥善处理和协调国家利益与全球利益，将中国更深入地融入国际体系。中国与外部世界的关系正处在一个关键的阶段。目前，中国与国际体系的关系日益密切，实力迅速增长，与其他主要力量关系的互动日益深入，竞争与合作、摩擦与协调都在上升。中国选择了和平发展的道路，但外部世界在肯定中国崛起的同时，对崛起以后的中国如何使用自身实力、以何种方式建设和谐世界充满怀疑和担心，因此，深化中国与国际体系的合作关系是破解"中国威胁论"的重要方式之一。与此同时，中国也正处于国内深化改革的关键时期，内部平衡发展压力增大，各种问题与全球化和世界政治经济的关联度提高。外部世界对中国的影响和冲击不断加大，致使中央与地方、地方与地方等各种关系面临制度上的调整，既要增加灵活性，还要增加可协调性。因此，中国自身面临如何统筹国内国外两个大局和坚持内外和谐发展的巨大困难。如何使中国国内制度适应国际体系，并在国际体系的压力下协调发展，是中国社会面临的一个前所未有的挑战。在这种挑战面前，中国需继续秉持中庸思想，不走极端，维持平衡，不仅要维持内外发展的平衡，还要维护利益的平衡和理念的平衡，如国家利益和全球利益、民族主义与国际主义、国际权利与国际义务的平衡，从而更好地服务于中国和平发展的大局，更好地实现中国建设小康社会的发展目标，更好地参与全球治理。

从结构—施动者角度看实践施动

——兼论中国参与国际体系的能动性问题

一　引言

中国与国际体系的关系问题无疑是 21 世纪中国国际关系研究的核心命题。对这一重大现实问题的关切，推动着中国学术界对国际关系互动问题的深入研究。现有的体系理论在把握和解释中国与国际体系关系方面存在明显的不足，因为这些理论过多地强调体系结构对单元的作用和影响，而对施动者如何发挥能动性的分析关注不够。随着中国综合国力不断提升，介入国际体系的程度不断加深，如何发挥能动性参与塑造国际体系，是今后一个时期中国面临的新的重大挑战。对此，需要从学理上加深对能动性的内涵与作用方式的认识和理解，从而形成可供分析使用的概念框架。

本文的研究重点是从理论上回答施动者的施动性问题，特别是施动性的内涵及其作用方式。对这一问题的回答离不开对于结构的讨论，因为结构和施动者构成了一对不可分离的关系，是所有社会科学包括国际关系研究中的元命题。基于此，本文首先讨论现有国际关系理论中流行的两种结构观，并借鉴 20 世纪以来不断发展的过程哲学和实践理论，提出一种实践结构观。

* 原文载于《世界经济与政治》2013 年第 2 期。本文第二作者聂文娟，2011 年获外交学院法学（国际关系专业）博士学位，现为外交学院副教授。

这种结构观突出强调结构的过程性和变化特点，它有助于弥补现有单一、静态的结构理念，为我们认识施动性的内涵与结构的作用方式提供概念基础。之后，本文在施动者—结构关系框架下，批判性梳理学界所讨论的施动性问题，尝试提出"实践施动"的概念以及施动性的作用模式，探讨"实践施动"如何实现施动者和结构的二元统一。在此基础上运用"实践施动"的概念，对中国参与国际体系的能动性进行概括性的分析和总结。

二 结构的概念

施动者的施动性问题在更深层次上反映的是个体与整体、个人与社会的关系问题，或者说是施动者与结构的关系问题，因而对这一问题的思考仍需在施动者—结构问题的概念框架内进行。[①] 其实，在国际关系理论发展史上，很多学者就是这样展开研究的。如沃尔特·卡尔斯纳斯（Walter Carlsnaes）曾把外交决策的问题置于施动者—结构的关系中来讨论，认为许多学者在案例研究中忽视对施动者—结构问题的思考是一个"根本性的缺陷"。[②] 卡尔斯纳斯指出，社会和政治理论中许多棘手的二元对立问题最终都会演变成施动者—结构这一核心问题，如个人与社会、行动与结构、行动者与系统、部分与整体、微观与宏观、意志论与决定论、主观主义与客观主义等。[③] 不论我们喜欢与否，社会科学的研究终究会在某一点上落

---

① 20世纪80～90年代，亚历山大·温特、沃尔特·卡尔斯纳斯以及戴维·德斯勒等学者曾就施动者—结构问题展开了一番论战。2000年以来，中国部分学者也从不同角度对此展开过热烈的讨论，如袁正清《国际关系理论的行动者—结构之争》，《世界经济与政治》2003年第6期，第39～44页；薛力：《国际关系的结构概念》，《国际政治科学》2007年第3期，第130～154页；周方银：《国际结构与策略互动》，《世界经济与政治》2007年第10期，第6～17页；尹继武：《结构、认知结构与国际政治心理学分析》，《世界经济与政治》2007年第10期，第18～28页。

② Walter Carlsnaes, "The Agency – Structure Problem in Foreign Policy Analysis", *International Studies Quarterly*, Vol. 36, No. 3, 1992, p. 247

③ Ibid., p. 245.

入这一核心问题的窠臼之中。① 如肯尼思·华尔兹（Kenneth N. Waltz）的现实主义结构观正是从批判单元—系统关系研究中的还原主义开始的，亚历山大·温特（Alexander Wendt）对结构现实主义的挑战也始于对施动者—结构问题的反思。② 与卡尔斯纳斯一样，温特同样认为，不论是否明确说明，所有的社会科学理论在更广泛的意义上都包含一个关于施动者—结构问题的隐含假设。③

温特指出，施动者—结构问题包含两个核心问题。一是本体论问题，即施动者和结构的本质到底是什么以及它们具有怎样的关系？换句话说，施动者和结构是什么样的实体？结构是否只以实体的形式存在？或者还有其他的存在形式？这一本体论问题具有首要的基础性意义。二是认识论问题，与第一个问题相关联的是，对施动者和结构的不同认识是因为背后有着不同的认识论，不同的认识论导致了不同的认知结果。例如，我们怎样判断施动者个体的本质特征？是早期埃米尔·涂尔干（Emile Durkheim）的"机器人"（automaton）形态还是马克斯·韦伯（Max Weber）的"悬挂在意义之上的动物"？前者只能导致一种结构主义的解释性分析，而后者会导向一种个体主义的阐释性分析。本文无意为施动者—结构问题画上一个最终的句号，④

---

① Walter Carlsnaes, "The Agency – Structure Problem in Foreign Policy Analysis", p. 246.

② 这些反思体现在温特于 1987 ~ 1996 年发表的一系列文章中，其中《国际关系理论中的施动者—结构问题》是其成名之作。参见 Alexander Wendt, "The Agent – Structure Problem in International Relations Theory", *International Organization*, Vol. 41, No. 2, 1987, pp. 335 – 370; Alexander Wendt, "Bridging the Theory/Meta – Theory Gap in International Relations", *Review of International Studies*, Vol. 17, No. 4, 1991, pp. 383 – 392; Alexander Wendt, "Levels of Analysis vs. Agents and Structures: Part III", *Review of International Studies*, Vol. 18, No. 2, 1992, pp. 181 – 185; Alexander Wendt, "Anarchy Is What States Make of It: The Social Construction of Power Politics", *International Organization*, Vol. 46, No. 3, 1992, pp. 391 – 425。

③ Alexander Wendt, "The Agent – Structure Problem in International Relations Theory", p. 337.

④ 在科林·怀特看来，正是由于背后的本体论和认识论差异导致这一问题实际上无解。但是，每一种社会理论对该问题都有自己的"答案或解决办法"，恰恰是这种可争议性保持了社会理论研究的活力。参见 Colin Wight, *Agents, Structures and International Relations: Politics as Ontology*, Cambridge: Cambridge University Press, 2006, p. 63。

而是希望在充分理解结构和施动者本质特征的基础上，更好地确定在施动者—结构关系中施动性从何而来，因为只有充分理解了什么是结构和施动者，才能准确定义施动性的来源及其效力。

那么结构到底是什么呢？有的社会学家认为，"结构是当前社会科学中最重要但同时也是最晦涩不清的字眼"。[1] 在国际关系研究中，实际情况也是如此。20 世纪后半叶，从华尔兹的权力结构，到罗伯特·基欧汉（Robert O. Keohane）的制度结构，再到温特的文化结构，结构研究大行其道，结构一词耳熟能详，但国际关系学者显然未就结构的概念及其内涵达成普遍共识。正如科林·怀特（Colin Wight）所说，在结构概念的使用上，至少存在着"两种传统和五种模式"。[2] 正是由于结构概念难以界定，温特认为我们对这一概念的了解是贫乏的。周方银也指出，"国际结构"一词在不同学者那里往往所指不同，有时即使是在同一篇文章中，"结构"一词的含义也往往不同。[3] 这种概念的歧义性从根本上说也是源于本体论和认识论的差异，因此，这里需要花费一些篇幅系统梳理一下"结构"的概念。实际上，在目前的国际关系研究中，大致存在着两种对结构的定义方式：（1）把结构看成是一种关系；（2）把结构看成是一套规则。本文则突出强调，结构实际上也是一种实践。

（一）结构：一种关系

在国际关系理论发展中，华尔兹首先倡导了一种位置间的关系结构论。在他看来，"关系"包括两层含义：一是指单元之间的互动，二是指单元相对于他者所占据的位置。他认为，对结构的定义必须忽略掉单元是如何与他者联系的（即如何互动的），而应关注在与他者的联系中它们的

---

① William H. Sewell, Jr., "A Theory of Structure: Duality, Agency, and Transformation", *American Journal of Sociology*, Vol. 98, No. 1, 1992, p. 1.

② Colin Wight, *Agents, Structures and International Relations: Politics as Ontology*, chapter 4, pp. 121 – 176.

③ 周方银：《国际结构与策略互动》，《世界经济与政治》2007 年第 10 期，第 6 ~ 7 页。

位置如何（即如何排列和分布的）。① 换言之，单元自身的具体属性并没有多少意义，其意义只能在与他者的位置关系中得以体现。由此可见，华尔兹是一种典型的关系结构论，其核心要义是"关系"大于"关系项"，当然这种位置间的关系是一种"差异关系（relations of difference）"，即一国相对于他国的不同地位，这种差异性是结构的关键。华尔兹的这一关系结构论与许多结构主义者的观点基本一致，也就是认为结构并非是单纯的、可直接观察的客体构造的结合，它是在从现象向本质运动过程中由"抽象力"揭示出来的潜在关系的总和。② 如结构主义的奠基人——瑞士著名语言学家费尔迪南·德·索绪尔（Ferdinand de Saussure）就指出，语言是一个抽象的关系系统，对语言形式的认定，不是依靠语言与内容的联系，更不是依靠语言单位的历史来源，而是依靠语言符号之间的相互区别。在索绪尔看来，只有这种差别才是有意义的，因为差别具有构成对立价值的功能。③ 语言符号间的相互差异构成了一个语言关系系统，这也就是索绪尔所定义的语言的结构。另一位结构主义学者也认为："一个信号的含义是在另一个信号中传达的，我们把所阐述的这种性质称做结构。"④ 这与涂尔干所讨论的社会学的首要原则具有异曲同工之妙，他认为，"社会事实能够而且只能通过其他的社会事实来加以解释"。⑤ 应该说，华尔兹正是从涂尔干的思想中汲取了营养，提出了他的权力结构观。

一些马克思主义学者采取了同样的关系结构论，不同的是，他们所讨论的关系不是一般意义上的位置间差异关系，而是具体指向生产过程中的差异关系，即不同的个体在生产过程中所占据的不同位置，这种位置差异

---

① Kenneth N. Waltz, *Theory of International Politics*, Massachusetts：Addison – Wesley Publishing Company, 1979, p. 80.

② K. H. 柳布金、郑开琪：《哲学结构主义》，《现代外国哲学社会科学文摘》1981 年第 10 期，第 20 ~ 21 页。

③ 申小龙：《〈普通语言学教程〉精读》，复旦大学出版社，2005 年，第 106 页。

④ 尚杰：《从结构主义到后结构主义（上）》，《世界哲学》2004 年第 3 期，第 51 页。

⑤ Colin Wight, *Agents*, *Structures and International Relations*：*Politics as Ontology*, p. 136.

性（即不同的社会阶级）构成了社会结构。换言之，不同的社会生产关系导致了不同的社会阶级，从而形成了不同的社会结构，如奴隶制社会、封建社会、资本主义社会以及共产主义社会等。① 以伊曼纽尔·沃勒斯坦（Immanuel Wallerstein）为代表的世界体系论学者就深受这一思想的影响，认为世界体系的结构应通过世界经济的生产组织原则，尤其是国际劳动分工来界定。各国在国际体系中的施动性及其利益目标应通过理解整个资本主义世界体系的生产关系来解释，有的国家处于资本主义生产关系中的核心地位，有的则处于边缘或半边缘地位，这种所处生产关系的位置差异是国际体系结构的根本属性。换言之，这种生产关系具有首要的地位。② 总之，关系结构论框架下的结构主要指涉的是个体所处位置间的差异性。

（二）结构：一种规则

与关系结构论不同的是，以温特为代表的学者提出了规则结构论，即把结构看做一整套社会规则或规范的集合。其实，温特的结构观有一个逐渐演变的过程。早在 1987 年发表的《国际关系理论中的施动者—结构问题》一文中，他曾明确指出其所借鉴的是罗伊·巴斯卡（Roy Bhaskar）而不是安东尼·吉登斯（Anthony Giddens）的思想，原因在于后者把社会结构看做规则和资源，而非真实却不可观察的内部关系。③ 在 1999 年出版的《国际政治的社会理论》一书中，温特的思想显然发生了变化，因为这部著作实际上主要借鉴的是吉登斯的结构和结构化理论，而非巴斯卡的思想。

吉登斯指出，我们在社会世界中所观察到的关系模式实际上指的是社

---

① Colin Wight, *Agents, Structures and International Relations: Politics as Ontology*, p. 164.

② 本文认为，华尔兹的新现实主义理论和沃勒斯坦的世界体系理论在对结构的概念定义上具有相似之处，而对于二者在对结构的本体论地位以及结构的功能分析等其他方面的不同之处，可参见 Alexander Wendt, "The Agent – Structure Problem in International Relations Theory", pp. 335 – 370。

③ Alexander Wendt, "The Agent – Structure Problem in International Relations Theory", fn. 57.

会体系而不是社会结构。社会体系由不同的关系模式组成，但关系模式并非社会结构，它们是受到社会结构或者一系列规则资源限制的产物。换言之，社会世界中的规则和资源主导了我们日常实践中的关系系统模式。①正基于此，吉登斯提倡一种规则结构观，强调结构即一系列规则或资源包含在社会体系的反复生成之中。②他进一步指出，行为体的记忆痕迹也就是行为体大脑中的观念或图式会体现在具体行动中。而吉登斯的结构化理论强调的是结构的二重性，即"以社会行动的生产和再生产为根基的规则和资源同时也是系统再生产的媒介"。③吉登斯在进一步的讨论中，对结构的分析淡化了以物质形式存在的"资源"，而强化了以社会观念形式存在的"规则"。这一思想也体现在温特的论述中，如温特虽认同物质事实的重要性，却将其置于社会事实之下的次要地位，认为物质事实只有通过社会观念才能获得意义并产生影响。因此，科林·怀特认为，温特的社会结构主要指的是"植根于主体间事实的一种共有观念或共有知识"，④具体形式包括规范、规则、制度和意识形态等。

除了温特，其他很多国际关系学者都采取了这种规则结构观，如以罗伯特·基欧汉为代表的新自由制度主义学者强调制度作为一种结构性力量对行为体的制约作用，以尼古拉斯·奥努弗（Nicholas Greenwood Onuf）为代表的规则建构主义更是旗帜鲜明地强调规则对国际政治意义的建构和影响作用。怀特指出，"奥努弗最熟练也最持久地在国际关系理论中把结构作为一种'规则和资源'来处理"。⑤尽管他们都采取了规则结构观，但差异是明显的：温特强调规则主要通过主体间的社会互动而形成意义体系；

---

① Colin Wight, *Agents, Structures and International Relations: Politics as Ontology*, p. 142.

② William H. Sewell, Jr., "A Theory of Structure: Duality, Agency, and Transformation", p. 5.

③〔英〕安东尼·吉登斯：《社会的构成：结构化理论大纲》，李康、李猛译，三联书店，1998年，第81~82页。

④ Colin Wight, *Agents, Structures and International Relations: Politics as Ontology*, p. 156.

⑤ Ibid., p. 139.

而在基欧汉看来，规则是主体基于利益考虑通过谈判达成的约束性协议；对奥努弗而言，规则来自于语言的使用和交流，规则和语言相互构成、不可分割，因此要理解规则，就要研究语言。[①]

上述讨论了两种结构定义的方式：关系结构论和规则结构论。需要指出的是，它们之间的区别是在结构概念的本质意义上体现出来的：首先，二者在最根本的意义上否定了另一方具有的独立因果效用，如关系结构论认为关系决定了规则，而规则结构论则认为是规范主导了社会关系。其次，二者的本体内涵不同。借用涂尔干对社会事实所进行的分类，关系结构论体现的是社会形态或生理事实，包括地理生态、人口分布以及互动等；规则结构论体现的是所谓的集体表象事实，包括集体信仰、价值、规范和惯例等。关系结构论强调的是社会事实的物质特征，如实力的位置关系或生产的位置关系；规则结构论强调的则是社会事实的理念特征，如共有知识或共有规范等。当然，这样的分类并不意味着二者不可通约，恰恰相反，它们作为社会事实的不同面相，最终会在社会实践的某一时空域中实现统一。关系结构通过长时期的互动固化后，会演变成为一种社会规则；而社会规则通过长时期的制约和使动作用，也会固化为一种关系模式。正如在华尔兹的理论中，关系结构最终演变为一种国际政治中通行的制衡规范，而温特的规范结构也最终演化成为一种朋友、敌人或对手的身份关系。国际关系史中有大量案例可以说明它们之间的相互演变和相互构成，例如，二战后美国和日本的关系模式逐渐演变为美日互动中的一种特殊规则；再如，自由、民主、人权的社会文化规范日益深刻地影响着各国之间的关系模式。

（三）结构：一种实践

作为对关系结构论和规则结构论的补充，本文提出一种"实践结构论"。实践结构论并非否定前两种结构论，而是提供另一种本体论和认识论意义上的结构观念。关系结构论和规则结构论实际上突出了结构的不同

---

① 孙吉胜：《语言、意义与国际政治》，上海人民出版社，2009 年，第二章。

面相，但它们都是关于结构本质和结果的分析，着重的是结构的静态特征；而这里强调的实践结构论，是关于结构形成和过程的分析，着重的是结构的动态性。实践结构论在本体论上强调结构的存在方式是实践，换言之，关系结构抑或规则结构，其存在方式都是实践，这一实践的存在方式先于关系或者规则，具有首要地位。与此同时，由于人类实践活动内涵的社会时间不同以及活动模式的多样性，社会世界的结构从来都是多元的和分层的。具体地说，实践结构论突出强调结构的以下三个重要特性。

第一，结构是不断生成的。如果说话语和规则是存在，那么实践就是运动、变化和生成，话语和规则都产生于实践并最终服从于实践。作为一种理论概念，实践在最低限度上是指各种系列的活动。更进一步说，它是持续不断的、"具身的"、"以物质为中介的各种系列的人类活动"，① 正是这种持续不断的人类活动生产和再生产了结构。例如，在国际关系领域，宣示主权的行为是一种具身性的实践，它生成并不断再现了主权的规范结构。"优待战俘"的规范也是在不断控制战争烈度的实践中产生并持续下来的。可以说，社会结构总是处在一个不断生成变化的过程之中，不管是关系结构还是规则结构，它们都是社会结构，而任何社会结构都不是"先验"或"外在"之物。尽管相对于个体而言，结构具有不以个体主观意志为转移的客观性，但脱离了诸多个体的集合，社会结构也将不复存在。个体的日常实践活动每时每刻都在进行，个体在与世界的持续交往中寻求发现、展现和实现自身，正是个体实践为结构带来了生生不息的变化动力。尽管某些结构理论排斥过程分析，如华尔兹、基欧汉的结构理论都未详细涉及结构的历史形成，但结构毕竟是在过程中形成的。正如让·皮亚杰（Jean Piaget）所说"不存在没有构成过程的结构"，② 结构总是与过程相关联。在国际体系中，不管是从多极到两极的关系结构变迁，抑或是从中世纪到主权国家的规

① 〔美〕西奥多·夏兹金、卡琳·诺尔·塞蒂纳、埃克·冯·萨维尼主编《当代理论的实践转向》，柯文、石诚译，苏州大学出版社，2010 年，"导言"第 2 页。

② 〔瑞士〕让·皮亚杰：《结构主义》，倪连生、王琳译，商务印书馆，2010 年，第 13 页。

范变迁，社会结构总是处在一个实践活动不断展开的生成过程之中。

第二，实践是结构的存在方式。社会结构处于不断的生成过程中，而这一生成过程只有在实践中才能得以实现。结构存在于实践当中，实践是结构的存在方式。实践结构观反对在结构的概念定义或作用分析中，把结构和施动者实践完全对立起来。正如施动者身上体现着结构的影子，结构本身也是施动者实践的产物。结构和施动者之间存在着一种"相互建构"、"相互决定"的特征，而施动者的实践具有首要地位。因为"除了人类正在做或已经做的事情之外，这个社会空空如也"，"社会结构只有通过人类的实践活动才能得以存在"。① 吉登斯也曾明确指出，结构作为记忆痕迹具体体现在各种社会实践中，它是"内在于"人的实践活动中的。② 施动者的实践活动既可能导致社会结构的生成和维持，也可能导致社会结构的变迁或崩溃。如果否定施动者实践的本体地位，只强调结构脱离个体互动的"独立自在性"，③ 那么冷战时期稳定的两极结构便不会倒塌，美国也无须对现存国际体系的稳定性和结构风险担忧。正是因为施动者实践活动所具有的重要意义，温特才呼吁"应给予施动者和结构同等的本体论地位"。④

第三，结构的存在具有多元性和多层次性的特征。人类实践活动由于主体性和所处位置的不同，会产生不同的社会事实，生成不同的实践模式，从而导致不同的关系和规范结构。同时，实践活动是不能脱离社会时间而展开的。按照社会学家皮埃尔·布迪厄（Pierre Bourdieu）的观点，任何社会实践都是完全内在于持续时间的，是在时间中展开的，因而是与时间紧密联结在一起的。⑤ 而社会时间从来就不是单一的存在，它在人类历

---

① Margaret Scotford Archer, *Realist Social Theory*: *The Morphogenetic Approach*, Cambridge: Cambridge University Press, 1995, pp. 147 – 148.

② 〔英〕安东尼·吉登斯：《社会的构成：结构化理论大纲》，李康、李猛译，第89页。

③ 参见〔美〕肯尼思·华尔兹《国际政治理论》，信强译，上海人民出版社，2003年，第120页。

④ Alexander Wendt, "The Agent – Structure Problem in International Relations Theory", p. 339.

⑤ 〔法〕皮埃尔·布迪厄：《实践感》，蒋梓骅译，译林出版社，2009年，第126页。

史上总是呈现多元时间的特征，这也就决定了结构的多元化特点。同时，在社会实践中，往往存在着支配性实践和非支配性实践活动，这带来结构不同层次的区别。美国社会学教授安·史威德勒（Ann Swidler）在讨论文化实践的等级问题时，把能够确定或定义一个社会事件或一个群体的构成性规则的实践看成是一种支配性的实践，从而勾勒出了社会实践的等级特征。① 正是基于结构的多元化与层次区别，结构的转化和演变才成为可能。

本文在一般意义上把实践理解成了人类活动和社会事务的基础，是结构的一种存在形式。以社会实践存在的结构是不断变化的，始终处于生产和再生产的过程中，因而实践结构论实际上是把结构过程化了，突出了它的动态性。而社会时间的多元导致的实践模式差异，正是结构演变动力的来源。这样，我们就从理论上打破了结构的静态形式和施动者—结构问题中的结构主导地位，从而赋予施动者与结构同等重要的分析价值，为我们讨论施动性问题留下了充分的空间。

三　施动性的概念

在施动者—结构问题中，施动者是另一个颇有争议的概念。科林·怀特指出："国际关系理论的第一步以及国际关系理论的学科身份都是建立在'国家作为施动者'这一基本假定的基础之上……没有了这一假定，国际关系理论充其量也就只能算是个政治理论而已。"② 但是，国家究竟在什么意义上才能够被称为施动者并发挥施动性呢？

（一）温特和怀特的施动性概念

在国际关系领域，温特是第一个对国家施动者的本体地位进行系统论

---

① 安·史威德勒：《什么支配着文化实践》，载〔美〕西奥多·夏兹金、卡琳·诺尔·塞蒂纳、埃克·冯·萨维尼主编《当代理论的实践转向》，第 83~104 页。

② Colin Wight, *Agents, Structures and International Relations: Politics as Ontology*, p. 177.

证的学者。一直以来，国际关系的通行做法是把国家比拟为人，国家像一个人一样具有意愿、信念和意图，"这种比拟做法深深融化在我们的常识思维中，没有这种比拟，我们就很难想象怎样建立国际政治理论、怎样从事国际政治实践"。① 这种通行的做法一般都回避了对国家施动者本体地位的深入思考，也可以说是直接否认了国家的存在，认为国家的概念并不指涉真实的实体，而是一个"有用的杜撰"或"隐喻"，是一个"理论的建构"，更多地反映了哲学中"唯名论"、"工具主义"或"怀疑主义"的国家观。② 而温特从科学实在论的原则出发，摒弃了关于国家"好像"是个人的假设，而是明确提出了"国家也是人"的假设，③ 从而确立了国家行为体的施动者地位和国家的施动性理论。

在温特看来，国家是一种"团体自我"，国家行为体具有"团体施动性"。换言之，国家是由个人组成的，但它具有"团体"特征，基于个体之间的结构关系而存在，因此是不能还原到个人的。温特进一步指出，国家指涉的是真实但不可观察的结构，团体施动性实际上也是一种结构，一种使个人能够从事制度化集体行动的共有知识或话语结构。④ 温特对国家的本体地位以及施动性都采取了一种结构主义的立场，这是对国际关系理论的重大挑战和创新。他第一次提出了"国家施动者也是一种结构"的观念，这在一定程度上丰富了我们对结构多元性的认识，即国际社会中存在着各种不同特征的结构，如国际体系结构、国家结构以及个体结构等。温特在个体与国家关系上采取的是这种结构主义立场，但他在国家与国际体系的关系上采取的则是另外一种立场，也即强调施动者与结构互动的立场。然而，他在理论发展中实际上忽视了互动中个体对结构的能动性，突出的仍然是结构的建构作用。对此，科林·怀特批评道，在温特的理论

① 〔美〕亚历山大·温特：《国际政治的社会理论》，秦亚青译，上海人民出版社，2000 年，第 250 页。
② 同上书，第 251 页。
③ 同上书，第 272~281 页。
④ 同上书，第 272~273 页。

中，个体没有发挥任何能动性，只是集体文化和知识结构的"解码器"，个体不会对其集体角色进行反思，更不会表达不满，个体也不会歪曲或改变现有的集体知识体系。① 因此，温特在一定意义上物化了国家，把国家看成了一种既定的存在。可以说，温特的国家施动性实际上是一种没有人类活动的社会行动。②

在科林·怀特看来，国家不是人，也不会如人类一般行事，但国家同样具有施动性。他认为，国家是个体建构的一种社会制度结构，因此必须对国家施动性进行多层次分析。所谓多层次，既应包括实际行动的个体，也应包括个体所处的社会结构关系。在批判温特理论的基础上，怀特发展出了自己的国家施动性理论。他强调，国家的施动性应包括两方面含义：首先应包含巴里·布赞（Barry Buzan）对施动性所下的定义，即施动性是主体"运作或施加权力的天赋或能力"。③ 但是，仅此还不够。怀特认为，布赞这种运用自然科学方法定义的施动性，忽视了社会科学领域中"意义"和"意图"的重要性；同时，它也忽视了社会世界中不同位置、不同特征的个体在施加权力方面的差异性。另外，这一定义也混淆了施动者与结构的区别，因为结构同样具有"运作和施加权力的天赋或能力"，而施动者显然是区别于结构的。④ 因此，怀特强调施动性还应包含第二层含义，即"什么样的施动者"或者"处于什么位置的施动者"，因为不同社会位置的施动者显然具有不同的社会能力。怀特的施动性概念显然比布赞更进一步，因为怀特的定义对施动性的考虑融合了对施动者所处社会文化环境、社会位置以及社会角色的思考，⑤ 而这一层含义对社会科学研究具有

---

① Colin Wight, "State Agency: Social Action without Human Activity?", *Review of International Studies*, Vol. 30, No. 2, 2004, p. 277.

② Ibid., pp. 269 – 280.

③ Barry Buzan, Richard Little and Charles Jones, *The Logic of Anarchy: Neorealism to Structural Realism*, New York: Columbia University Press, 1993, p. 103.

④ Colin Wight, *Agents, Structures and International Relations: Politics as Ontology*, p. 206.

⑤ Colin Wight, "They Shoot Dead Horses Don't They?: Locating Agency in the Agent – Structure Problematique", *European Journal of International Relations*, Vol. 5, No. 1, 1999, p. 133.

更大的价值。

怀特对国家施动性的分析既包含了个体的主体性，也包含了个体的社会性，这可以避免施动性分析中容易出现的两种倾向：一种是容易滑向结构主义陷阱，另一种是容易走向个体主义极端。但是，怀特的分析也存在一个问题，那就是缺乏关于施动性如何施动的维度。毕竟个体所处的社会位置或社会角色分工并非固定不变，个体通过实践活动在不同的社会位置间流动，并再生产或改变其所处的社会文化结构。怀特的国家施动性理论之所以难以解决这一问题，更深层次上是由于他忽视了实践在结构与施动者关系中所处的重要地位。我们说，实践既是结构的存在方式，也是人类行动者的存在方式。正是通过个体的实践活动，结构和施动者才能达成有机的统一。正如吉登斯所说："紧密渗入时空中的社会实践恰恰是同时构建主体和社会客体的根基。"① 怀特的施动性理论缺乏实践生成性和进程性的要素分析，因而也就无从讨论施动性如何施动的问题。如果说温特的国家施动性理论讨论的是没有人类活动的社会行动，那么怀特的国家施动性则是有个体但却没有个体实践的人类活动。

（二）重新定义施动性

那么施动性到底该如何定义呢？笔者认为，施动性总是在实践中得以呈现，因此它本质上是一种实践施动，是在有目的的"说"与"做"中运作和施加权力的能力或表现。实践施动除了包括怀特提出的个体所具有的主体性和社会性之外，还应包括第三层含义：实践的策略性，即行动者的能力表现方式。本文增加施动性的策略内涵，意在强调施动者如何"说"与"做"往往具有决定性的意义，它在一定意义上可以改变施动者的社会位置和社会角色。只有当施动者具有策略性，才能赋予社会结构动态变化特性，并最大限度地实现施动者的主体性和能动性。因此，笔者将施动性定义为以下三个层面。

---

① 〔英〕安东尼·吉登斯：《社会的构成：结构化理论大纲》，李康、李猛译，第42页。

第一，主体性（subjectivity），也就是行为体的行事能力。人类行动者毕竟不同于自然界的事物，它具有一定的主观能动性。也就是说，它不仅具有布赞所说的做某事的能力，更重要的是它同时具有不做某事的能力。正如对苹果而言，它不得不落地，别无选择；而对牛顿而言，苹果砸落他头上的偶然事件，却带来了他对物理学的深入思考，并产生了万有引力之说。人类主体性不仅体现在其生存状态上，更主要地体现在行动的选择性上。社会行动中的个体在采取行动时，可以选择遵守或是打破常规，顺从或是背离规范。

在更深层次上，个体的主体性实际上包含了意向性和具身性两个层面。意向性是指个体关于外部世界的精神性活动，个体行动中的因果联系是以精神为中介的，[1] 也即受到目标和情感为主的精神因素的引导。目标指导行动，情感则决定事情的优先次序。[2] 具身性是指个体的任何行动都是通过身体的所做与所说来体现的，而身体嵌于世界，处于不断介入物质环境和社会环境的过程之中，人的能动性正是从这种介入中体现出来的。

第二，位置性（positionality），即行为体所处的时空与社会位置。行为体既来自于又受制于其所处的时空位置及其所占据的社会地位。这里强调时空，是表明任何行为体都不可能脱离历史和空间而存在。同时，社会中的每一行动者都处于一个独特的、可以区别的位置上，而每个位置都与其他的位置密切相关，人类行为体总是从相关位置出发采取行动。时空历史的路径依赖深刻地影响着人类的行为方式，正如铁路的轨距来自于四轮马车的车距，而马车的车距则来自于人类携物行进的肩距。同时，人类个体在社会世界中是有角色和位置的，这种角色和位置间的交叉关系网络以及社会中无处不在的规则体系建构着行为体的基本立场，启动、影响和制约着他们的行动和行为方式。所谓"名正言顺"、"在其位谋其政"等说法，

---

① 西奥多·夏兹金：《精神化秩序的实践》，载〔美〕西奥多·夏兹金、卡琳·诺尔·塞蒂纳、埃克·冯·萨维尼主编《当代理论的实践转向》，第 54～55 页。

② 同上书，第 59 页。

都和这种位置性产生的施动相关。

第三，策略性（strategicality），即行为体能力的表现形式。社会个体与自然事物相比，不仅能够主动应对变化，而且还能够意识到如何应对变化。也就是说，施动者拥有不同的能力形式，因而带来行动的多样性和变化的特点。我们知道，树木或房屋不会飞到天上，而人类行为体却知道如何飞到空中甚至飞向太空。个体的主观能动性最大限度地体现为主体具有创新能力和运用策略的能力，它们是主体性能力的表现形式。而且更重要的是，行为体的策略类型纷繁复杂，它们产生于与实践活动的"偶遇"之中，具有无限的开放性。实践活动生成各种情景，催生和引导各种策略选择。策略既不受制于"工具理性"的逻辑，也不囿于"价值规范"的束缚，它受到实践逻辑的支配。① 也就是说，施动者的策略是多种多样的，它们既可能是出于人类理性主义的考量，也可能是基于适当性逻辑的引导，更可能产生于人类追求展示和解放自身的诉求。布迪厄曾表示，惯习（habitus）观念里所展现的策略，绝不是什么通过某种明确公开的、自觉意识到的筹划体现出来的东西，它是以埃德蒙德·胡塞尔（Edmund Husserl）在《观念I》里充分描述的"预存"（protension）的方式，努力去追寻、把握游戏，追求在当下现实里直接给定的"客观潜在性"。② 换句话说，策略脱胎于惯习，生成于实践活动之中，是人类生产和游戏的产物。它不断丰富和改变着施动者的主体性和位置性，同时，惯习也在一定程度上界定施动者策略的作用形式。

（三）实践施动与结构

实践施动突出强调了实践在结构和施动者互动关系中的重要地位，施动性的主体性、位置性和策略性只有在实践中才能统一。如前所述，施动

---

① 朱立群：《中国与国际体系：双向社会化的实践逻辑》，《外交评论》2012 年第 1 期，第 16 页。

② 〔法〕皮埃尔·布迪厄、华康德：《实践与反思——反思社会学导引》，李猛、李康译，中央编译出版社，1998 年，第 173～174 页。

性包含了主体性、位置性和策略性三层含义，它们各自具有不同的施动功能：主体性是施动者的基础特性，或者说本质属性，它对位置性和策略性构成影响；位置性则是施动者所处的地位，是关系结构和规则结构对施动者主体性和策略性的框定，制约和影响着主体性作用的范围和程度，它表明施动性从来都是一定历史和社会条件下的产物；而策略性最集中地体现为施动者在实践中所具有的创新性和能动作用，最可能带来结构的演变或转换。主体性、位置性和策略性在实践中的相互作用，不仅能够有效实现施动者和结构的统一，而且也可以改变结构和施动者本身。关于实践施动的作用关系可参见图1所示。

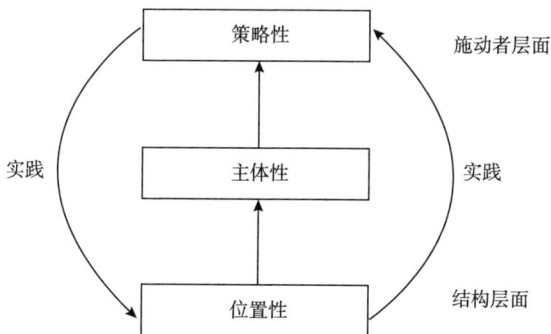

图1 实践施动性示意图

　　虽然施动者的施动性因主体性、位置性和策略性不同而存在相当大的差异，但从整体上来说，施动者对结构的建构作用分为两种：一种是推动当前结构的变革，如在国际体系的危机事件中，施动者改变固定套路的日常实践，创新政策和措施，开辟新的实践路径，推动结构发生变化。例如，二战后法国利用解决鲁尔地区煤炭生产问题提出煤钢联营倡议，与联邦德国逐渐走向和解，从根本上改变了欧洲地区的政治结构。另一种是维持当前结构的存续和再生产，当施动者"循规蹈矩"地重复日常实践时，它也就不断再生产了当前的结构。如各国之间例行的"递交国书"、"拜会"等外交活动以及各国在国际组织中例行的会议和遵约行为等，都维持甚至强化了社会结构的延续。

这里，我们突出强调施动者对结构的建构作用，并不是要否认结构对施动者的影响。关系结构和规则结构既可以制约和框定施动者的能动性，也可以建构和影响施动者。其中，国际体系的关系结构对国家施动者的施动影响最为直接，如冷战期间两极体系格局对一国的政策选择构成的影响是显而易见的。国际体系的规范结构对施动者的影响虽不那么直接，但作用更为持久，如威斯特伐利亚体系所确立的主权规范在国际体系中发挥着无处不在的强大影响。但是，不论是关系结构，还是规范结构，它们都是在实践中不断生成和发展的，正是实践活动为施动者发挥施动性留下了广泛的空间。同时，实践活动中的策略生成和策略运用往往起到扭转乾坤的作用。例如，冷战期间中美大使级会谈在15年间举行了136次仍难以取得突破性进展，主要是因为中美始终固守着各自在台湾问题上的谈判立场，并将其作为先决条件。而台湾问题"是最困难、最不可能解决、也是最动感情的问题。谈判当然不会有结果"。① 当这一策略得以修正，中美关系就取得了突破性的进展。因此，要充分认识施动者的施动性，就必须突破关系结构论和规则结构论的制约，充分认识结构的实践性以及实践施动对结构演变的影响。

四　认识中国对国际体系的能动作用

对施动性的认识，从学理上有助于我们从施动者的角度认识结构问题以及施动者—结构的关系，从经验研究上有助于我们讨论如何认识中国与国际体系的关系以及中国应从怎样的角度发挥能动性促进国际体系的转换。实际上，后者始终是我们探究施动者—结构问题的动力所在。按照施动性三层内涵的定义，对照改革开放三十多年来中国与国际体系关系的变化，我们发现中国对国际体系施加了越来越大的影响，其施动方式正是体

---

① 这是参加了十年会谈的中方首席谈判代表王炳南大使的话语。转引自〔美〕亨利·基辛格《论中国》，胡利平等译，中信出版社，2012年，第152～153页。

现在主体性、位置性和策略性三个方面。

首先，中国影响国际体系的施动性离不开中国自身主体性的不断提升。历史地看，中国通过持续不断地改革开放来改变自己，从而在客观上对世界产生了巨大的影响。1978 年，在国际体系结构没有发生重大变化的情况下，中国选择了改革开放的道路，彻底改变了中国与国际体系关系发展的方向；1992 年，邓小平南方谈话启动了中国新一轮改革开放进程，从而有效地结束了西方国家对中国的制裁和遏制，使中国更深地融入了国际体系，并从全球化进程中获得巨大收益。尽管国际体系结构始终影响着中国的认知和行为选择，但是，历史一再表明，中国越是主动改变自己，就越能发挥影响国际体系结构变化的主体能动性，这也是 21 世纪中国和平发展的基础性条件。

其次，中国的认知立场以及行为选择必须从中国在国际体系中的位置出发，包括中国自身的国情以及中国与国际体系的相互身份定位。改革开放以来，中国根据自己的国情特点融入国际体系，定位自身利益，发展与国际体系的关系模式。正是从自身位置出发，中国的政策选择才是切合实际并行之有效的。例如，中国坚持以发展中国家的身份加入世界贸易组织，既考虑了自身的基本国情，也基于国际贸易体系是各国获得发展机遇可靠途径的认知。正是这一准确的政策定位，才带来中国进入 21 世纪后的十年大发展。三十多年的改革开放使中国成功地实现了从体系外国家向体系内国家的转变、从体系边缘国家向核心国家的转变，这说明中国的主体和位置都在发生着史无前例的变化。今后要赢得可持续的快速发展，我们必须对自我身份和位置的变化保持清醒的认识和准确的把握，关照到国际和国内两个大局。脱离客观现实的身份定位，会导致巨大的成本付出。

最后，中国能否影响国际体系取决于中国能否根据具体的实践情景采取恰当的实践策略，具体体现为中国在处理与国际体系关系上的战略和政策选择。自改革开放以来，中国在对外关系中始终坚持"韬光养晦、有所作为"的方针，努力在互利共赢的基础上发展同所有国家面向未来的友好合作关系。中国的外交战略和政策方针极大地改善了中国在国际体系中的地位，推动中国成为影响国际体系的一个核心力量。然而随着中国地位和身份的变化，中国与国际体系的关系也在发生变化，对外战略和政策面临新的重大挑战。新形势下中国外交坚守的许多重要方针和基本原则——如"韬光养晦、有所作为"、"不干涉内政"、"搁置争议、共同开发"等——都面临着重新定义或者调整的必要。实践策略来自于实践情景，而随着实践情景的变换，中国的实践策略必须相应地做出调整，实践策略的阶段性以及时效性特征构成了中国在21世纪和平发展过程中必须予以高度重视的因素。

总之，中国要想在国际体系中占据更为重要的地位并发挥更大的影响，首要的是把自己内部的问题解决好，把能力建设好，使得中国的主体性在物质和精神两个方面得到极大的改善。同时，随着在国际体系中地位和身份的不断变化，中国需进一步加强战略规划，重视软硬各种力量和手段的运用，强化对策略的考量，因为策略是中国在国际体系中发挥能动性和创新性的关键。

China's Foreign Policy Debates

Introduction

Contemporary China is a country of ancient traditions, with centuries of deeply ingrained cultural philosophies still exerting great influence on Chinese society. It is also a country in the throes of rapid transformation, modernisation and economic development, with all the associated elements of trial and error impacting every facet of contemporary Chinese society. All this adds to the complexity of China's already intricate culture: deep – rooted ancient traditions combined with rapid transformations in domestic development and China's identity vis-à-vis international society. This is the climate in which China's foreign policy is now made, with a growing number of actors and factors impacting on decision – making processes. Unprecedented heated discussions on foreign policy have increased in China during the past decade. Such discussions, in addition to the three big rounds of debates on China's development path conducted among Chinese elites since China's adoption of the reform and opening – up policy and the vigorous online debates currently taking place in the internet era, have

---

* 本文系作者为欧盟安全问题研究所撰写的报告。欧盟安全问题研究所出版,巴黎,2010 年, ISBN:978 – 92 – 9198 – 1700。本文集收入时未保留原文附录。

fostered the growing openness and plurality of Chinese society. These major forces have contributed to important changes in China's domestic political policies, such as attempting to reconcile conflicting interests in Chinese society.

This paper provides analysis of and insights into the internal debates on China's foreign policy through an examination of various writings published by prominent and influential Chinese scholars in the field of international relations. It is structured into four main parts. Chapter One offers a structured framework of core concepts to provide readers with a better idea of how domestic debates regarding foreign policy matters are organised in China. Chapters Two, Three and Four are devoted respectively to a systematic analysis of internal debates on the understanding of Shi, China's role and identity in international society, and its foreign strategy. The concluding chapter attempts to categorise foreign policy debates in China based on the current dominant theories in Chinese international relations and the various dynamics underlying internal debates on China's foreign policy.

Chapter 1   Framework of analysis based on three concepts

This paper employs three key concepts in its analysis of internal debates on China's foreign policy. These are Shi, identity and strategy. Shi, a Chinese term, refers to the overall configuration of power and the direction or tendency of the process of change in which an actor acts and interacts. [1] The Chinese believe that Shi should be well understood before a decision is made. It involves two elements

---

①   The ancient Chinese concept of Shi, for which there is no Western equivalent, has been translated variously as 'the disposition or propensity of things', 'circumstance', 'power or potential', and can apply to various domains ranging from aesthetics to statecraft to military strategy. In the latter context it often refers to the strategic configuration of power. The French sinologist François Jullien explains this concept in depth in his book *La propension des choses* (Seuil, 1992), translated into English as *The Propensity of Things: Towards a History of Efficacy in China*, Zone Books, 1999.

concerning international affairs: the distinctive feature of our times or the broad trends discernible in the contemporary world and Guojigeju, which roughly means the international power configuration. Identity refers to who an actor is, and constitutes ' a property of intentional actors that generates their motivational and behavioural disposition. '[1]Foreign policy making is the process of calculating what national interests are and how to achieve them, but interests always presuppose deeper identities ' because an actor cannot know what it wants until it knows who it is. '[2]Strategy refers to how national interests and goals can be realised within international society. These concepts are not only the key aspects considered in China's foreign policy decision-making but are the basic issues around which domestic debates on China's foreign policy revolve.

I . Shi

Identifying the current Shi is always a central concern when China conceives its international strategy. This is mainly due to the Chinese tradition of holistic thinking and philosophy of change. The Chinese have always attached great importance to the overall ' big picture ' when considering any situation and its inherent potential for change. [3]As analysed above, as far as international relations are concerned, Shi, the general world situation, involves two main aspects: the distinctive feature of our times and the international power structure. An altered understanding of the distinctive feature or theme of our times is the starting point of fundamental change in the Chinese worldview. China could not have increasingly and deeply involved it-

---

① Alexander Wendt, *Social Theory of International Relations*, Cambridge: Cambridge University Press, 1999, p. 225.

② Ibid. , p. 231.

③ It has been a fundamental idea in Chinese thinking that change is prevalent and inevitable. The prevalence and inevitability of change is also what is elaborated in the *Book of Change(I Ching)*, the oldest book in China. This expresses the belief that ' the only proposition that does not change is that everything else is subject to change'. This book is the nearest thing to a universal guide to Chinese thought and action ever since Chinese civilisation emerged some 5,000 years ago.

self in international society since 1979 without having changed its perception of the distinctive features of our contemporary era – no longer war and revolution but peace and development. Identifying the distinctive feature of our times represents a major consideration for Chinese scholars in their debates on China's foreign policy. These domestic debates focus on the overriding characteristics of today's world or on the nature of the existing international system. Specifically, all of this concerns the issue of China's relationship with the current international system. It also provides a crucial window to understanding changes in China's foreign policy and the Chinese people's perception of the international system.

Guojigeju refers to the Chinese understanding of the international power configuration. It is another core concept widely invoked by Chinese scholars in their discourse on the international situation in relation to China's foreign policy. Prior to the middle of the nineteenth century, China had long occupied a central position in the regional structure in East Asia mainly through its use of soft power measures in its conduct of foreign relations, resulting in its weak sensitivity to emerging powers. China lost this central position after its confrontation with western powers in 1840. Due to its harsh experience of 100 years of colonialisation, China learned to attach great value to sovereignty. It also learned that 'lagging behind leaves one vulnerable to attacks'. This has led to an acknowledgement of the significance of hard power. China has also become sensitive to the international power structure. So the status of other major powers in the current international system naturally becomes the primary starting point of foreign policy debates conducted by Chinese scholars.

The concept of Shi actually reflects China's concern about world order, which constitutes a central consideration for China in formulating its middle – and – long term strategies. The key questions it involves are: who is the dominant power? Will the current configuration of power bring harm to China? Can it maintain the peace and stability of the world? What is its broad trend of development? Good judgment regarding these issues means having a sound mastery of the broad trends in the current world situation, which ensures a country's ability to act judiciously. Shunshierwei, another idea contained in the concept of Shi, means to follow the general tendency and do things accordingly. This paper will use the concept of Shi as a starting point to analyse Chinese scholars' discussions about the basic and distinctive feature of our times, the contemporary era's trend of development and the structural characteristics of today's world order. It will focus especially on how they look at other major powers in the world such as the United States, the European Union and some of the emerging powers.

II. Identity

Identity is a second core concept in Chinese thinking. It is treated not from an 'entity approach' as in the Western way of thinking but from a 'process approach' in the Chinese way of thinking. [1] For the Chinese, 'relations' are the most significant aspect of social life and the hub of all social activities. [2] Chinese people believe power and identity are both defined within the network of relations. The concept of relations and the idea of change have fundamentally shaped the Chinese belief that actors manage and maintain relations in the process of international interaction, and that actors may enjoy multiple identities in multifold relations, which may not be conflictu-

---

[1]   According to Qin Yaqing, an entity approach is an approach characterized by taxonomical thinking and conflictual dialectics embedded in the Western way of thinking, emphasising dualistic conflict paradigms like West vs. non-West, China vs. Western-led international society, communist planned economy vs. liberal market economy and so on. The process approach, however, is based upon relational thinking and complementary dialectics, both of which are rooted in Chinesee philosophical and intellectual traditions. The process approach focuses more on the context than independent individuals and views the former as constantly shifting relations in which identity can be defined, redefined, constructed and transformed. See Qin Yaqing, "International Society as Process: Institutions, Identities and China's Peaceful Rise", *The Chinese Journal of International Politics*, No. 3, 2010, pp. 129 – 53.

[2]   Qin Yaqing, "Guanxi Benwei yu Guocheng Jiangou: Jiang Zhongguo Linian Zhiru Guoji Guanxi Lilun", *Zhongguo Shehui Kexue*, No. 3, 2009, p. 82.

al but complementary. China, in line with this way of thinking, attaches great importance to its role and position in the international system, regarding its position therein as a major factor in defining national interests and formulating diplomatic strategy. Chinese scholars have also paid much attention to the issue of China's identity vis-à-vis international society. They emphasise the fact that identity is fluid and changing and deny the existence of a single, fixed identity. Actually, the issue of identity has been crucial to China ever since it experienced a drastic fall in status from its imperial heyday as the 'Middle Kingdom' to becoming a semi – colonial country in the middle of the nineteenth century. From that time on, questions like 'who am I?', 'how should I evolve?' have constantly puzzled China.

The three decades following China's adoption of the reform and opening – up policy have seen continuous growth in China's economy and its influence in the world. Meanwhile, China has been considering its identity vis-à-vis international society, reflecting on questions such as 'what is the nature of Chinese identity' and 'what role should China play and what responsibility should she take on the world stage?' Such questioning directly highlights various issues: what kind of power is China, a global or regional power?; what type of state should China become, a status quo or a revisionist state?; what kind of relationship should China develop with international society?; what responsibilities should China shoulder in the international arena as its economy continues to grow?

Ⅲ. Strategy

A third core factor that looms large in the discourse of Chinese academics regarding China's foreign policy is diplomatic strategy. This refers to the art of using various means to realise national interests and goals. China has a tradition of strategic thinking with a special emphasis on the overall situation or 'big picture', the dynamics of change and long – term interests. Increasingly, China has been faced with more complex diplomatic tasks in relation to a range of international, regional and domestic demands, with its gradual integration into international society. In this context, diplomatic strategy is of vital importance in deciding on the priority of issues and basic principles for policy implementation. So analysing discussions by Chinese academics on China's diplomatic strategy will serve to provide a better picture of domestic debates on Chinese foreign policy.

In short, domestic debates on China's foreign policy mainly centre on the three core concepts: Shi, identity and strategy. In the light of these three concepts, internal debates can be better framed and more clearly understood.

Chapter 2　Debates on Shi

Understanding Shi requires being able to figure out the general trend of international change and the current distribution of power in the international system. The term 'the distinctive feature of our times' is frequently used by the Chinese to describe the general tendency of the world situation and the term Guojigeju is often employed to describe the international power structure. So here these two sub – concepts are used to analyse domestic debates on China's foreign policy from the perspective of Shi.

I . The distinctive feature of our times

Chinese leaders' perception of the distinctive tenor of our times greatly influences the basic orientation and thrust of China's foreign policy. The following illustrations may be helpful. After the founding of the People's Republic of China, Mao Zedong, in response to the containment and blockage policies that US – led western countries adopted against China, contended that the international system was predominantly pro – capitalist in nature and more significantly, confrontational towards China. So he proposed that China needed to be prepared for a total war and should replace the existing international system with a new one. At the end of the 1970s, Deng Xiaoping, however, recognised that the world we were living in

was not one dominated by war and revolution as depicted by Lenin and Mao Ze-
dong. He argued that war could be avoided, and that peace and development were
the characteristic themes of our times. This marked an important change in Chi-
nese leaders' perception of the world situation and ushered in the era of reform
and opening – up.

The new policy has opened China's doors to the world and the world to Chi-
na. China and the world have both greatly benefited from the policy. However,
there have been setbacks and doubts along the way. The bombing of the Chinese
embassy in Belgrade in May 1999 sparked a nation – wide debate on China's un-
derstanding of the current 'theme of our times'. This led to a reconsideration of
the western world's intentions and the dominant role that the United States played
in international affairs. Doubts were expressed about China building a cooperative
relationship with the international system. Two questions raised in this debate in-
cluded: had world capitalism changed? If so, would this change bring greater
peace and development to international society in a climate where China could en-
joy a more benign external environment? Within this context, influential Chinese
scholars such as He Fang, former director of the Institute of Japan Studies at the
China Academy of Social Sciences, published articles and books describing the
profound changes in capitalism after the end of World War Two. They argued that
the world had entered into a new era of peace and development. It was quite pos-
sible for China to avoid involvement in a war with western powers and to cooper-
ate with them instead. [1] Many scholars contributed to the discussions. Some ar

---

[1]　He Fang, *Lun Heping yu Fazhan Shidai* (Beijing: Shijie Zhishi Chuban She, 2000) ; "Dangjin Shi-
jie de Shidai Tezheng yu Deng Xiaoping Lilun de Guoji Yiyi", *Fazhan Luntan*, No. 7, 1999, pp.
13 – 14; "Shijie Zaoyi Jinru Heping yu Fazhan Shidai", *Shijie Jingji yu Zhengzhi*, No. 4, 2000, pp.
56 – 61; "Zailun Heping yu Fazhang Shidai", *Guoji Zhengzhi Yanjiu*, No. 1, 2000, pp. 18 – 23;
"Cong 'Zhanzheng yu Geming' Dao 'Heping yu Fazhan'—Dui Shidai Zhuti de Zai Renshi",
Guoji Zhanwang, No. 17, 2000, pp. 4 – 7.

gued in favour of He Fang. [①]Others argued against He Fang from different perspectives. [②] The latter group strongly contended that the theory of peaceful development was based on 'misjudgment of the international situation and would distort foreign policy making and mislead public opinion'. [③]

This debate is quite exceptional in the Chinese international relations academic community in terms of its duration, depth and scope. It touches upon the issue of China's relationship with the international system at a profound level. The Chinese mindset was nurtured by the painful historical experience of foreign aggression and the Cultural Revolution in the 1960s to believe that the international system was an imperialist one, based on exploitation and dominated by the law of the jungle. Although Deng Xiaoping replaced this historically shaped worldview with the idea that the world now was comparatively peaceful and stable, there still existed widespread mistrust and suspicion towards the international system. Under these circumstances, this round of debates at the end of the twentieth century contributed to enlightenment and to a fundamental change in Chinese people's perception of the international system. Since then scholars and policy makers have generally

---

① Chen Luzhi, "Shidai yu He Zhan Wenti Yiji Guoji Guanxi", *Zhanlue yu Guanli*, No. 2, 2002, pp. 1 – 10; Jiang Changbin, "Shidai Tezheng Shouxian Shige Keguan Cunzai", *Shijie Zhishi*, No. 15, 2000, p. 11; Song Yimin, "Shidai Zhuti zai Yatai Biaoxian de Gengwei Mingxian", *Shijie Zhishi*, No. 15, 2000, pp. 13 – 14; Wu Baiyi, "Guanyu Heping yu Fazhan de Jidian Sikao", *Shijie Zhishi*, No. 18, 2000, pp. 24 – 25; Xu Lan, "Ya' er Ta Tixi: Heping yu Fazhan de Kongjian", *Shijie Zhishi*, No. 16, 2000, pp. 15 – 16.

② Zhang Ruizhuang, "Chonggu Zhongguo Waijiao Suochu zhi Guoji Huanjing—Heping yu Fazhan Bingfei Dangdai Shijie Zhuti", *Zhanlue yu Guanli*, No. 1, 2001, pp. 20 – 30; Zhang Wenmu, "Kesuowo Zhanzheng yu Zhongguo Xin Shiji Anquan Zhanlue", *Zhanlue yu Guanli*, No. 3, 1999, pp. 1 – 10; Wang Jincun, "Shijie Jinru le 'Heping yu Fazhan de Shidai' le ma? —Xuexi Deng Xiaoping 'Heping yu Fazhan Sixiang' de Jidian Sikao", *Shijie Jingji yu Zhengzhi*, No. 7, 1999, pp. 61 – 70.

③ Zhang Ruizhuang, "Chonggu Zhongguo Waijiao Suochu zhi Guoji Huanjing—Heping yu Fazhan Bingfei Dangdai Shijie Zhuti", *Zhanlueyu Guanli*, No. 1, 2001, p. 29.

held that it is possible for China to construct a positive relationship with the international system and that China should constructively involve itself in international society.

In 2009, an official summary was published by President Hu,[①] reflecting the contemporary views of Chinese policy makers and the Chinese Communist Party. President Hu focused on five points: (i) profound transformation, (ii) a harmonious world; (iii) common development; (iv) shared responsibility and (v) active engagement. His central idea is that the world has undergone profound changes and that China's future and destiny are closely linked with the future of the outside world. Therefore, China should not only actively integrate itself into international society, but also seek common development and assume more responsibility in building a relatively harmonious world. This is regarded as articulating the most positive Chinese perception of the international community, and of China's relationship to it, since 1840.

II. Guoji geju

In their analysis of the international distribution of power, Chinese scholars have tended to focus mainly on American hegemony, multipolarity and the emergence of other major powers. Chinese scholars still care most about how much room the Western – dominated international system can provide for China's development. The United States, as the current sole superpower in the international system, has traditionally been regarded as the strongest power which could possibly hinder China's development. Debate on hegemony includes evaluation and analysis of America's power and its role. Besides the US, other major powers considered include the European Union, Russia, Japan and emerging powers like India.

---

① "Hu Jintao Shidaiguan de Wuda Zhongguo Zhuzhang", *Liaowang Xinwen Zhoukan*, 24 November 2009; Zhongguo Gongchandang Xinwen Wang(Chinese Communist Party News Web). See http:// cpc. people. com. cn/GB/64093/64387/10439546. html.

1. Hegemony and the status of the United States

Chinese scholars have seldom argued positively in favour of hegemony or a hegemonic rule. This has much to do with Chinese historical experiences dating from the middle of the nineteenth century. Traditional China accepted hegemonic rule but made a distinction between 'rule by force' (badao) and 'rule by virtue' (wangdao). Hegemonic rule realised by virtue was highly praised and to be pursued. The term 'rule by virtue' is similar to the idea of 'benign hegemony'[1] as highlighted by G. John Ikenberry. Due to the suffering of the Chinese people as a result of Western power politics at the time of the Opium War of 1840, the term 'hegemony' in the Chinese discourse has been perceived as denoting an unethical rule of might instead of being an objective description of power. Thus, 'hegemony' has become strongly derogatory and almost identical in meaning with 'hegemonism'. Criticism of hegemonism can be found in many Chinese official documents and writings published by scholars. The Chinese IR community 'has generally been negative'[2] about hegemony and the theory of hegemonic stability.

Recently, there has been a reconsideration of the role of hegemony in the international system. Some scholars now differentiate between the concept of hegemony and that of hegemonism. They distinguish hegemony from the perspective of governance within the international system and argue that the theory of hegemonic stability 'is largely borne out by the reality'[3] because the existence of a hegemon actually provides public goods and the basic security guarantee international soci-

---

[1]   G. John Ikenberry, *After Victory: Institutions, Strategic Restraint, and the Rebuilding of Order after Major Wars* (Princeton: Princeton University Press, 2001), p. 28.

[2]   Ding Donghan, "Baquan yu Guoji Guanxi Linian", *Shijie Jingji yu Zhengzhi*, No. 6, 2000, p. 51; Sun Xiaoling, "Baquan Wending Lun' yu Zhongguo de Xin Anquan Guan: Yizhong Bijiao Shijiao", *Shijie Jingji yu Zhengzhi*, No. 2, 2004, pp. 55 – 56; Zhang Jianxin, "Baquan, Quanqiu Zhuyi he Diqu Zhuyi: Quanqiuhua Beijing Xia Guoji Gonggong Wupin Gongji de Duoyuanhua", *Shijie Jingji yu Zhengzhi*, No. 8, 2005, pp. 32 – 33.

[3]   Zhou Piqi, "Baquan Wending Lun: Pipan yu Xiuzheng", *Taipingyang Xuebao*, No. 1, 2005, p. 13.

ety needs, functioning as a stabilising force in the international system. [1]This view further contends that hegemony is of crucial importance in the early stages of establishing international institutions. [2]American hegemony is recognised as a comparatively new type of hegemony. The United States 'has to a certain extent played the role of a world government by establishing world security and economic systems with itself at the core, thus making its strong structural power embedded in the world order. '[3]In other words, international stability in the past twenty years has depended largely on the United States as the 'sole hegemon'[4]because theoretically the hegemon is not only the provider of international stability but also the shaper of international norms. [5]

Although some scholars accept the stabilising role of the hegemon, they point out that the United States has been much less willing to provide international public goods since the end of the Cold War. 'Traditional international public goods under the control of the hegemon are facing the trend of privatisation, with the International Monetary Fund (IMF) increasingly being a typical example of public goods privatisation in international finance. '[6]As a result, contrary to the predictions of the hegemonic stability theory, provision of international public goods has not been strengthened but on the contrary has become unstable due to hegemonic

---

[1] Liu Zhiyun, "Baquan Wending Lun' yu Dangdai Guoji Jingjifa: Yizhong Guoji Zhengzhi Jingjixue Shijiao de Quanshi", *Taipingyang Xuebao*, No. 1, 2007, p. 55.

[2] Zhang Jianxin, op. cit. in note 13, p. 37.

[3] Zhang Shengjun, "Quanqiu Jiegou Chongtu yu Meiguo Baquan de Hefaxing Weiji—Jiedu Yilake Zhanzheng Hou de Shijie Zhengzhi", *Meiguo Yanjiu*, No. 3, 2003, p. 41.

[4] Guo Xuetang, "Baquan Zhouqi Lun de Pinkun—Jianxi Meiguo Baquan Shifou Zouxiang Shuailuo", *Meiguo Yanjiu*, No. 3, 2003, p. 46.

[5] Yan Xuetong and Huang Yuxing, "Zhanguoce de Baquan Sixiang ji Qishi", *Guoji Zhengzhi Kexue*, No. 4, 2008, p. 100.

[6] Li Wei, "Baquan Guo yu Guoji Gonggong Wupin—Meiguo Zai Diqu Jinrong Weiji Zhong de Xuanzexing Yuanzhu Xingwei", *Guoji Zhengzhi Kexue*, No. 3, 2007, p. 164.

control. Some commentators argue strongly that, since single hegemony is unsustainable, it is imperative to develop collective hegemony in order to maintain the stability of the international system. ①

The role of the United States in Asia is also a central concern of Chinese academics. While an increasing number of Chinese scholars are of the view that the United States plays a stabilising role in East Asia, especially in constraining Japan through its alliance with Japan, the preponderant view is still that the US strategy in Asia is based on self-interest and that the US aims to benefit from facilitating mutual balancing among Asian powers. ②So it is impossible for China and Japan to realise fundamental reconciliation in their bilateral relations. ③Nor will the United States support the integration process in East Asia. The power and institutional structures of American hegemony lead to unfavourable and negative policies toward East Asian integration. ④

The outbreak of the financial crisis in 2008 gave rise to further debate on America's international decline. As a matter of fact, the decline of American influence has long been an important concern of Chinese scholars. Whenever a significant international incident occurs, such as the American invasion of Iraq and the prolonged war in Afghanistan, the topic of America's decline is debated with renewed intensity. Currently, the impact of the financial crisis on the United States is a major topic among Chinese scholars. Regarding this, there are generally four different views. The first view holds that the financial crisis has revealed that something is fundamentally wrong with the

---

① Zhu Jiejin, "Baguo Jituan yu Quanqiuxing Gonggong Chanpin de Gongji: Jiti Baquan de Shijiao", *Guoji Zhengzhi Yanjiu*, No. 1, 2009, pp. 120 – 21.

② Zhang Wenmu, "Daguo Jueqi de Lishi Jingyan yu Zhongguo de Xuanze", *Zhanlue yu Guanli*, No. 2, 2004, pp. 70 – 84; Wu Zhengyu, "Baquan, Tongmeng Jiqi Dui Zhongguo de Qishi", *Dangdai Shijie yu Shehui Zhuyi*, No. 4, 2008, p. 90.

③ Pan Zhongqi, "Baquan Ganshe, Daguo Duikang yu Dongya Diqu Anquan de Goujian", *Shijie Jingji yu Zhengzhi*, No. 6, 2006, p. 40.

④ Song Wei, "Meiguo Baquan he Dongya Yitihua—Yizhong Xin Xianshi Zhuyi de Jieshi", *Shijie Jingji yu Zhengzhi*, No. 2, 2009, p. 61.

American financial system, but not its economy. The foundation of the American macro – economy is still the best in the world and it will experience a quick economic recovery. Most proponents of such a view are Chinese scholars who have done research on both the American and world economy for a long time. The second view favours a ' super – stability ' theory: American dominance will not decline in the short term due to the US's political capacity for self – correction, economic resilience, social dynamism and creativity, and its ability to preserve its position as a military superpower. Advocates of this view are Chinese scholars who have long studied American domestic politics. [1] The third group puts forward a theory of ' hegemonic decline. ' [2] This argument is based on the history of American economic development, its political system, and its cultural and religious factors. These commentators contend that the current financial crisis is rooted in American institutions. Some scholars even claim that something has gone wrong with the ' American spirit '. Hence, the very roots of American dominance have become rotten and the general trend of decline is irreversible, as evidenced by the 9/11 attacks and the financial tsunami of 2008. The fourth view takes the form of ' American conspiracy ' theory, which is amply discussed on the internet and in the mass media. Advocates of this theory believe that the financial crisis originated in Wall Street and those who have been hit the hardest are beyond the United States. Specifically, ' the United States is lightly injured, Europe seriously affected, and China damaged internally. ' [3]

Some Chinese scholars point out that it is imperative for China and the United

---

[1] Sun Zhe, "Meiguo Baquan de Fazhan Weidu—Aobama Zhengfu Quanqiu Fazhan Zhanlue Pingxi", *Shijie Jingji yu Zhengzhi*, No. 11, 2009, p. 63; Shang Hong, "Jinrong Weiji dui Meiguo Baquan Diwei de Chongji", *Xiandai Guoji Guanxi*, No. 4, 2009, p. 32.

[2] Pang Zhongying, "Baquan Zhili yu Quanqiu Zhili" ["Hegemonic governance and global governance"], *Waijiao Pinglun*, No. 4, 2009, p. 18; Chen Yugang, "Jinrong Weiji, Meiguo Shuailuo yu Guoji Guanxi Geju Bianpinghua", *Shijie Jingji yu Zhengzhi*, No. 5, 2009, p. 29.

[3] Yuan Peng, "Jinrong Weiji yu Meiguo Jingji Baquan: Lishi yu Zhengzhi de Jiedu", *Xiandai Guoji Guanxi*, No. 5, 2009, p. 2.

States to cooperate because of their high degree of economic interdependence. History shows that the most likely way of realising a peaceful power transition is through facilitating and supporting the dominant power in maintaining world order, thus preserving the stability of the international system. [1]Others argue that the G – 2 or 'China – US condominium' deserves due attention. This discourse is a new development of previous notions of 'stakeholder' and 'responsible major power', suggesting that Sino – US interdependence has been reversed in the aftermath of the financial crisis. The financial crisis shows that the United States has difficulty in providing public goods and in sustaining the cost of maintaining a stable international system. It needs the active involvement of other countries, including the emerging powers. Greater cooperation between China and the United States will be essential to world stability and security. [2]

2. Multipolarity and Yichaoduoqiang

In contrast to the relatively negative view of the Chinese toward 'hegemony', the term 'multipolarity' is commendatory in the Chinese discourse. Since the end of the Cold War, the term has frequently featured in China's domestic newspapers, magazines and journals and has often appeared in official government documents. The view held by some American scholars[3]that the post – Cold War world is unipolar has attracted extensive attention from Chinese scholars, and relevant writings on this topic abound. Nevertheless, multipolarity has long been interpreted by China as a positive international development. Chinese scholars hold that a multipolar world order is one in which big powers are mutually checked and

---

① Liu Weidong, "G – 2, 'Zhongmeiguo' yu Zhongmei Guanxi de Xianshi Dingwei", *Hongqi Wengao*, No. 13, 2009, pp. 4 – 18.

② Zhang Youwen, Huang Renwei et al, *2009 Zhongguo Guoji Diwei Baogao*(Beijing: People's Press, 2009), p. 17.

③ William Wohlforth, "The stability of a unipolar world", *International Security*, Vol. 24, summer 1999, pp. 5 – 41.

constrained, a useful bulwark against unilateralism. Multipolarity has been represented as an ideal international paradigm for power relations.

Deng Xiaoping argued that by any standard China constituted one pole. [1] However, opinions differ regarding the number of 'poles' in the international system. What constitutes a 'pole' in the international system? Some scholars argue that there are three important poles (i. e. the US, the EU and East Asia). Other scholars hold that there are five poles (the US as the superpower while China, the EU, Japan and Russia are the other four strong powers). [2] Others believe that there are six poles (i. e. the US, Japan, the EU, Russia, China and India). The Chinese discourse known as Yichaoduoqiang proposes a simultaneously unipolar and multipolar world. Since the outbreak of the financial crisis in 2008, more discussions have focused on the changing role of the United States as the world's sole superpower. Some Chinese scholars agree that American power has declined. Most Chinese scholars still hold that 'the financial crisis may have weakened American financial and economic power, but it has impacted other powers more. Compared with them, the United States has demonstrated more adaptability and resilience in enduring and coping with the crisis. This means that the US will remain as the single superpower in the short – term, and the Yichaoduoqiang structure will not change substantially. ' [3]

Other scholars argue that 'the embryonic form of the new international system, after twenty years' transition, is faintly visible, with a basic framework of multipolarity and rule – based multilateralism and negotiation, featuring diversity and a

---

[1] Deng Xiaoping, "Guoji Xingshi he Jingji Weiti", *Deng Xiaoping Wenxuan*, Di 3 Juan [Vol. 3] (Beijing: People's Press, 1993), p. 353.

[2] Zhao Jiuzhou, "Qianxi Dangjin ' Yichao Duo Qiang ' de Guoji Geju", *Fazhi yu Shehui*, No. 1, 2009, p. 228.

[3] Li Changjiu, "Guoji Geju Duanqinei Buhui Fasheng Genbenxing Bianhua", *Xiandai Guoji Guanxi*, No. 4, 2009, p. 12.

variety of actors', and estimate that the transition towards the new system should be basically completed in 2020 – 2030. ①The future international system, seen from this perspective, is neither unipolar nor multipolar. Instead, it will undergo a long period of transition, eventually turning into a multilateral order featuring negotiation and cooperation among powers.

Interestingly, in recent years, a growing number of Chinese scholars have begun to criticise the idea of multipolarity, arguing that it is a manifestation of simple – minded wishful thinking, reflecting 'the traditional state-centred mentality of power politics', and that 'a multipolar world order is not at all a new world order. '② They point out that multipolarity is not the only trend of the contemporary international political landscape, and that looking at world politics from the perspective of 'polarity' reflects a power politics mentality. They propose instead that we should advocate cooperation among big powers, especially the idea of a 'harmonious world' wherein different countries respect each other and peacefully coexist.

In the minds of Chinese scholars, a harmonious world is a diversified world. Most importantly, it is a de-hegemonised world because China and India are examples of 'non-hegemonic powers' and 'non-hegemonic civilisations. ' According to this view, the twenty-first century is a century of ' de – hegemonisation', and a century that will witness the demise of power politics. ③Other scholars contend that the 'future international distribution of power will neither be

---

① Yang Jiemian, "Xinxing Daguo Qunti Zai Guoji Tixi Zhuanxing Zhong de Zhanlue Xuanze", *Shijie Jingji yu Zhengzhi*, No. 6, 2008, p. 12.

② Ye Zicheng, "Dui Zhongguo Duojihua Zhalue de Lishi yu Lilun Fasi", *Guoji Zhengzhi Yanjiu*, No. 1, 2004, pp. 9 – 23; Pang Zhongying, "Quanqiuhua, Shehui Bianhua yu Zhongguo Waijiao", *Shijie Jingji yu Zhengzhi*, No. 2, 2006, p. 12.

③ Chen Xiankui and Tang Wei, "21 Shiji: Shi Baquan Zhuanyi Haishi Baquan Zhongjie", *Dangdai Shijie yu Shehui Zhuyi*, No. 5, 2008, p. 96.

reduced into a structure without poles, nor develop into a completely new configuration of several poles, but will be gradually flattened. '[1] Small powers are attempting to gain more influence and not be eclipsed by big powers within the network of institutions. This can be realised by establishing regional or inter – regional alliances(regional integration), thus reducing the gap in power distribution between big powers and blocs that are made of small states. Small powers, by way of forming state blocs, are no longer marginalised in the games of big powers. They can play a crucial or even leading role in international issues, just as big powers do. A case in point is the European Union. [2] For some Chinese scholars, a harmonious world should be one without hegemony where big powers set the example, fulfil their duties and shoulder their responsibilities while small ones enjoy equality, democracy and when necessary aid from the big powers. This reflects a new development in Chinese thinking about multipolarity, which represents not only a return to Chinese traditional culture and values but also reflects a progressive attitude of learning from the EU.

3. Other major powers

(1)The European Union

European power has long been a puzzle to Chinese scholars. One consideration for IR specialists is that the European Union is a non – sovereign state. Its special decision – making mechanism as a confederation makes it hard to understand the nature of its power. Moreover, most EU Member States are also members of NATO and in this set – up the European Union is just regarded as a quasi – independent actor in terms of traditional security. The EU is a new entity(integrated actor) with multifold attributes, and thus the object of much discussion in China.

Some Chinese scholars, who observe the importance of the EU from the per-

---

[1]   Chen Yugang, op. cit. in note 26, p. 32.

[2]   Ibid.

spective of Sino – US relations, suggest that the EU is not independent. [1] However the majority of Chinese scholars recognise the EU's independent role and importance in the international system [2] and regard it as a major power in the world, [3] emphasising that the European Union is ' an independent actor who acts on its own initiative in international society, whose presence itself, action or non – action, has a strong impact on international relations and other actors. ' [4] The European Union is an indispensable ' stabiliser' , ' balancer' and ' example setter' [5] in today's world. From the perspective of the construction of the international order, ' the European Union is a concentrated representation of a flattened international structure. ' ' There is a great disparity in power between the United States and other states in the world when compared individually. However, European countries have greatly reduced the gap between them and the US by forming a union of states through regional integration' ' [6] When it comes to soft power, Europe tends to focus more on ' transforming the world by rules' , rather than ' conquering the world by force. ' [7] In many cases, Europe has made outstanding contributions to the development and progress of international norms. [8] ' The success

---

[1]　See, for exemple, Chen Zhiqiang, "Xin Guoji Zhixu Goujian Zhong de Oumeng" , *Nankai Xuebao* (*Zhexue Shehui Kexue Ban*) No. 2 , 2000 , pp. 55 – 59.

[2]　Zhu Liqun, "Oumeng Shi Yige Shenmeyang de Liliang?" *Shijie Jingji yu Zhengzhi*, No. 4 , 2008 , p. 16; Zhu Liqun(ed.) , *Guoji Tixi yu Zhongou guanxi*(Beijing: World Affairs Press, 2008).

[3]　Feng Zhongping, "China and the EU: ' Constructive Engagement' Needed" , *Ouzhou Yanjiu*, No. 5 , 2009 , p. 61.

[4]　Chen Zhimin, "Oumeng de Junshihua: Cong Minshi Liliang Xiang Junshi Liliang de Bianxing?" *Ouzhou Yanjiu*, No. 5 , 2004 , p. 79.

[5]　Qiu Yuanlun, "Ouzhou Qiantu Bingbu Andan" , *Ouzhou Yanjiu*, No. 5 , 2009 , p. 52.

[6]　Chen Yugang, op. cit. in note 26 , p. 32.

[7]　Zhang Jun, "Oumeng de ' Ruanliliang' : Oumeng Fahui Guoji Yingxiang de Fangshi" , *Ouzhou Yanjiu*, No. 3 , 2007 , p. 90.

[8]　Zhang Haiyang and Mo Wei, " ' Ouzhou Moshi Jiqi Dui Shijie de Yingxiang' Yantaohui Zongshu" , *Ouzhou Yanjiu*, No. 2 , 2007 , p. 152.

of the EU in its eastern enlargement has proved the strength of its soft power. Only Europe's soft power can be regarded as a kind of shareable international public good. ' [1]

Despite general recognition of the significance of the EU, some scholars still hold that 'Europe was "marginalised' in world politics in the twentieth century'. 'As to events that take place on the soil of Europe, no matter how dramatic they are, they simply attract much less attention in the media and public opinion(this is the case at least in China). ' [2] The European Union is genuinely a positive normative power, but if the EU thinks that its model will be emulated and replicated elsewhere in the world, then it is dreaming. 'The EU's attempt to spread its model throughout the world in its self – defined way, identifying "European norms" and "European values" with "universal norms" and "universal values" and enforcing them on others, is not only illogical in theory, but also unfeasible in practice. ' [3] In attempting to apply its model to a diversified world the EU runs the risk that this will be interpreted as evidence of a new European imperialism, displaying the EU as fundamentally intolerant. [4] The distinctiveness of the EU model actually outweighs its universality. Hence, its influence on various regions in the world is limited. [5]

(2) Russia

Views vary when it comes to Russia too. Some scholars argue that the Russian Federation is undergoing a sharp decline in prestige and influence on the world stage. It is no longer a superpower on an equal footing with the United States, but

[1] Wu Yikang, "Guanyu Ouzhou Moshi de Tansuo he Sibian", *Ouzhou Yanjiu*, No. 4, 2008, p. 151.

[2] Chen Lemin, "Ouzhou Zai Shijie Qipan Shang de 'Bianyuanhua'", *Ouzhou Yanjiu*, No. 6, 2006, Preface.

[3] Hong Yousheng, "'Guifanxing Liliang' Ouzhou yu Oumeng Duihua Waijiao", *Shijie Jingji yu Zhengzhi*, No. 1, 2010, p. 52.

[4] Zhang Haiyang and Mo Wei, op. cit in note 46, pp. 152 – 53.

[5] Ibid. , p. 154.

a second – class state instead. ①Contemporary Russia should just be regarded as a political and military power, not an economic power. ②If Russia continues with its development model of ' a strong state and weak society' and does not change, its development will be unsustainable, despite Russia's resurgence. ' The fundamental reason why Russia's strength and prosperity cannot last long lies in the relationship between the state and society. Peter the Great's modernisationprogramme and Stalin's model did achieve great progress for a period of time. Yet they failed to lay a strong and long – lasting social foundation for a sustainable strong state. Russia's power and prosperity will not last long under this model. ' ③

However, some scholars emphasise that Russia is already well on the way to revival. They hold that ' Russia's relative power and absolute power have actually made much headway as compared with the early years after the collapse of the Soviet Union. ' ' The danger of Russia being reduced to a second – class or third – class country for the first time for nearly two to three hundred years' at least seems to have vanished. Proponents of this view contend that ' Russia is regaining its power and influence on the world stage. ' ④

Russia's resurgence has stood out as a noticeable change in the international power configuration in recent years. ' Putin's 8 – year term in office has seen Russia move from political chaos to political order, from economic decline to economic growth, and from social turbulence to social order. With rapid economic growth,

---

① Ma Longshan, "Eluosi Shizai Huhuan 'Tiewan', Huhuan Qiangquan—Dui Eluosi Jinnian Chuxian de Suowei 'Chongping Sichao' de Pouxi", *Shijie Lishi*, No. 2, 2005, p. 8.

② Wang Qian, "Eluosi Chongxin Jueqi: Xianzhuang, Fazhan yu Qianjing—Shanghai Dongou Zhongya Xuehui 2004 Nian Disanci Zhuanti Yantaohui Jiyao", *Guoji Guancha*, No. 2, 2005, p. 78.

③ Fan Jianzhong and Lv Lei, "Eluosi de Qiangsheng Weihe Buneng Chijiu—Dui Guojia yu Shehui Guanxi de Lishi Fenxi", *Shijie Jingji yu Zhengzhi*, No. 2, 2006, p. 58.

④ Yang Cheng, "Di'erci Zhuanxing yu Eluosi de Chongxin Jueqi", *Eluosi Yanjiu*, No. 6, 2007, p. 3.

Russia has returned to the community of world economic powers. ' [1] Many Chinese scholars argue that although Russia's relative power has declined to some extent, ' Russia is "a world state" with the potential to be "a world power" ' [2]. So Russia is ' still a major power whose strength should not be underestimated. ' [3]

(3) Japan

The Chinese IR community has attached much importance to studies of Japan, focusing in particular on Japan's strategic evolution since the end of the Cold War. Scholars generally hold that Japan is a country with the ambition of becoming a major power. Since the turn of the twenty – first century, Japan has aimed at becoming a ' political power '. ' Japan is in pursuit of the status of a "normal state", i. e. the status of a political power, by strengthening the Japan – US alliance, seeking for permanent membership of the UN Security Council, and carrying out "all – around diplomacy" including Asian diplomacy and environmental diplomacy. Japan is becoming clearer and clearer in its goal, firmer and firmer in its action. ' [4] But Japan's diplomacy on the whole takes on the features of ' small country diplomacy ' in practice, being subordinate to the United States, and suffer-

---

[1] Feng Yujun, "Eluosi Guojiguan de Bianhua yu Duiwai Zhengce Tiaozheng", *Xiandai Guoji Guanxi*, No. 3, 2009, p. 24.

[2] Wang Lijiu, "Shilun Eluosi de Guoji Dingwei yu Zhanlue Zouxiang", *Xiandai Guoji Guanxi*, No. 4, 2005, p. 8.

[3] Xu Xin, "Lun Eluosi de Shiyong Zhuyi Waijiao", *Shijie Zhengzhi yu Jingji Luntan*, No. 4, 2006, p. 93.

[4] Zhongguo Xiandai Guoji Guanxi Yanjiuyuan Riben Zhanlue Zouxiang Ketizu, "Dangqian Riben Duiwai Zhanlue: Chengyin, Shouduan ji Qianjing", *Xiandai Guoji Guanxi*, No. 12, 2006, p. 26; Yang Renhuo, "Riben Zai Guoji Shehui Shenfen Rentong Shang de Kunjing", *Heping yu Fazhan*, No. 3, 2008, p. 49; LvYangdong, "21 Shiji Chu Riben Duiwai Mubiao ji Waijiao Zhanlue Tanxi", *Riben Wenti Yanjiu*, No. 3, 2009, p. 1; Liu Qiang, "Lun Riben Guojia Anquan zhanlue Tiaozheng—Jiyu Riben Zhanlue Wenhua he Zhanlue Yiyuan de Shijiao", *Guoji Guancha*, No. 5, 2009, p. 50; Chen Wenming and Zhou Songlun, "Guanyu Zhanhou ' Putong Guojia ' Lun de Guannianxing Sikao", *Riben Xuekan*, No. 4, 2007, p. 50.

ing from the lack of a clear identity. As a result, it is inevitably difficult for Japan to realise its ambition of becoming a major political power. [1]The transition in the international distribution of power that has resulted from the current financial crisis has had the strongest impact on Japan within the circle of developed countries, to an even greater extent than it has had on Europe. Internationally, the birth and institutionalisation of the G – 20 have constituted a kind of challenge and threat to both Japan's hard power and soft power. Regionally, Japan's international power, which depends on its identity as a 'representative of Asia', has been seriously weakened by the successive emergence of inter – regional mechanisms such as the Asia – Pacific Economic Cooperation(APEC), the ASEAN Regional Forum(ARF), and the Asia – Europe summit in the past twenty years. [2]Besides, Japan's status in the international economy is in rapid decline due to its sluggish economic growth.

Other Chinese scholars contend that Japan's international status has not declined, especially in East Asia where Japan continues to have considerable influence. Japan, 'as the biggest economy, the largest source of investment and a strong military power in East Asia, will play a significant role in the future order of East Asia'. [3]Since Japan has adjusted its strategy from a regional power to a world power, China will inevitably face a new Japan whose political and economic influence continues to expand. [4] 'Transitional Japan feels unaccustomed to and uneasy about China's development. It even feels astonished and threatened. Every diplomatic action on the part of China will be exaggerated or twisted, even used to

---

[1] LianDegui, "Riben de Daguo Zhixiang yu Xiaoguo Waijiao", *Xiandai Guoji Guanxi*, No. 6, 2008, p. 24.

[2] Yang Bojiang, "Guoji Quanli Zhuanyi yu Riben de Zhanlue Huiying", *Xiandai Guoji Guanxi*, No. 11, 2009, p. 26.

[3] Song Guoyou, "Shixi Riben de Dongya Diqu Zhixu Zhanlue", *Guoji Luntan*, No. 5, 2007, p. 64.

[4] Gao Lan, "Quanmian Jiedu Lengzhanhou Riben Guojia Zhanlue de Biange yu Yingxiang—Cong Mohu Zhanlue dao Qingxi Zhanlue de Zhuanxing", *Guoji Guancha*, No. 5, 2005, p. 64.

fan the flames of nationalist sentiment. ' [1] ' Japan has not let down its guard a-gainst China. ' [2] In view of the history of conflict and aggression that has character-ised relations between Japan and China, ' fears that China would "take revenge" on Japan after its dramatic rise have contributed to a socio – psychological climate within Japan in which the "China Threat" theory flourishes. ' [3] ' As the United States finds it hard to position and define China, Japan, under the influence of the US, also wavers in its China strategy. Various signs demonstrate that Japan, as a US follower, is very contradictory and uncertain in its strategic positioning in relation to China. ' [4]

Nevertheless, some Chinese scholars argue less alarmingly that ' a variety of in-dicators show that different circles in Japan are becoming calmer and more objec-tive in their assessment of China's rapid development in recent years. ' [5] ' Accep-ting the reality of China's rise ' has increasingly become the basis for consideration of Japan's China policy. This reflects the change in the social mood which has re-sulted in the failure of Junichiro Koizumi's policy of visiting the Yasukuni shrine[6] and pushed Shinzo Abe to break the deadlock in the Japan – China rela-tionship. It encouraged Yasuo Fukuda to continue his efforts to improve Japan –

---

[1] Li Wei, "Chuyu Zhuanxingqi de Riben yu Zhongguo Duiri Zhengce", *Dangdai Yatai*, No. 1, 2009, p. 37.

[2] Zhang Tong, "Riben ' Bei Bianyuanhua ' de Youlv Jiqi Waijiao Zhengce Zouxiang", *Guoji Ziliao Xinxi*, No. 12, 2008, p. 44.

[3] Zhongguo Xiandai Guoji Guanxi Yanjiuyuan Riben Zhanlue Zouxiang Ketizu, op. cit in note 59, p. 26.

[4] Gao Lan, op. cit. in note 63, p. 65.

[5] JinXide, "21 Shiji Riben Waijiao de Jueze", *Guoji Zhengzhi Yanjiu*, No. 1, 2008, p. 15.

[6] The Yasukuni Shrine is a Shinto shrine located in Chiyoda, Tokyo, Japan. It is said to house the souls of some 2. 5 million people killed in Japan's wars, including convicted war criminals executed by the Allies. It has been made more famous by the controversial visits to the shrine made by the former Japanese Prime Minister Koizumi. These visits have been particularly upsetting to countries attacked or invaded by Japan during World War II.

China relations. [1] ' A historic transition began to emerge in Japan's perception of and relationship with China. ' [2]Fukuda's view of ' Japan – China cooperation ' has reflected the new thinking and change in Japan's perception of China and thus its China policy. Although it will still take some time to see how this new attitude will be reflected in Japanese foreign policy, the significance of the change deserves much attention. As China's development will not cease, Japan's readjustment of its Asian policy and China policy will not be tactical but strategic. [3] ' Psychologically, Japan has gradually got used to the reality of China's development. Having gained visible benefits from China's economic rise a majority of Japanese have a heart – felt desire for a normal development of Japan – China relations. ' [4]

4. The emerging powers and the G – 20

China is a developing country. Chinese scholars have paid close attention to ongoing trends in emerging countries and generally have a fairly optimistic perception of their rise. First and foremost, they argue that emerging countries are rising collectively[5]and that their growing power is a positive and important feature of the contemporary international system. Their rise is a long and gradual but irreversible trend. [6]They also hold that the rise of developing countries, as represented by the BRIC countries(Brazil, Russia, India and China) , is generating profound changes

---

[1]   JinXide, op. cit. in note 68 , p. 15.

[2]   Sun Cheng, "Cong ' Jianzhiguan Waijiao' Dao' Jiji de Yazhou Waijiao' — ' Riben Anbei, Futian Neige Yazhou Waijiao de Bijiao Fenxi' " , *Guoji Wenti Yanjiu*, No. 2 ,2008 , p. 42.

[3]   Ibid. , p. 46.

[4]   Hu Lingyuan, "Riben dui Dangqian Shijie Xingshi de Kanfa Jiqi Waijiao Zhanlue" , *Dangdai Shijie*, No. 4 ,2008 , p. 16.

[5]   Yuan Peng, "G – 20 de Shidai Yiyi yu Xianshi Qishi" , *Xiandai Guoji Guanxi*, No. 11 ,2009 , p. 17 ; Lin Limin, "G – 20 Jueqi Shi Guoji Tixi Zhuanxing de Qidian – Jinjin Shi Qidian!" , *Xiandai Guoji Guanxi*, No. 11 ,2009 , p. 36.

[6]   Wang Yusheng, "Fazhanzhong Guojia de Xunsu Xingqi Jiqi Yingxiang" , *Yafei Zongheng*, No. 2 , 2008 , p. 28 ; Chen Yugang, op. cit. in note 26 , p. 32.

in the current international political and economic order, giving a strong impetus to the multipolarisation of world politics and the diversification of development models. The rise of emerging countries has changed the world economic order and accelerated the restructuring of the international power configuration. [1] 'They have transformed the world economic structure and the structure of global interests as well. '[2]

(1) India

Chinese scholars started to notice the rise of India when it launched its nuclear tests in 1998. They subsequently embarked on a wide – ranging discussion of such issues as the rise of India as a great power, factors contributing to India's rise, its model and characteristics, and the implications of this for the international system and Chinese – Indian relations.

A unanimous view does not exist among Chinese scholars as to whether India has emerged as a major power or not. Some Chinese specialists in Indian studies believe that India's rise is less a fact than a possibility because India cannot yet be regarded as a fully – fledged economic power in the global arena, as shown by its total volume of foreign trade, foreign exchange reserves and its GDP. [3]Some other scholars contend that India's economy as a whole is still a rather closed one. They also argue that 'there are serious drawbacks in India's parliamentary democracy … Its infrastructure, which lags far behind the current state of develop-ment of its manufacturing and service industries, has severely hindered their fur-ther development. The issue of Kashmir still puts a lot of pressure on India's secu-

---

[1]   Chen Fengying, "G – 20 yu Guoji Zhixu Dabianju", *Xiandai Guoji Guanxi*, No. 11, 2009, p. 8; Dong Manyuan, "Fazhanzhong Guojia Dafenhua de Zhanlue Yingxiang", *Guoji Wenti Yanjiu*, No. 5, 2008, p. 12.

[2]   Dong Manyuan, op. cit in note 76, p. 12.

[3]   Zhao Gancheng, "Guoji Tixi yu Yindu Jueqi", *Xiandai Guoji Guanxi*, No. 6, 2005, pp. 23, 26.

rity. ' ①They therefore conclude that India's emergence is a long – term process, and currently is still in its primary stage. ②

Some specialists in international studies, however, argue that ' India as an e-merging power has undeniably risen, either in terms of scale or in terms of key indicators employed to evaluate major power status. ' ③' It is an inevitable trend for India to emerge as a strong power in the twenty – first century or in its early decades. ' ④' India's rise has become an indisputable fact, despite the existence of many restraints and challenges on its way to becoming a world power in the near future. ' ⑤

Both of the two groups of Chinese scholars believe that India is equipped with the requisite attributes to become a world power. ' India is the second most populous country in the world with a large territory, has achieved great development in its economy, science and technology and military capability, and enjoys a relatively stable political system, thus creating a good foundation for it to become a world power. ' ⑥' India's economic growth triggered by the liberalisation reform has seen its GDP grow to be the twelfth in the world economy(according to the statistics of the 2005 fiscal year calculated by exchange rate) . ' ⑦' Politically, although India's democracy is not the most efficient, it provides institutional guarantees for the implementation of reforms and protection against political volatility which is

---

①   Ma Jiali, "Yindu Jueqi de Taishi", *Xiandai Guoji Guanxi*, No. 6, 2006, pp. 54 – 55.

②   Zheng Ruixiang, "Touxi Yindu Jueqi Wenti", *Guoji Wenti Yanjiu*, No. 1, 2006, p. 41.

③   Song Dexing and Shi Yinhong, "Shijie Zhengzhi zhong Yindu Heping Jueqi de Xianshi yu Qian-jing", *Nanya Yanjiu*, No. 1, 2010, p. 15.

④   Ibid. , p. 22.

⑤   Zhang li, "Yindu Zhanlue Jueqi yu Zhongyin Guanxi: Wenti, Qushi yu Yingdui", *Nanya Yanjiu Ji-kan*, No. 1, 2010, p. 3.

⑥   Zheng Ruixiang, op. cit. in note 80, p. 37.

⑦   Zhang Li and Wang Xueren, "Cong Fazhan Lilun de Shijiao Kan Yindu Jingji Jueqi", *Nanya Yan-jiu Jikan*, No. 1, 2010, p. 49.

worthwhile for China to draw on. ' [1] In addition, India's long history and civilisation as well as its political stability have become important sources of its soft power. [2] Some scholars also argue that the key factor in understanding India's rise is the fact that India has always harboured the ambition to become a great power and has practised a quite effective realist strategy in its conduct of international relations. ' Apart from self – help, balance of power and free – riding have been India's strategic choices. India free – rides in the car of the United States because the US, as the strongest major global power, is edging closer to India and is also in need of India to balance China. Nevertheless, creating a balance of power is the fundamental and long – term objective of India. ' [3] Other scholars observe that the post – Cold War strategic environment is also favourable to the ascent of India. ' The big shift in the international power structure and the basic trend of world e-vents since the end of the Cold War have created an external guarantee for India's basically peaceful rise. ' [4] In terms of foreign relations, India's position in the US's global strategy has been greatly improved. Its relationship with Russia has also been quite positive in recent years. All this is very helpful to the rise of India.

Interestingly, a majority of Chinese scholars argue positively in favour of the Indian model and India's rise, in stark contrast to the attitude of Indian academia and the press who regard the rise of China as a threat. Most Chinese scholars argue that India's rise is basically a peaceful one. ' India has chosen a basically peaceful way to rise in at least the past two decades. ' [5] India's trajectory as a rising world power has been marked by distinct national characteristics. Some schol-

---

① Wang Xueren, "Zhongguo yu Yindu Jingji Gaige zhi Bijiao", *Tianfu Xinlun*, No. 5, 2008, p. 47; Zhang Li, "Yindu Fazhan Moshi Jiexi", *Nanya Yanjiu Jikan*, No. 4, 2008, pp. 30 – 32.

② Shi Hongyuan, "Ruanshili yu Yindu de Jueqi", *Guoji Wenti Yanjiu*, No. 3, 2009, p. 30.

③ Song Dexing and Shi Yinhong, op. cit. in note 81, p. 19.

④ Ibid.

⑤ Ibid. , p. 18.

ars argue that the model of India's rise is characterised by three main features. 'First, India's rise may be an unprecedented one with a low level of national wealth, which means it may lag behind developed countries in terms of material prosperity, but on the other hand it may manage to achieve a more harmonious co-existence between man and nature, thus enjoying a sustainable economy and social justice. Second, its rise may be accomplished through peaceful means. Third, its rise may be achieved by constructing a cooperative multipolar international structure. In short, this type of rise, i. e. one that is mild, gradual and mixed, may become a new model(not the only model of course) of rise. ' [1]

There are of course some scholars who argue that India's rise may lead to trouble since it has behaved as a revisionist towards the post – World War II international system. For example, India does not accept the postwar hierarchical international system as represented by the five big powers of the UN Security Council. [2] Besides, 'India's self – perception is in conflict with international perceptions of India. ' [3] In order to gain international recognition, India often tends to aggrandise its power and is anxious to impress other countries with its power by spending enormous amounts of money in building aircraft carrier fleets, leasing nuclear – powered submarines from Russia, sending vessels from its small naval fleet to cruise in the South China Sea which is far away from its own coastline, and claiming to be the fourth economic power in the world. 'India pays great importance to the building of its defence capability, which can become the chief manifestation of its world power status, but this has a negative impact on the stability of the international system. ' [4]

India's rise also influences the ties between China and India. A majority of

---

[1]　Zhao Bole, "Yindu Jueqi Moshi Tanxi", *Nanya Yanjiu*, No. 2, 2008, p. 43.

[2]　Song Dexing and Shi Yinhong, op. cit. in note 81, p. 23.

[3]　Zhao Gancheng, op. cit. in note 78, p. 20.

[4]　Ibid.

scholars stress that an emerging India will contribute positively to international multipolarisation, arguing that the simultaneous rise of China and India is favourable to the peace and stability of Asia and the world. '[1]They believe that ' India's rise and China's increasing development are not mutually contradictory because the two countries will develop together as cooperative partners rather than strategic competitors. '[2]However, there are still some scholars who contend that the simultaneous rise of China and India will bring a dimension of uncertainty to Chinese – Indian relations. ' The two countries are both complementary and competitive in economy and trade, but competition outweighs mutual complementation on the whole. '[3]In terms of geopolitics, ' in the future in Asia it is very likely to happen that, when the behaviour of any of the three countries, the United States, China and India, is understood by the other two as striving to dominate Asia, that country will face joint balancing from them. '[4]The three countries, therefore, will be major players in shaping Asian regional architecture in the early decades of the twenty – first century. How they interact with each other and how they manage their relations will have a direct effect on future peace and stability in Asia.

(2)The G – 20

Some Chinese scholars have been very cautious in commenting on the G – 20. On the one hand, they contend that the emergence of the G – 20 shows that a new round of ' cyclical transition ' of international leadership has formally started. ' The birth of the G – 20 is closely related to a major change in the international distribution of power. It is a political reflection of the substanial rise in the status

---

① Hu Zhiyong, "Quanqiu Jujiaoxia Zhongguo, Yindu Jueqi de Zhanlue Fenxi", *Dangdai Shijie yu Shehui Zhuyi*, No. 6, 2007, p. 88.

② Zheng Ruixiang, op. cit. in note 80, p. 37.

③ Huang He, "Yindu Jueqi de Guoji Zhengzhi Jingji xue Fenxi", *Nanjing Shida Xuebao* (Shehui Kexue Ban), No. 5, 2007, p. 50.

④ Song Dexing and Shi Yinhong, op. cit. in note 81, p. 23.

and role of the emerging economies, ' [1] suggesting that some significant and pro-found changes have taken place in the nature of power politics. [2] However, they emphasise that international systemic transition is a long, tortuous and difficult process. Many major problems remain to be resolved. Can the G – 20 successfully manage its transition from an economic crisis management forum to a key global governance body? Can it take its place among the main body of international insti-tutions that enjoy world authority? How will it solve the problem of reconciling u-niversal representativity and efficiency? How will it deal with the inconsistencies between the G – 20 and other current institutions such as the UN? How will it clarify its relationship with the G – 2, the G – 8, the BRICs and other blocs? If these problems cannot be resolved, the G – 20 may remain stagnant at the starting point of international systemic transition, thus having great difficulty in making much progress. ' [3] Besides, the G – 20 is currently a temporary and improvised or-ganisation set up by the major economies to deal with the global financial crisis, which exists primarily in the form of summits and conferences. It does not have a permanent secretariat, it has no executive authority, no power to impose sanctions and so on. ' [4] So it is a bit premature to expect the G – 20 to bear the grave re-sponsibility of global governance, especially to expect it to become the leading mechanism of global financial governance. ' [5]

Compared with the above wait – and – see attitudes, other scholars are quite op-timistic. They stress that ' the formation of the G – 20 mechanism is, from any per-

---

[1]   Lin Limin, op. cit. in note 74, p. 36.

[2]   Tang Yongsheng, "G – 20 Beihou de Quanli Jiju yu Fensan", *Xiandai Guoji Guanxi*, No. 11, 2009, p. 6.

[3]   Lin Limin, op. cit. in note 74, p. 38.

[4]   Cui Liru, "G – 20 Kaiqi le Tansuo ' Quanqiu Zhili' Xin Lujing de Jihui zhi Chuang", *Xiandai Guoji Guanxi*, No. 11, 2009, p. 2.

[5]   Yuan Peng, op. cit. in note 74, p. 17.

spective, a tremendous progress in history and a great breakthrough in the evolution of a new world order. ' [1] They confidently believe that the G – 20 will probably replace the G – 8 in the future and become the principal forum for global economic cooperation and coordination and the major policy coordinating mechanism of the world economy. [2] The voting power of emerging countries in the International Monetary Fund (IMF) will have increased by 5 percent by the year 2011, which represents an important change and redistribution of international power. The G – 20 held three summits in 2009. It is playing an increasingly important role with regard to a growing number of issues. ' It is highly likely that it will replace the G – 8, thus becoming the main framework and decision – making platform for coordinating and negotiating(global) economic and financial issues. ' [3]

Yet other scholars contend that the G – 20 is actually an appendage to the G – 8. ' All member states of the G – 8 are members of the G – 20. They enjoy a superior position within the group and to a great extent dominate its development. ' [4] ' The way in which the G – 20 operates is dictated by the G – 8 which enjoys more influence in setting the agenda of the G – 20 through its dominant status both in the Financial and Monetary Council of the IMF and in the executive council of the IMF, World Bank, International Liquidity Bank and Financial Stability Forum. ' [5]

All in all, the Chinese understanding of shi, the general tendency of the world situation, is pluralistic and diverse but generally positive. Most Chinese scholars

---

[1] Zhao Xiaochu, "G – 20 Fenghui yu Shijie Xin Zhixu de Yanjin", *Xiandai Guoji Guanxi*, No. 11, 2009, p. 15.

[2] Wu Hongying, "Quanqiuhua yu G – 20", *Xiandai Guoji Guanxi*, No. 11, 2009, p. 5.

[3] Yang Bojiang, op. cit. in note 61, p. 26.

[4] Chen Suquan, "Baguo Jituan, Ershi Guo Jituan yu Zhongguo", *Dongnanya Zongheng*, No. 8, 2009, p. 77.

[5] Ibid. , p. 78.

stick to the view that the distinctive feature of our times is peace and development. They perceive Guojigeju, the international power structure, in terms of the coexistence of a superpower and several other major powers. Relations among major powers are perceived to be cooperative rather than conflictual. Softer and more positive attitudes are adopted towards the role of the United States and Japan. In other words, Chinese scholars tend to interpret the general tendency of today's world as generally dominated by peace and cooperation, which is overwhelmingly in tune with the touchstone of contemporary Chinese diplomacy, i. e. to seek peace, development and cooperation. [1]

Chapter 3   Debates on identity

Discussions on the broad trends at play in the world serve to provide a clearer idea of the nature of the international system and the status and roles of major powers. As China integrates more fully into world affairs, the Chinese IR community has given much thought to China's identity vis – à – vis international society. Debates centre on whether China is a beneficiary, a participant and a status quo state of the international system, or a reformer, a revisionist or even revolutionary state of the system. Exploring the question of identity has meant giving particular consideration to China's international responsibilities. The kind of role and identity that China actually assumes in the international system is fundamental to China's diplomatic strategy, and thus becomes the focus of discussions conducted by Chinese scholars. In what follows, the paper goes on to analyse how Chinese scholars look at China's relationship with the international system and its

---

[1]   Li Zhaoxing, "Peace, Development and Cooperation – Banner of China's Diplomacy in the New Era" , 22 August, 2005, See: http://big5. fmprc. gov. cn/ gate/big5/www. china – un. ch/ eng/ ljzg/ zgwjzc/t212415. htm.

international status, role and identity.

Ⅰ. China: a global or regional power?

Few Chinese scholars claim that China is already a global power. Instead, the general opinion is that China is still a regional power in East and South Asia. The current dominant view holds that China is developing into a global major power. Currently, China cannot really lay claim to be a world power as such. It merely enjoys some attributes of a world power. For example, some argue that China is a world economic and trade power[1] while others regard China as a 'quasi – superpower.'[2]

China's swift recovery from the 2008 global financial crisis has obviously enhanced the confidence of many more Chinese scholars in evaluating China's power. They contend that China 'has created a miracle of growth, has become an economic powerhouse and achieved unprecedented improvement of its status in the international economy. China has gradually developed from a regional power into a new world power.'[3] 'Extensive global links are gradually turning China into a global state.'[4] China 'is moving from the periphery of the world stage to its centre.'[5] 'China is maturing into a world power.[6]

Some Chinese scholars already regard China as a global power, while other scholars argue that the confidence underlying such an assumption obviously re-

---

[1] Hu Angang, "Zhongguo Jueqi yu Dui Wai Kaifang: Cong Shijiexing Kaifang Daguo Dao Shijiexing Kaifang Qiangguo", *Xueshu Yuekan*, No. 9, 2009, pp. 52 – 60.

[2] Yan Xuetong, "Guoji Geju de Bianhua Qushi", *Xiandai Guoji Guanxi*, No. 10, 2005, p. 7.

[3] Zhang Youwen, Huang Renwei et al., op. cit. in note 29, p. 23.

[4] Su Changhe, "Zhonguo Waijiao de Quanqiuhua ji Qishi", *Dangdai Yatai*, No. 1, 2009, p. 24.

[5] Wu Jianmin, "Miandui Guoji Diwei de Tigao, Zhongguo Gai Zenmeban", *Jinri Zhongguo*, No. 8, 2009, p. 39.

[6] Wang Yiwei, "Tanxun Zhongguo de Xin Shenfen: Guanyu Minzu Zhuyi de Shenhua", *Shijie Jingji yu Zhengzhi*, No. 2, 2006, p. 20.

sults from an underestimation of various difficulties and challenges inevitably facing China in the process of modernisation. It is still unknown whether China will be able to succeed in its efforts towards modernisation. China is far from a global power in its current phase, and should be positioned as a big developing country. Some scholars even point out that taking into account the current problems facing China, 'a rise in power does not necessarily result in the increase in both status and influence. '①China is not an economic power yet, though it has growing economic weight. Although made – in – China products can be seen all over the world, only 0. 3 percent of Chinese companies have a capacity for self – innovation. This constitutes a serious structural defect in China's economic growth model. Hard power and soft power are extremely imbalanced, with the latter apparently taking on the typical feature of being 'small in quantity and weak in quality. ' The imbalance is clearly manifested in the cumbersome bureaucracy, severe shortage of educational investment, and limited political reform which is still confined to certain grass – roots efforts and has lagged far behind the country's economic development. Strengthening soft power has become a central issue for China in the process of modernisation. ②Having observed various problems in the process of China's modernisation and barriers in the course of its transition, Chinese scholars universally hold that China's rise to world power status will be a long and tortuous process. China is still a developing country, albeit a big developing country, facing a lot of problems. In terms of its position within the international system it is probably best classified as a developing country marked by a set of distinct national and socio – economic characteristics.

II. China's international role and identity

Some Chinese scholars have regarded China's international role as the funda-

---

① Xu Bu et al. ,"Ruhe Kan Zhongguo Guoji Diwei Xinbianhua" ,*Shishi Baogao*,No. 1 ,2009,p. 64.

② Zhang Youwen,Huang Renwei et al,op. cit. in note 29,pp. 323 – 27.

mental strategic issue. [1] China's economy has developed much more rapidly since it joined the World Trade Organisation, eliciting a positive attitude among Chinese academics towardsglobalisation and the current international system. It has been widely recognised that China is a beneficiary of globalisation and the current international system as well. [2] Before China's adoption of the reform and opening – up policy, it had a revolutionary relationship to the international system. Its policy was aimed at overthrowing the old world order and constructing a new one. By integrating itself into the international marketplace and international society through its reform and opening – up policy, it has gradually changed into an insider of the international system, become a status quo state and thus no longer seeks to overthrow the current international system.

This transformation of identity is reflected in China's formulation of policy and in its behaviour on the world stage. From the perspective of China's relationship with the international system, the country has adopted a basic policy of cooperation rather than confrontation towards the United States. Regionally, China's behaviour is characterised by attempts to participate increasingly in regional cooperation rather than trying to remould the regional power structure by coercion. With regard to China's involvement in international institutions, since 1979 China 'has increasingly sought to integrate international institutions and accepted international institutions, instead of challenging and changing the international institutional system. ' [3] Moreover, a majority of Chinese scholars hold that the international environment is overall relatively favourable to China's rise. Politically, China obvi-

---

① Tang Yongsheng, "Zhongguo Guoji Jiaose Fenxi", *Xiandai Guoji Guanxi*, No. 10, 2006, p. 52.

② CaiTuo, "Quanqiuhua Guannian yu Zhongguo Duiwai Zhanlue de Zhuanxing—Gaige Kaifang 30 Nian de Waijiao Zhexue Shenshi", *Shijie Jingji yu Zhengzhi*, No. 11, 2008, pp. 62 – 72.

③ Qin Yaqing and Zhu Liqun, "Xin Guoji Zhuyi yu Zhongguo Waijiao", *Waijiao Pinglun*, No. 5, 2005, pp. 21 – 27; Qin Yaqing, "Wuzhengfu Wenhua yu Guoji Baoli—Daguo de Qiangxing Jueqi yu Heping Fazhan", *Zhongguo Shehui Kexue*, No. 5, 2004, p. 55.

ously occupies a relatively advantageous position in the political security arena within the global institutional system led by the United Nations. Economically, the advantages also outweigh the disadvantages for China. ' In historical terms, it has been the first time for China to play a positive and comprehensive role in building a world order. It is a great mission that history has entrusted on China. ' [1]Hence, China should make full use of the opportunity to play a constructive role in the international system, and participate in the creation of international institutions in particular. As a result of more positive attitudes to the international system among Chinese officialdom, China has increasingly integrated into the international system, though the extent of China's integration varies in different fields, especially when its weak voice in the international arena, lack of agenda – setting capacity and executive capability in building international institutions is taken into account, as well as its lack of influence on international civil society due to the low level of interaction of Chinese civil society with international society. [2]

China's perception of its own international role is driven to a great extent by outside factors. A case in point concerns observations made by Robert Zoellick, former US Deputy Secretary of State and incumbent president of the World Bank, who described China as a 'stakeholder' of the international system in 2005. This triggered vigorous domestic discussions on China's international role. Soon this view was endorsed by Chinese scholars and the term was taken up by officials. Another example is the international community's recurrent emphasis on 'China's responsibility'. In spite of the criticism such discourse generated in China, it prompted Chinese scholars to reflect on China's role and responsibility in world affairs.

Some Chinese scholars emphasise that interaction between China and the inter-

---

① Men Honghua, "Zhongguo Jueqi yu Guoji Zhixu", *Taipingyang Xuebao*, No. 2, 2004, p. 11.

② Zhu Liqun and Huang Chao, "Zhongguo Canyu Guoji Tixi de Pinggu Zhibiao ji Xiangguan Fengxi", *Jianghai Xuekan*, No. 5, 2009, p. 167.

national system is subject to a dynamic process of change. 'China's profound readjustment of its relationship with the international system is a long and complex process, and it is through this process that China defines its international role.' [1] As a result, China will retain many features of a developing country as well as those of a developed one for a long time and preserve its own distinct characteristics. In other words, China is and will continue to be a country with multiple identities and roles for a long period of time. [2] In the view of some scholars, international society is a network of relations and China interacts with various countries, big or small, and international organisations within the network. The process of interaction is actually a process of establishing relations and also a process of mutually influencing and reshaping each other's identity and interests. Relations are multifold. So are identities. [3] Relations are also fluid, as are identities. Any identity is path-dependent and subject to the flux of historical events and processes. [4] In the past three decades, China's success in its peaceful rise has been mainly due to the internal transformation it has undergone through interaction with and practices in international society. [5] For scholars who perceive developments from this process approach, China has changed not only in behaviour but also in identity, both of which are interrelated and correlated. 'China struggled over the threshold of membership of international society and has evolved in the last three decades from a revisionist to a detached and then to a status quo power. The identity shift, the institutional selection and norm acceptance have all been peaceful. So has been China's interaction with other actors in international society, both bilateral and multilateral. It seems therefore

① Zhu Liqun, "Zhongguo Waijiao de 'Zhongyong Tese'", *Waijiao Pinglun*, No. 3, 2009, p. 20.

② Ibid., pp. 18 – 23.

③ Qin Yaqing, op. cit. in note 6, pp. 82 – 83.

④ Qin Yaqing, op. cit. in note 5.

⑤ Zhang Baijia, "Gaibian Ziji, Yingxiang Shijie—20 Shiji Zhongguo Waijiao Jiben Xiansuo Chuyi", *Zhongguo Shehui Kexue*, No. 1, 2002, pp. 15 – 16.

that there is no adequate reason to believe that China will violently defy international society in terms of newly emerging institutions. '[1]

III. China's responsibility

When Robert Zoellick first put forward the concept of China as a 'stakeholder', many Chinese scholars had no idea of the responsibilities that this vision of China's role in the world involved. Most of them were negative and critical about the 'China's Responsibility' theory. As the concept gradually came to be accepted in China, Chinese scholars began to debate what and how much responsibility China should assume in the context of international society.

First and foremost, what is international responsibility? The term 'international responsibility' is not unfamiliar to the Chinese. Much active discourse in the past focused on China making contributions to world peace and stability. China was duty – bound in this regard. However, such discourse concerning China's international responsibility was relatively general. From the perspective of revolutionary diplomacy, this meant that China should provide aid to third – world countries to overthrow the old international order and build a new one. Currently, 'international responsibility' refers to 'obligations that a member of international society should undertake in relation to the external world in the fields of the economy, politics, security, morality and so on, reflecting the contributions a country should make to the external world. ' 'International responsibility is a derivative attribute of a member state of international society. Countries, big or small, should bear certain international   responsibilities. '[2]

What then is China's international responsibility? Some scholars hold that the

---

[1]   Qin Yaqing, op. cit. in note 5.

[2]   Wang Gonglong, "Guojia Liyi, Gongyou Liyi yu Guoji Zerenguan—Jianlun Zhongguo Guoji Zeren-guan de Goujian", *Shijie Jingji yu Zhengzhi*, No. 9, 2008, p. 26.

status of an 'emerging major power' should at least be the basis for China's self – positioning in the world. It should also be the basis for China to define its international responsibility, rather than blindly pursue two different routes by separating 'foreign affairs' from 'domestic affairs', or demonstrating China's enthusiasm about multilateralism merely through involvement and cooperation in international institutions. [1] Specifically, China's international responsibilities are interpreted by some scholars as follows: 'Economically, China's major responsibility is to safeguard the contemporary international economic order and rules, to participate in addressing the deteriorating global imbalance and environmental problems, to enhance financial openness, to further promote market reform, to improve the social security system, to actively transform the mode of economic growth and to increase international aid. Politically, China's main responsibility is to promote dialogues and mutually beneficial cooperation between countries with different social systems and civilisations. In the field of security, China's primary international responsibility is to ensure peace and stability across the Taiwan Straits, counterchecking any crisis that might be caused by Taiwan separatists, to prevent, coordinate and negotiate with regard to any impending conflicts and confrontations in Asia, and to participate in a wide range of security operations, including UN peacekeeping operations and crackdowns on non – traditional security threats.' [2]

Many scholars emphasise that China's international responsibility should be defined on the basis of China's national interests, rather than the interests of Europe and the United States. The United States and Europe define China's international responsibility from the perspective of their own interests and concerns, claiming that China's responsibility is to uphold and maintain the existing international or-

---

① Zhu Feng, "Zai 'Taoguang Yanghui' yu 'Yousuo Zuowei' Zhijian Qiu Pingheng", *Xiandai Guoji Guanxi*, No. 9, 2008, p. 28.

② Zhang Ji and Kang Wenzhong, "Gaige Kaifang Yilai Zhongguo Chengdan Guoji Zeren de Zhanlue Sikao", *Dangdai Shijie Shehui zhuyi Wenti*, No. 4, 2008, p. 34.

der together with them. But their interests may differ from China's. ①As the world's most populous country, China's primary responsibility should be to provide for its citizens, who account for one – fifth of the world population, and ensure them a better life. 'This is not merely a domestic affair, but also one of international significance. It is the greatest contribution that China makes to humankind by working out solutions to internal problems such as development and stability. '②For this reason, national interests should be the fundamental factor in determining China's international responsibility. 'The key issue at the heart of "China's responsibility" is to effectively fulfil its domestic responsibilities. '③ 'China's responsibility is definitely not the obligatory list imposed by western powers, but international and national missions voluntarily undertaken by China in line with its own capability and practical national conditions. '④

There are a group of Chinese scholars who believe that the China Responsibility theory implies that China is not a responsible state. In their view this type of discourse in the West is a manifestation of the China Threat theory and aims to exert pressure on China by forcing it to assume responsibility. ⑤Others contend that the China Responsibility theory masks a strategic conspiracy by the United States and other western powers to set a trap for China. ⑥China needs to remain vigilant about overstatements of China's strength as a way of invoking China's international responsibility and prevent developed countries from ensnaring China by making it

---

① Xue Chen, "Feichuantong Anquan Wenti yu Guoji Gonggong Chanpin Gongji—Jianlun Zhongguo Zerenlun yu Hexie Shijie Linian de Shijian", *Shijie Jingji yu Zhengzhi*, No. 3, 2009, p. 66.

② Ren Xiao, "Yanjiu he Lijie Zhongguo de Guoji Zeren", *Shehui Kexue*, No. 12, 2007, p. 27.

③ Hu Jian, "Zhongguo Zeren yu Heping Fazhan Daolu", *Xiandai Guoji Guanxi*, No. 7, 2007, p. 43.

④ Sun Zhe, "Xiang Shijie Shuoming Zhongguo de Zeren—Du 2008 Zhongguo Guoji Diwei Baogao Yougan", *Shijie Jingji Yanjiu*, No. 10, 2008, p. 83.

⑤ Zhang Shengjun, "'Zhongguo Zerenlun' Keyi Xiuyi", *Renmin Luntan*, No. 6, 2007, p. 50.

⑥ Lin Limin, "Lixing Bianxi Zhongguo Zerenlun", *Renmin Luntan*, No. 3, 2007, p. 53.

bear responsibilities beyond its own capabilities. [1] ' The Threat theory and Responsibility theory are inter – linked, and will constrain China's development. The Threat theory will take the form of the Responsibility theory. It will prevail whenever China fails to undertake responsibilities as they (the western powers) require. ' [2]

What is the bottom – line of ' responsibility ' ? [3] International expectations of China exceed its own self – assumed expectations of responsibility. Many scholars propose that China should adhere to certain principles in bearing responsibilities. Most importantly, China should do what it is able to do, no less and no more. Some scholars propose the following broad guiding principles in this regard: acting in line with state identity and national interests, acting according to China's capabilities, and referring back to previous practices and experiences. [4] Other scholars advocate the following more specific principles. Firstly, China should insist on common but different responsibilities. China recognizes that every country in the world shares common duties with regard to major issues concerning the future of mankind, but considers that common duties do not mean that countries should simultaneously bear the same responsibilities. Instead, responsibilities should be based on countries' individual history, national conditions, stages of development, population level and environment. Secondly, China recognises that responsibilities cannot be independent of rights. Developing countries have the right to develop their economies and improve democracy, and to demand that the West make amends for his-

---

① Wang Yiwei, "Morang Guoji Zeren Gei Huyou Diao Le", *Shijie Zhishi*, No. 22, 2007, p. 63.

② Liu Ming, "Zhongguo Guoji Zerenlun Pingxi", *Mao Zedong Deng Xiaoping Lilun Yanjiu*, No. 1, 2008, p. 53.

③ Li Nan, "Zhongguo de Guoji Zerenlun Yantaohui Zongshu", *Dangdai Yatai*, No. 6, 2008, pp. 154 – 55.

④ Zhou Guiyin, "Zhongguo Jueqi Guochengzhong de Guoji Zeren", *Jianghai Xuekan*, No. 5, 2009, p. 170.

torical mistakes, to ask for more technical and economic aid, and to have a say in international affairs. China should oppose too much international responsibility being placed on the shoulders of developing countries. Thirdly, China should be vigilant and make sure that international responsibilities match up with international laws. It is the common responsibility of all countries to maintain the United Nations Charter and the existing international legal system. China should oppose the imposition of one country's will, values and domestic law on others and the arbitrary definition and evaluation of other countries' international responsibilities. Fourthly, China should undertake international responsibilities in proportion to its capabilities. China should not assume international responsibilities out of proportion to its own strengths and development phase. Nor should it shoulder international responsibilities at the price of sovereignty, security and development. [1]

Other scholars emphasise that China's responsibility should ultimately ' start with managing its own internal affairs well. Economically, China should assume international responsibilities unconditionally in terms of economic duties (e. g. product safety) and ensure the relative stability of China's monetary policy. Politically, the Chinese government should above all be responsible for its own people and demonstrate a commitment to good governance, increasing the attraction of its state systems and value system and learning from western democratic practices. Only by doing so can China establish its moral credentials in the international arena. In addition, China should observe the international conventions that it has signed and and give guarantees with regard to its performance in this respect. ' [2]

Specialists on African studies argue that China's responsibility should be mainly

---

[1] Li Jie, "Cong Zerenlun Toushi Guoji Tixi Zhuanxing" , *Guoji Wenti Yanjiu*, No. 1, 2008, p. 41.

[2] Li Nan, op. cit. in note 140, p. 153.

for developing countries, particularly for Africa, since Africa occupies a core place in China's foreign policy. For them, China is still a developing country, as are African countries. So when China speaks for Africa in the international arena it is speaking for itself. [1] Moreover, China has a historical responsibility to promote the south – south dialogue and cooperation. And better cooperation with the US and the EU on African affairs will enhance Sino – US and Sino – EU relations. [2] Specifically, more responsibility for Africa means providing it with more aid. Non – interference in internal affairs based on mutual respect should be a guiding principle for China's official development assistance (ODA) to Africa since Africa's marginalisation is mainly due to the legacy of colonialism which hinders its development. [3] China has the same historical experience, so the idea of non – interference is mutually shared, not unilaterally imposed. [4] And aiming at capacity building in Africa should be another principle of China's responsibility for Africa, simply because it will help the sustainability of African development in future. Mutual benefit and a 'win – win' result have long been the objectives of China's African policy and this should remain the case. [5] Some scholars also argue for multilateral cooperation in dealing with African affairs and seek to explore a better format for sharing responsibility among major powers. [6]

---

[1] He Wenping, "Cong Zhongfei Guanxi Kan Woguo Zai Fazhangzhong Guojia de Liyi he Zhanlue", *Yafei Yanjiu*, No. 3, 2008. p. 29.

[2] Ibid., p. 31.

[3] Zhang Zhongxiang, "Shixi Zhongguo Dui Feizhou Waijiao Zhong de Buganshe Neizheng Yuanze", *Xiya Feizhou*, No. 1, 2010, p. 13.

[4] Li Anshan, "Wei Zhongguo Zhengming: Zhongguo de Feizhou Zhanlue Yu Guojia Xingxiang", *Shijie Jingji yu Zhengzhi*, No. 4, 2008, p. 8.

[5] Liu Hongwu, "Zhongfei Guanxi Sanshinian: Qiaodong Zhongguo yu Waibu Shijie Guanxi Jiegou de Zhidian", *Shijie Jingji yu Zhengzhi*, No. 11, 2008, pp. 85 – 86.

[6] Yang Lihua, "Jianshe Kechixu de Zhanlue Huoban Guanxi", *Xiya Feizhou*, No. 9, 2008, p. 15;

IV. On sovereignty and the Responsibility to Protect

China's concept of sovereignty, ever since the founding of the People's Republic of China, was close to the notion of absolute sovereignty, with its core elements being independence, the inviolability of sovereignty and non – interference in internal affairs. This had a lot to do with China's security environment during that period. Major powers such as the United States adopted the policy of containment, embargo and besiegement towards China, thus causing serious and tangible threats to China's sovereignty, territorial integrity and security. Historical experiences also meant that China was very sensitive to issues of sovereignty.

This view began to change after China opened up to the outside world. A good example is the ' one country, two systems ' policy developed by the late Deng Xiaoping during the negotiation of the handover of Hong Kong in the 1980s, which represents the first sign of China's softened stance on sovereignty. As China integrates further into the international system, more Chinese scholars have taken the view that sovereignty is a historically constructed concept. History changes, and so accordingly does the idea of sovereignty. The issue of sovereignty therefore should be approached from a historical, open and constructive perspective, which has gradually gained currency among Chinese scholars. They hold that ' state sovereignty is a historical phenomenon and continues to develop. ' [1] ' It was created together with the emergence of the modern nation – state system and has been changing as the system transforms. So it should be understood historically. ' [2] Besides, ' global issues cannot be solved by a single country but through global efforts at building an international regime whose authority comes from pooling na-

---

[1] Ren Weidong, "Quanqiuhua Jincheng zhong de Guojia Zhuquan: Yuanze, Tiaozhan ji Xuanze",
Guoji Guanxi Xueyuan Xuebao, No. 6, 2005, p. 4

[2] Yu Feng, "Zhuquan de Qiyuan: Lishi Lixing, Hefaxing yu Rentong Jichu", *Shijie Jingji yu Zhengzhi*, No. 4, 2008, p. 34.

tional sovereignty. In this case, absolutely and narrowly defined sovereignty is becoming less and less applicable to the current situation of globalisation. '[1] As such, 'it will be a necessary choice for countries to independently transfer part of their sovereignty to participate in international cooperation and integrate into international society, for the sake of gaining opportunities of further development in international society. '[2] In practice, 'it is an undeniable fact that national sovereignty has been transferred and weakened. '[3] There is ample evidence that China too has experienced changes in its understanding of national sovereignty, with its idea of sovereignty having greatly evolved from seeing sovereignty as absolute to seeing it as relative. The idea of realising national interests through international cooperation has been accepted by the Chinese government and has become a major factor that influences China's international behaviour. [4]

Such a relatively universal acceptance of the altered idea of sovereignty, however, does not mean that Chinese scholars have reached a similar agreement surrounding the issue of the 'Responsibility to Protect. ' There are basically two schools of thought on that matter. One supports conditional humanitarian intervention, and the other opposes it.

Scholars who are in favour of conditional intervention argue that the human rights norm has gained the unquestionable status of a universal international law. Any action that contravenes it is legally invalid. This means that acceptance of and conformity with the universal human rights norm has become an important

---

[1] Xu Lin, "Guojia Zhuquan de Dangdai Fazhan ji Lixing Xuanze", *Guangxi Shehui Kexue*, No. 9, 2006, p. 11.

[2] Liu Kai, "Lun Quanqiuhua Shidai Tichu Guojia Zhuquan Zizhu Youxian Rangdu Fanshi de Yanjiu Jiazhi", *Guoji Guanxi Xueyuan Xuebao*, No. 4, 2008, p. 18.

[3] Ren Weidong, op. cit. in note 150, p. 1

[4] Mao Ruipeng, "Zhuquan Yuanze yu Zhongguo zai Lianheguo Weihe Yi'an zhong de Toupiao Xingwei(1994 – 2004)", *Shijie Jingji yu Zhengzhi*, No. 4, 2006, p. 60.

criterion in judging the legitimacy of contemporary states. International society, therefore, has the right to implement humanitarian interventions, which have also gained a high degree of legitimacy nowadays. This suggests that resistance to such international interventions by invoking the principles of absolute sovereignty and non – intervention, either in legal terms or on moral grounds, cannot be justified, nor will such resistance be widely recognised, sympathised with or supported. ' [1] ' Sovereignty is not absolute but limited, and humanitarian protection concerns international peace and security. ' [2] They emphasise that humanitarian intervention is in essence ' a reflection of the minimum requirement in terms of supporting human rights and human dignity. ' [3] Nonetheless, they oppose the idea that humanitarian military intervention is also universally applicable, arguing that the negative effects of military intervention are quite manifest. ' The use of military force in humanitarian interventions often tends to be prejudicial to the principles of humanism, justice and neutrality. ' [4] ' It is also very likely to be manipulated by hegemonist states to serve their own national interests. ' [5] Thus, the issue of intervention needs to be treated with caution.

The growing recognition of the doctrine of the ' Responsibility to Protect ' has inspired some Chinese scholars to look at the ' non – intervention ' principle in China's diplomatic practice. They argue that ' it is necessary to reconsider its connotations and take note of the conditions for intervention efforts. ' [6] Some scholars,

---

[1] Wu Zhengyu, "Zhuquan, Renquan yu Rendao Zhuyi Ganshe: Wensente de Guoji Shehui Guan", *Ouzhou Yanjiu*, No. 1, 2005, p. 99.

[2] Luo Guoqiang, " ' Rendao Zhuyi Ganshe ' de Guojifa Lilun jiqi Xin Fazhan", *Faxue*, No. 11, 2006, p. 86.

[3] Li Bojun, "Rendao Junshi Ganshe yu Guoji Rendaofa", *Wuda Guojifa Pinglun*, Vol. 11, p. 121.

[4] Ibid. , p. 122.

[5] Mao Ruipeng, op. cit. in note 155, p. 57.

[6] Chen Qi and Huang Yuxing, "Guoji Ganshe de Guifan Weidu", *Shijie Jingji yu Zhengzhi*, No. 4, 2009, p. 7.

after conducting intensive research into China's participation in the UN peacekeeping operations, point out that 'the normative power of humanitarian intervention has already made China face greater pressure in the United Nations. In addition, China is seeking to build the image of a responsible power and is pursuing the international strategy of cooperating with other major powers, thus compelling China to be more cooperative in peacekeeping operations. '[1]Scholars who study the issue of Darfur also observe that 'the adoption of an UN resolution on the issue of Darfur shows that China's position that "the internal affairs of Sudan should be solved by the Sudanese government itself" has been practically abandoned. '[2]

The Darfur crisis may have far - reaching repercussions for China. It may bring about ideational change in China's diplomacy. [3]Some scholars believe that 'the Darfur issue shows that China is faced with double challenges and a difficult choice over different norms. '[4]If China insists on the principle of non - intervention, humanitarian crises in Darfur and elsewhere cannot be resolved, which could lead to China becoming the target of international blame; on the other hand, China may not be able to provide sufficient and effective protection for its overseas interests and its citizens living abroad. However, if China accepts the principle of intervention, it will be in a dilemma too. China may face more international pressure to shoulder greater external responsibility for which China currently does not have sufficient capacity. And China's influence on the third world countries may well be jeopardised because most of them still advocate the principle of non - intervention. Moreover, most Chinese take a negative view of external intervention due to their historical memory of the sufferings inflicted on the Chinese people by

---

[1] Mao Ruipeng, op. cit. in note 155, p. 60.

[2] Wang Meng, "Da'erfu'er Weiji: Zhongguo Waijiao Zhuanxing de Tiaozhan yu Qiji", *Shijie Jingji yu Zhengzhi*, No. 6, 2005, p. 39.

[3] Ibid.

[4] Chen Qi and Hung Yuxing, op. cit. in note 161, p. 11.

imperialist military intervention in China in the nineteenth century. [1]They conclude, therefore, that China should support the idea of intervention on condition that such interventions are conducted in a multilateral framework and are conducive to regional order and to the prevention and halting of mass atrocities. [2]China should also bear in mind that it can only act in accordance with the responsibility to intervene within the limits of its own capabilities.

There are still some scholars who strongly oppose any form of humanitarian intervention. They argue that it is impractical to deny state sovereignty in contemporary international politics. [3]In their view, ' humanitarian intervention contravenes the principles of state sovereignty, non – intervention in internal affairs, and prohibition of the use of force enshrined in the Charter of the United Nations. ' [4]For some scholars, the issue of Kosovo is the latest example of breaking up a sovereign state in the name of humanitarian intervention. [5]They contend that the West, over the past ten years, has developed a new mechanism of humanitarian intervention and is trying to make it the basis of international order. They add that the key questions with regard to the issue of the ' Responsibility to Protect ' are: what is ' international society ' ?; when should ' humanitarian intervention ' occur, under whose authority and how? ' China, as a big developing country whose human rights record is monitored closely by the West and notably Human Rights Watch, should take precautions and make early preparations for such a new development. ' [6]

---

[1]   Chen Qi and Hung Yuxing, op. cit. in note 161. , p. 12.

[2]   Ibid. , p. 14.

[3]   Ren Weidong, op. cit. in note 150, p. 5.

[4]   Chi Deqiang, "Cong Guojifa Kan Rendao Zhuyi Ganshe" , *Wuhan Daxue Xuebao* (Zhexue Shehui Kexue Ban) , No. 2 ,2006, p. 227.

[5]   Zhang Ruizhuang, " Jingti Xifang yi ' Rendao Zhuyi Ganyu ' Weiming Dianfu Xianxing Guoji Zhixu" , *Xiandai Guoji Guanxi*, No. 9 ,2008, pp. 12 – 13.

[6]   Ibid. , p. 13.

In conclusion, China's growing integration into international society has genera-
ted an intense internal debate about China's identity. The general view maintains
that by seeking development inside the international system rather than outside
the system, China has gradually adopted a new national identity as a responsible
stakeholder or a status quo state. For most Chinese, this evolving identity is not in
conflict with its identity of being a big developing country with its own distinctive
culture and traditions, including a different political culture. Chinese scholars are
now more optimistic than Western scholars[1]concerning China's identity and its re-
lationship with international society simply because they do not conceive of China's i-
dentity as a static phenomenon but as part of a dynamic ongoing process. Another no-
ticeable phenomenon in China's identity debate is the general 'no – enemy assump-
tion'. [2]Most Chinese scholars do not perceive China's identity and identity recon-
struction in terms of a dichotomy of the self versus the other, but from a relational
perspective with complementary dialectics. Defining China by naming and targeting an
enemy is largely absent as a feature of the discourse in the debates.

Chapter 4　Debates on strategy

China's diplomacy has long been driven by aspirations of strong power, rejuve-
nation, modernisation, and rise, as well as by the historical experience of centuries
of victimisation and humiliation. The past thirty years since China's reform and o-
pening – up has witnessed fundamental changes in China's international strategic

---

① For example, Barry Buzan has expressed serious doubts about the possibility of China's peaceful rise
simply because China's political culture is different from that of the West. See Barry Buzan, "China
in International Society: Is 'Peaceful Rise' Possible? ", *The Chinese Journal of International Poli-
tics*, No. 3, 2010, pp. 5 – 36.

② Zhu Liqun, "Guonei Zhengzhi Jincheng yu Zhongguo Duiwai Zhengce ji Waijiao Xingwei", in Qin
Yaqing, et al. , *Guoji Tixi yu Zhongguo Waijiao*(Beijing: World Affairs Press, 2009) , pp. 254 – 256.

thinking. China no longer focuses on confrontation or remains aloof from interna-
tional society as it did in previous decades. China's diplomacy is now predicated
on a set of new strategic concepts and principles, some of which have triggered
debates among scholars as the international situation changes.

I. Strategic objectives

The year 2008 was the thirtieth anniversary of China's reform and opening –
up. While recognising the changes that have taken place in China in the past 30
years, Chinese IR scholars started a debate, quite a rare one in recent years,[1]on
China's strategic goals. Although peaceful rise(or peaceful development) and the
construction of a harmonious world have become key themes of a dominant dis-
course in China, it is still a contentious issue whether the creation of a powerful
nation or of a better standard of living for its people should constitute the primary
objective of China's diplomacy.

Yan Xuetong, director of the Institute of International Studies at Tsinghua Uni-
versity, published an article in the Global Times entitled 'The loftiest goal of a
country is not being rich' in mid – March, 2009. It considered whether China
should be vigilant about being rich but not powerful. His article attracted the at-
tention of both the press and academics. He proposed that many people mistakenly
regard national construction as enterprise management because economic con-
struction has been China's central task for such a long time. The primary goal of a
country is to safeguard the interests of the people, which include possession of
wealth and security, sovereignty, international dignity and the protection of nation-
al values. These interests are hardly commodities that can be purchased with mon-

---

[1] Heated debates of this kind in Chinese public life are rare mainly because debate in China is gener-
ally characterised by expressing different ideas without directly naming and targeting those who ex-
press opposing views. The debate between Yan and Ding is exceptional. It may pave the way for
China to have more open debates.

ey in the market. Historically, there have been wealthy countries who have not been strong and there have even been cases of national decline in the process of accumulating wealth. Today's China is not equipped with the same military capability as Russia. Nor does China enjoy the same prowess in making significant scientific discoveries as does Germany, France and Japan. Yan Xuetong advocates that China should make use of its wealth to enhance national capabilities. [①]

After the publication of Yan's article, Ding Gang, senior editor of the People's Daily, refuted Yan Xuetong's argument, stating that Yan ignores the most important and highest goal of a country, i. e. , to guarantee fairness and justice. He argues that only under a fair and just system can a country effectively turn its wealth into national capability so as to achieve the goal of a strong country and ensure a better life for the majority of its people. He adds that a strong country without a fair and just system is fragile, short - lived and unsustainable. [②]

Their debate has stimulated considerable discussion among the public. Some scholars and journalists explicitly endorse the view that a powerful nation should come first while others agree with Ding Gang that prosperity of the people constitutes a prerequisite for a nation to be powerful. Over the centuries China has suffered tremendous aggression and humiliation from imperialist powers, thus generating a strong aspiration to become a powerful nation. But its national weakness lies in the poverty of its people. Too much emphasis on becoming a powerful state but little attention paid to how to allow the people to prosper is exactly the difficulty that China is facing today. [③]

This debate has triggered another one, namely, how large should China's military be? Liu Mingfu, professor at China's National Defense University,

---

① Yan Xuetong, "Guojia Zuichonggao Mubiao Bushi Zhifu", *Huaiqiu Shibao*, 13 March 2009.

② Ding Gang, "Guojia Caifu Yunyong, Guanjian Shi Gongping", *Huaiqiu Shibao*, 13 March 2009.

③ Liang Xiaomin, "Minfu Caineng Guoqiang", *Zhongguo Xinwen Zhoukan*, No. 37, 2009, p. 87; Wei Zhimin, "Guoqiang Xuyi Minfu Wei Jichu", *Huaiqiu Shibao*, 2 March 2010.

stresses in his newly published book that China's rise must have a military dimension and that it is necessary to aim for first – rate military troops and state – of – the – art military forces. He advocates that 'China should compete for the status of champion nation and usher in the China era. ' [1] After its publication, the book gained a number of followers. [2] But it has also been the target of fierce criticism. Many scholars argue that China's rise does not need to include having the strongest military. They point out that 'if China's model eventually includes having "the most powerful military troops in the world", it would not be a good one, but an old model of power politics competing for world hegemony. ' 'The future world will be a world of cooperation. ' 'China should take the lead in neo – internationalism, benefiting and letting others benefit from it. ' [3] These two conflicting viewpoints have been followed up by various debates conducted on the internet and in various publications. Such debates are gradually evolving into profound thinking about values, which will be of great social significance to China's future development.

II. Taoguangyanghui(keeping a low profile)

In the early 1990s, Deng Xiaoping formulated the strategic concept of Taoguangyanghui as a guideline for China's diplomacy. China's standing in international affairs was extremely low at this time as a result of the Tiananmen Square incident of 4 June 1989. Deng Xiaoping called on China to continue to calmly conduct its domestic(and foreign) affairs and insist on going its own way. He proposed that China should unswervingly pursue the reform and opening – up policy. Twenty years later,

---

[1] Liu Mingfu, *Zhongguo Meng: Hou Meiguo Shidaide Daguo Siwei he Zhanlue Dingwei* (Beijing: Friendship Publishing Company, 2010).

[2] GuoYadong, "Zhongguo Yao Ganyu Jianshe Zui Qiangda de Jundui", *Huanqiu Shibao*, 25 March 2010.

[3] Sun Peisong, "Zhongguo Bubi Zhuiqiu Zui Qiangda de Jundui", *Huanqiu Shibao*, 16 March 2010.

and with China having become a major economic power, some scholars believe it is no longer necessary to adhere to this principle since the situation has changed. Today, an animated debate is taking place in the Chinese IR community which centres on whether China should continue to keep a low profile (Taoguangyanghui).

A segment of opinion holds that with the spillover effect of China's rise and the expansion of China's national interests, in practice it is becoming increasingly hard to justify the principle of keeping a low profile. This posture has often resulted in China being labelled as 'irresponsible' and 'non – transparent'. This state of affairs is not conducive to safeguarding China's national interests in its current phase. As an emerging power, China should not just immerse itself in self – protectionism by 'hiding its capabilities and biding its time (another interpretation of Taoguangyanghui). '[1] Adherence to this principle has failed to create a peace – loving international image for China. 'On the contrary, whenever we place great emphasis on the principle of keeping a low profile the China Threat theory resurges and comes at us from all directions. '[2]

They propose that 'according to changing national interests and internal and external conditions, China should take an active stance on major issues, pay attention to tactics, seize the right opportunity and act properly to take control of situations. '[3] Deng Xiaoping's diplomatic principle of Taoguangyanghui and his arguments on China's domestic development such as the 'cat theory'[4] and the theory of 'wading across the river by feeling for stones' reveal a kind of 'tide – surfing strate-

---

[1] Zhu Feng, "Zai 'Taoguang Yanghui' yu 'Yousuo Zuowei' Zhijian Qiu Pingheng", *Xiandai Guoji Guanxi*, No. 9, 2008, p. 29.

[2] Gao Fei, "Cong 'Taoguang Yanghui' Dao 'Heping Jueqi' —Ping Zhongguo Waijiao de Celue-Tiaozheng", *Taipingyang Xuebao*, No. 1, 2006, p. 8.

[3] Yuan Peng, "Hexie Shijie yu Zhongguo Xin Waijiao", *Xiandai Guoji Guanxi*, No. 4, 2007, pp. 3 – 4.

[4] This alludes to a famous maxim of Deng Xiaoping: 'it doesn't matter whether a cat is white or black, as long as it catches mice' – i. e. it does not matter too much if a policy is capitalist or socialist as long as it delivers good economic results.

gy', which was tailored to the needs of the circumstances during the past three decades of reform and opening – up. Now 'China needs a tide – making strategy to further promote peaceful development.'[1] In other words, China should anticipate and consciously shape a favourable international situation, continually create opportunities and open up a broader space for development. Therefore, China needs to play a constructive role in addressing topical issues globally and regionally and in tackling various global challenges. This means that China should carry out a 'constructive interference' policy when necessary and have the courage to assume international responsibilities.[2]

With regard to the above criticisms, some scholars emphasise that Deng Xiaoping's idea of keeping a low profile and making some contributions in the international arena implied that China should be navigating along the 'middle course', and concentrate on more practical things rather than seek leadership or hegemony.[3] 'The present international distribution of power has not undergone substantive changes, compared with that prevailing when Deng Xiaoping first put forward the idea of "keeping a low profile and making some contributions." For this reason, it is necessary for us to adhere to Deng's diplomatic strategy.'[4] 'We have learned from history that countries who challenged the most powerful state in the then international system for the sake of seeking leadership, eventually ended in failure.' So 'the principle of keeping a low profile and making some contributions is a wise counsel from Deng Xiaoping for China in the

---

① Pan Zhongqi, "Cong 'Suishi' Dao 'Moushi' —Youguan Zhongguo Jinyibu Heping Fazhan de Zhanlue Sikao", *Shijie Jingji yu Zhengzhi*, No. 2, 2010, p. 9.

② Ibid. , p. 16.

③ Zhu Liqun, "Guonei Zhengzhi Jincheng yu Zhongguo Duiwai Zhengce ji Waijiao Xingwei", pp. 254 – 56; Li Hengjie, "Lun Deng Xiaoping 'Taoguang Yanghui' de Waijiao Zhanlue Sixiang", *Guoji Guanxi Xueyuan Xuebao*, No. 3, 2008, p. 2.

④ Feng Zhaokui, "Zhengqu Shixian Hexie Shijie zhi Ce—Ye Tan 'Taoguang Yanghui, Yousuo Zuiwei'", *Shijie Zhishi*, No. 20, 2005, p. 53.

twenty – first century. It is definitely not an expedient policy for one or two decades, but long – term strategic thinking, a strategy to strive for the realisation of a harmonious world, and the image that a confident and modest nation shows to the outside world. ' [1]

Ⅲ. Regional order in East Asia

As China increasingly defines itself as a major regional power in East Asia, an extensive debate is emerging concerning China's status and role in the East Asian region. Some hold that China is likely to become the most important centre of power in the Asia – Pacific region and to play a bridging role in communicating with and bonding actors in the region. With the increase of its overall strength, China's central status in the Asia – Pacific region cannot be supplanted by any other country, including Russia, Japan, India or the US. [2]There are also discussions about the role of the leading power and forms of regional cooperation. Some oppose open regionalism, arguing that it is the fundamental reason why ' it is difficult to define objectives, to make clear who belongs and who does not, and achieve substantive progress in the construction of an East Asian community. ' [3] ' The lack of consensus in East Asia provides opportunities for American engagement. ' [4]Reaching consensus among major East Asian powers, especially between China and Japan, is a prerequisite for nurturing the identity of the East Asian

[1]　Feng Zhaokui, "Zhengqu Shixian Hexie Shijie zhi Ce—Ye Tan 'Taoguang Yanghui, Yousuo Zuiwei' ", *Shijie Zhishi*, No. 20, 2005, p. 53. ; Zhou Suyuan, "Jianshou Budangtou Fangzhen Tuidong Jianshe Guoji Xin Zhixu", *Xiandai Guoji Guanxi*, No. 9, 2008, p. 32.

[2]　Zhu Tingchang, "Lun Zhongguo zai Yatai Diqu de Quyu Zhongxin Diwei", *Shijie Jingji yu ZhengzhiLuntan*, No. 1, 2010, p. 76.

[3]　Xiao Huanrong, "Fanhua de Diqu Zhuyi yu Dongya Gongtongti de Weilai", *Shijie Jingji yu Zhengzhi*, No. 10, 2008, p. 34.

[4]　Dai Fan and Zhou Jiner, "Dongya Diqu Zhixu de Weilai: Dongya Haishi Yatai?" *Nanyang Wenti Yanjiu*, No. 1, 2006, p. 27.

community. ①Therefore, ' East Asian regionalism ' ② rather than ' open regionalism ' ③should be pursued.

Others hold that it is of great significance for East Asian countries to uphold the principle of ' open regionalism ' , which allows countries outside the region such as the US, Australia, New Zealand and India to engage in the processes of East Asia integration. China has accepted open regionalism in order to avoid excluding the United States and conflicting with American core interests. It has given tacit consent to the concept of overlapping regions instead of eagerly advocating a clear and rigidly defined concept of region. China has adopted modest attitudes toward various co – existing forms of regionalism, encouraging inclusiveness and diversification and being cautious about exclusive regional cooperation. All these policies have achieved important political results, i. e. , reducing American concerns and resistance and avoiding impinging on American strategic interests in this region. ④At the same time, open regionalism can foster political cooperation and security coordination in East Asia, thus easing the soft strategic encircling of China. It can also attract more powers outside East Asia to exert a strategic constraint on the US – Japan alliance. ⑤

Yet some argue that the so – called ' ASEAN – led ' regional community with its commitment to open regionalism is essentially a misleading ' illusion ' . ⑥Reality

---

①   Xiao Huanrong, op. cit. in note 191, pp. 35 – 36.

②   Liu Zhenye, "Dongya Gongtongti Bu Keneng Shi Kaifang de Diqu Zhuyi", *Shijie Jingji yu Zheng- zhi*, No. 10, 2008, p. 39.

③   Zheng Xianwu, " Dongya Gongtongti Yuanjing de Xuhuanxing Xilun ", *Xiandai Guoji Guanxi*, No. 4, 2007, p. 56.

④   Sun Xuefeng and Chen Haixi, "Zhongguo Diqu Zhuyi Zhengce de Zhanlue Xiaoying", *Shijie Jingji yu Zhengzhi*, No. 5, 2006, p. 28.

⑤   Men Honghua, "Zhongguo Dongya Zhanlue de Zhankai", *Dangdai Yatai*, No. 1, 2009, p. 65.

⑥   Liu Aming and Zhu Mingquan, " Guanyu Jianli Dongya Gongtongti de Jidian Sikao ", *Guoji Wenti Yanjiu*, No. 1, 2006, p. 53.

shows that East Asia is not yet equipped with the conditions to build a perfect 'regional community' since it is severely lacking in a structural and cultural basis for community building. ①We should strengthen mechanisms of 'fostering trust and security' and actively nurture mutual understanding and mutual trust among East Asia powers. ②Opposite opinions hold that the matrix of political identity in East Asia is undergoing a fundamental transformation from animosity to community. There are many favourable elements for the construction of a community of East Asian nations such as deepening inter – dependence, a strengthened sense of a common destiny and gradually emerging and universalised common norms among East Asian countries. A kind of regional political culture is coming into being in the process of building the East Asian community. ③

IV. Nationalism

A rapidly rising country will inevitably have to make a choice in terms of what should be the main driving impetus for national development. There are constant debates on whether China's development should be driven by nationalism characterised by self – centred and narrowly defined national interests, by internationalism which requires China to bear international responsibilities while pursuing its own interests, or by a combination of both. Professor Shi Yinhong, an expert in the history of international relations, has pointed out that 'China is most unique in the tenacious continuity of its history punctuated by radical and profound reforms. ' 'Contemporary nationalism in China is not only a decisive force in driving forward the process of reform essential to China's modernisation but also an important conduit for preserving China's traditional features. ' In his opinion, Chinese national-

---

① Zhou Fangyin, "Gongtongti yu Dongya Hezuo", *Shijie Jingji yu Zhengzhi*, No. 1, 2009, p. 62.

② Zheng Xianwu, op. cit. in note 195, p. 60.

③ Qin Yaqing, "Dongya Gongtongti Jianshe Jincheng he Meiguo de Zuoyong", *Waijiao Pinglun*, No. 6, 2005, p. 28.

ism is mainly characterised by foresightedness, calmness, patience and respect for tradition, but it is also necessary to prevent narrow - minded nationalism from hindering the grand reform drive towards China's modernisation. ①

China's development over the past few decades has taken place in the context of a struggle between tradition and reform. Nationalism(patriotism) and internationalism represent the opposite poles of this struggle. Having accumulated over many years, Chinese nationalism ' prevails over the voices of democracy. Anti - democracy forces can make use of the intrinsic and exclusive feelings of nationalism to resist the reform drive towards modernisation '. ②At the same time, strong momentum towards reform also pushes China to learn from advanced civilisations and adopt a positive attitude towards internationalism. It has long been an issue how to maintain a balance between China's indigenous culture and other cultures, which means excessive dependence on extreme nationalism and internationalism alike should be avoided in China's interaction with international society.

Thus, extreme nationalism exists in China, as illustrated by the book *Unhappy China*(2009), ③which adopts a sceptical and indeed confrontational attitude towards the relationship between China and international society. At the opposite end of the spectrum, neo - internationalism is advocated and indeed this consti-

---

① Shi Yinhong, "Zhongguo Lishi Zhizhong de Lianxu he Biange yu Zhongguo Xiandangdai Minzu Zhuyi", *Waijiao Pinglun*, No. 1, 2010, p. 14.

② ZiZhongyun, "Weile Minzu de Zuigao Liyi, Weile Renmin de Changyuan Fuzhi", *Taipingyang Xuebao*, No. 4, 1999, p. 11.

③ One of the authors of the book Unhappy China is also the first author of another book, China Can Say No, published in 1996. The main argument of Unhappy China is that the West has been conducting a policy of containment towards China whereas Chinese elites have been pursuing a policy ofcooperating with and integrating into international society. They believe that this will result in the failure of China's foreign policy and of its modernisation project, and they therefore advocatethat China should be aiming to be a heroic country, ready to engage in confrontation with the West should circumstances warrant it. See Song Xiaojun, et al, *Zhongguo Bu Gaoxing—Dashidai, Damubiao ji Women de NeiyouWaihuan*(Nanjing: Jiangsu People's Press, 2009).

tutes the dominant discourse and the main trend in China. Neo – internationalism calls for China to get actively involved in the international system, to take part in the process of regional cooperation, adopt open regionalism and maintain a cooperative relationship with the major powers. [1]It stresses that what China needs is the kind of 'China model' recognised by the international community, rather than the inward – looking nationalism which has been largely abandoned by international society. [2]China ought to become a rider, not a free – rider, by fully taking part in the process of globalisation in order to achieve continuous progress. [3]It should be recognised that Chinese nationalism has taken on more positive features in the last twenty years, with its energies directed towards fulfilling important national projects, including economic development, nation state building, political unity, independence and Chinese national rejuvenation. Its positive nature lies in three aspects. It adopts an international strategy which attaches great importance to international cooperation and global economic integration. Furthermore, it no longer advocates overturning the international status quo by way of revolution. It emphasises China's contributions to the welfare of the world and the region when designing and fulfilling China's own national ambition. [4]

Basically, therefore, topics of discussion on China's strategy range widely from objectives and principles to the values that China's foreign policy should pursue

---

[1] Guo Shuyong, *Cong Guoji Zhuyi Dao Xin Guoji Zhuyi: Makesi Zhuyi Guoji Guanxi Sixiang Fazhan Yanjiu* (Beijing: Shishi Press, 2006), pp. 267 – 290; Qin Yaqing and Zhu Liqun, op. cit. in note 120, pp. 21 – 26.

[2] Wang Yiwei, "Tanxun Zhongguo de Xin Shenfen: Guanyu Minzuzhuyi de Shenhua", *Shijie Jingji yu Zhengzhi*, No. 2, 2006, p. 21.

[3] Shi Yinhong, "Chuantong Neiwai de Dangdai Zhongguo: Zhengzhi Lingdao, Duiwai Zhengce yu Qi Zhongguo Texing", *Waijiao Pinglun*, No. 3, 2009, pp. 5 – 8.

[4] Chen Zhimin and Jian Junbo, "Lijie Zhongguo Waijiao Zhengce: Yi Minzu Zhuyi Wei Xiansuo", *Guoji Wenti Luntan*, No. 36, Autumn, 2004, See: http://www. studa. net/zhengzhi/051228/1407932. html.

and be guided by. Opinions differ a great deal. Some opinions appear to be extreme nationalist, whereas others tend to be liberal internationalist. At this point in time, with China entering into a new stage of development after three decades of reform and opening – up, the debate on where China is heading and what kind of country China should become is of great significance both in the context of interaction with international society and within China itself.

Conclusion

Four conclusions can be drawn after this thorough exploration of the internal debates on China's foreign policy that have taken place over the past decade. Firstly, there is no unitary understanding of foreign policy in China. Opinions differ with regard to various aspects of China's foreign policy, and these have been publicly voiced in various print and internet media. All references quoted in this paper come from academic books, journals and newspapers. All the authors cited are scholars mainly from the international relations community and the sphere of Chinese diplomacy studies. In making known and publishing their different viewpoints, they seek to influence foreign policy making. The debates on China's foreign policy have generated lively domestic dialogues and often have a strong impact on the formulation of foreign policy. This illustrates the fact that Chinese society has increasingly evolved into a pluralistic society characterised by a wide diversity of ideas.

Secondly, liberalism, in general, dominates foreign policy debates in China. The ideological tendencies of Chinese scholars can be classified into four major categories according to their theoretical orientations,

i. e. Marxism, realism, liberalism and social constructivism. Reflecting the basic assumptions underlying each theory, Marxism focuses on class and class struggle, realism on power and the conflicting nature of international relations, liberalism on weakening the forces of anarchy and increasing international institutions and cooperation, and constructivism on ideas, norms, culture and identity. The main currents in Chinese foreign policy studies can be distinguished according to the abovementioned four categories.

According to the studies of Professor Qin Yaqing, a renowned scholar in international relations theory, Chinese IR theory studies as they have evolved over the past thirty years can be split into three distinct schools of thought. He has come to this conclusion by analysing 1, 124 articles related to international relations theory published in five Chinese leading journals, World Economics and Politics, European Studies, Foreign Affairs Review, International Review and Contemporary International Relations, from 1978 to 2007. The three main schools of thought he identifies are liberalism, realism and social constructivism, accounting for 78 percent of the material surveyed: of these liberalism is the biggest in proportion, accounting for one third of the total. During the past thirty years, Marxist – oriented articles predominated prior to 1990 while articles with a liberal thrust have predominated since 1990. In 2007, liberal – oriented articles reached 44 in number, compared to 33 for realism – oriented ones and 35 for constructivism – oriented ones. [1] We argue in this paper that the trend towards liberalism has generally reflected the shift in thinking that China's foreign policy studies have so far revealed.

Thirdly, the general tendency of the world situation as it is currently evolving is interpreted by most Chinese scholars as overwhelmingly dominated by peace and cooperation, even though there is a varied spectrum of opinion in this regard. China's identity in international society is believed to have fundamentally changed from that of a revolutionary outsider and a detached state to that of a re-

---

[1] Qin Yaqing, "Zhongguo Guoji Guanxi LilunYanjiu de Jinbu yu Wenti", *Shijie Jingji yu Zhengzhi*, No. 11, 2008, p. 18.

sponsible member of international society. This is the main aspect of the identity issue, although questions about how deeply China should get involved in international society and how much responsibility China should bear are still under discussion. Vigorous debates on China's foreign strategy highlight the diversity and heterogeneity of Chinese society, all of which will profoundly impact China in the years to come.

Finally, a growing number of actors and factors are having an impact on China's foreign policy process. Domestic debates on China's foreign policy are driven by both internal and external forces. One strong factor is external pressure. China's adoption of the opening – up policy over the past three decades has meant that China has become both deeply involved in and tremendously influenced by international society. These influences, and the concomitant problems, issues and challenges, have stimulated Chinese academic circles to reflect on China's relationship to the international community and its policy choices, and to engage in a domestic debate on this topic. Other factors derive from the great social changes that have taken place in China. Currently there are 384 million PC internet users and 233 million mobile internet users in China. [1]Chinese citizens therefore have access to a vast arena in which to express themselves in the Information Age. By 2007, the urbanisation rate had reached44. 94 percent. Social stratification in China is evolving rapidly with the middle class expanding steadily. These developments constitute great changes in China's foreign policy making environment and have had a direct influence on the formulation of foreign policy. At present, unfortunately, studies about how interest groups, think tanks and internet users affect decision – making in China are lacking. It is obvious that China's foreign policy process is becoming more and more open, with academic communities exerting greater influ-

---

[1]   Zhongguo Hulian Wangluo Zixue Zhongxin, "Di 25 Ci Zhongguo Hulianwang Fazhan Zhuangkuang Tongji Baogao", http://www. cas. cn/xw/yxdt/201001/ t20100115_2727860. shtml.

ence on China's foreign policy making and on China's diplomacy.

This Chaillot Paper has endeavoured to give an overview of the foreign policy debate in China that, it is hoped, will provide useful insights to all those interested in China's attitude to and role in today's international system.

朱立群论著目录

1988 年

《基辛格建立国际稳定秩序的理论与实践》，《外交学院学报》1988 年第 4 期。

1991 年

〔美〕麦乔治·邦迪：《美国核战略》，褚广友等译，世界知识出版社，1991 年。（参与翻译）

1992 年

《恢复关贸总协定缔约国地位对中国经济的影响》，《经济导报》（香港）1992 年第 45 期。

1993 年

《试论毛泽东"一边倒"外交战略形成的中美关系因素》，《首都师范大学外国语学院学报》1993 年第 2 期。

1994 年

《从理性主义到非理性主义——西方社会思潮的演变及其启示》，《首都师范大学外国语学院学报》1994 年第 2 期。

《鲁尔占领——二十年代法国外交政策的重要转折点》，《史学集刊》1994 年第 2 期。

吴于廑、齐世荣主编《世界史：现代史编》，高等教育出版社，1994 年。（参与写作）

1996 年

《评"民主和平论"——民主与暴力关系的历史回顾》,《外交学院学报》1996 年第 1 期。

《法、德、英三角关系与欧洲格局重建》,《外交学院学报》1996 年第 3 期。

齐世荣主编《当代世界史资料选辑》,首都师范大学出版社,1996 年。(参与写作)

1997 年

《欧洲安全格局中的北约》,《外交学院学报》1997 年第 4 期。

《"九七"香港对大陆的政治影响》,《威海社会科学》1997 年第 4 期。

《欧洲安全结构中的西欧联盟》,《欧洲》1997 年第 6 期。

〔美〕杰里尔·A. 罗塞蒂:《美国对外政策的政治学》,世界知识出版社,1997 年。(参与翻译)

〔澳大利亚〕霍克:《霍克自传》,张晓立、朱立群等译,贵州人民出版社,1997 年。

1998 年

官少朋、朱立群、周启朋主编《冷战后国际关系》,世界知识出版社,1998 年。

《"开罗宣言"、"波茨坦公告"是对分裂分治的彻底否定》,《人民日报》(海外版)1998 年 12 月 21 日。

1999 年

《欧洲地区安全机制的百年演变》,《外交学院学报》1999 年第 1 期。

《欧洲安全格局中的欧安组织》,《欧洲》1999 年第 1 期。

《论冷战后的经济安全观》,《世界经济与政治》1999 年第 2 期。

《分裂祖国的行为没有历史和国际法依据》,《台湾研究》1999 年第 2 期。

Zhu Liqun, "Cooperative Security and China's Stand", *Foreign Affairs Journal*, No. 54, December, 1999.

2000 年

《从战略贸易理论看美国对经济安全的诠释》,《外交学院学报》2000年第 1 期。

《新现实主义对新自由制度主义的批判》,《欧洲》2000年第 3 期。

傅耀祖、周启朋主编《聚集中国外交》,中共党史出版社,2000 年。(参与写作)

〔英〕马丁·吉尔伯特:《二十世纪世界史》,周启朋等译,陕西师范大学出版社,2000 年。(参与翻译)

2001 年

《CJTF 与北约军事战略的改革》,《外交学院学报》2001 年第 3 期。

《欧盟共同安全与防务政策的突破性进展》,《欧洲》2001 年第 4 期。

《大西洋联盟关系的发展及走势》,《现代国际关系》2001 年第 11 期。

朱立群:《欧洲安全组织与安全结构》,世界知识出版社,2001 年。

2002 年

《冷战后欧安组织的维和与危机处理》,《外交学院学报》2002 年第 2 期。

《北约、欧盟"双扩"与欧洲新安全结构》,《国际问题研究》2002 年第 6 期。

苏格主编《跨世纪国际关系格局与中国对策》,中共中央党校出版社,2002 年。(参与写作)

2003 年

《北约的变化与未来发展趋势》,《欧洲研究》2003 年第 1 期。

《信任与国家间的合作问题——兼论当前的中美关系》,《世界经济与政治》2003 年第 1 期。

《制度化安全合作与权力的自我约束》,《世界经济与政治》2003 年第 11 期。

肖月、朱立群主编《简明国际关系史(1945~2002)》,世界知识出版社，2003 年。

2004 年

《当前国际关系的基本特征》，《外交学院学报》2004 年第 4 期。

《靠美国解决台湾问题无出路，国防现代化是根本》，《国际先驱导报》2004 年 4 月 10 日。

2005 年

《美国学界对中国亚洲政策的认知》，《外交学院学报》2005 年第 2 期。

《联合国改革前景的分析》，《外交评论》2005 年第 3 期。

《美国对中国军力的认知》，《美国研究》2005 年第 4 期。

《新国际主义与中国外交》，《外交评论》2005 年第 10 期。（第二作者）

《赫尔辛基进程30 年：塑造共同安全》，《世界经济与政治》2005 年第 12 期。

2006 年

《联合国投票变化与国家间关系》，《世界经济与政治》2006 年第 4 期。

朱立群、王帆主编《东亚地区合作与中美关系》，世界知识出版社，2006 年。

王为民主编《百年中英关系》，世界知识出版社，2006 年。（参与写作）

2007 年

《观念转变、领导能力与中国外交的变化》，《国际政治研究》2007 年第 1 期。

《中欧关系研究：三个重要的视角》，《欧洲研究》2007 年第 6 期。

Zhu Liqun，"Chinese Perceptions of the EU and the China – Europe Relationship"，in David Shambaugh，Eberhard Sandschneider and Zhou Hong eds.，*China – Europe Relations：Perceptions，Policies and Prospects*，1st Edition，London and New York：Routledge，2007，pp. 148 – 173.

2008 年

《中国国际观念的变化与巩固：动力与趋势》，《外交评论》2008 年第 1 期。

《欧盟是个什么样的力量》，《世界经济与政治》2008 年第 4 期。

《欧洲一体化理论：研究问题、路径与特色》，《国际政治研究》2008 年第 4 期。

Zhu Liqun, "The Domestic Sources of China's Foreign Policy and Diplomacy", in Pauline Kerr, Stuart Harris, and Qin Yaqing eds. , *China's 'New' Diplomacy: Tactical or Fundamental Change*? Palgrave Macmillan, 2008.

朱立群主编《国际体系与中欧关系》，世界知识出版社，2008 年。

《亚欧合作有利加强不同文明的对话》，《解放军报》2008 年 10 月 24 日。

2009 年

《中国外交的"中庸"特色》，《外交评论》2009 年第 3 期。

《中国参与国际体系的评估指标及相关分析》，《江海学刊》2009 年第 5 期。

《国际关系理论中国学派的原创性思考》，《中国社会科学报》2009 年 8 月 13 日。

〔英〕安特耶·维纳、〔德〕托马斯·迪兹主编《欧洲一体化理论》，朱立群等译，世界知识出版社，2009 年。

秦亚青等：《国际体系与中国外交》，世界知识出版社，2009 年。（参与写作）

〔美〕布鲁斯·琼斯、卡洛斯·帕斯夸尔、斯蒂芬·约翰·斯特德曼：《权力与责任——构建跨国威胁时代的国际秩序》，秦亚青、朱立群、王燕、魏玲译，世界知识出版社，2009 年。

2010 年

《奥运会与北京国际化：理解中国与国际体系的互动》，《外交评论》2010 年第 1 期。

《后金融危机时代国际政治思潮的走向及影响》，《当代世界与社会主义》2010年第4期。

《国际关系理论研究的"实践转向"》，《世界经济与政治》2010年第8期。

Zhu Liqun，"China's Foreign Policy Debates"，*Chaillot Papers*，No. 121，Paris：Institute for Security Studies，September 2010.

朱立群、林民旺等：《奥运会与北京国际化——规范社会化的视角》，世界知识出版社，2010年。

2011年

《中国参与国际体系的实践解释模式》，《外交评论》2011年第1期。

《利比亚危机考验欧盟塑造国际秩序的能力》，《欧洲研究》2011年第3期。

Zhu Liqun，"Civil Society and Governance：the Chinese Experience Global Governance—Building on the Civil Society Agenda"，The European Union Institute for Security Studies，Paris，2011.

Zhu Liqun，"China's Foreign Policy in a Globalized World：Challenges and Opportunities"，in Ren Xiao，Allen Carlson，Mark W. Frazier，*New Frontiers in China's Foreign Relations：Zhongguo Waijiao de Xin Bianjiang*，Lexington Books，2011.

朱立群、〔美〕盖瑞·博驰、卢静主编《国际防扩散体系：中国与美国》，世界知识出版社，2011年。

秦亚青主编《大国关系与中国外交》，世界知识出版社，2011年。

2012年

《社会结构的实践演变模式——理解中国与国际体系互动的另一种思路》，《世界经济与政治》2012年第1期。

《中国与国际体系：双向社会化的实践逻辑》，《外交评论》2012年第1期。

《金融危机后国际思潮的新变化及其对中国外交的影响》，《国际安全研究》2012 年第 4 期。

朱立群等:《中国与国际体系:进程与实践》,世界知识出版社,2012 年。

2013 年

《从结构—施动者角度看实践施动——兼论中国参与国际体系的能动性问题》,《世界经济与政治》2013 年第 2 期。

《外交环境变化与中国外交能力建设》,《国际问题研究》2013 年第 2 期。

Zhu Liqun, "China's Cold War Experience and Its New Security Concept", in Vojtech Mastny and Zhu Liqun eds. , *The Legacy of the Cold War*: *Perspectives on Security*, *Cooperation*, *and Conflict*, Lanham: Lexington Books, 2013.

2014 年

朱立群、〔意〕富里奥·塞鲁蒂 、卢静主编《全球治理:挑战与趋势》,社会科学文献出版社,2014 年。

Vojtech Mastny and Zhu Liqun, *The Legacy of the Cold War*: *Perspectives on Security*, *Cooperation*, *and Conflict*, Lanham Lexington Books, 2014.

2015 年

〔美〕沃伊切克·马斯特尼、朱立群编《冷战的历史遗产》,聂文娟、樊超译,社会科学文献出版社,2015 年。

Zhu Liqun and Feng Jicheng, "Epilogue: Chinese Empire Meets the West: A Centennial Conundrum for China", in Kalypso Nicolaidis, Berny Sèbe and Gabrielle Maas eds. , *Echoes of Empire*: *Memory*, *Identity and Colonial Legacies*, London & New York: I. B. Tauris & Co Ltd. , 2015, pp. 305 – 319.

忆立群

贺 弘 景

面对桌上的这本立群文集清样，我百感交集。重读她十多年来留下来的这些文字，一个鲜活的立群仿佛又坐在我的身边，相依相携共同走过的三十五年岁月中的许多往事，像回放的影视画面一幅幅在我眼前滑过。其实，她离去后这些往事就常萦绕在我眼前，一会儿是这个片断，一会儿是那个片断。很多事当年并没太在意，不知为什么就突然从记忆深处冒了出来。或许因为以前和立群在一起的日子流淌太快，很多事来不及细细体会，现在一切都定格了，再咀嚼品味这些往事，反倒觉得对立群的感知更清楚了。

立群为人沉稳大气，不卑不亢，这是当年她最吸引我的地方，也是后来这些年共同生活中我感受越来越深的地方。立群去世后她的学生们写回忆文章，不约而同地突出了她平易近人、和蔼可亲的一面，这样说也没错，但我以为清高才是立群为人的底色。尤其中年以后，随着年龄渐长，阅历日丰，她虽不能说已到不以物喜、不以己悲的境界，但对人对事确实愈显豁达淡然。在我记忆中，从没见过她萎靡消沉，更未见过她嚣张亢奋。有值得高兴的事，她总是先向我通报，与我分享，但不会到处张扬。遇到不平或委屈，她忍不住时也发几句牢骚，有时还哭上一场，但很快就会平静下来，绝不会沉溺其中。甚至面对生死，立群也表现出令人惊叹的坚强和淡定。知道自己是肺癌脑转移后她就与我约法三章，一是病情的发展变化要及时告诉她，不能隐瞒，二是最后时刻不做无谓治疗，不必人为地延长没有质量的生存，三是去世后不要惊扰朋友和同事，家里亲人们为她送行即可。即使不久便因脑肿瘤压迫神经而双目失明，她依然显得那么从容平和。我曾设身处地地想，她心里一定经常波涛汹涌，但她从未向我流露过一点烦躁和沮丧，更没有向我发过脾气。有同事朋友来看望，她还是兴致勃勃、谈笑风生，让人丝毫看不出命运对她的残酷打击。

我的一个与立群也相识很久的朋友，在一次闲谈时曾说立群为人外圆内方，立群却不认可这个说法，称自己是当圆则圆，当方则方，只是圆比方表现得更多一些而已。在我看来，立群自己这个说法更准确些。于她而言，圆和方其实是浑然一体的，很难说哪个是外表，哪个是内里。因为清高的要义本就在于择天下之正道，既不眼里揉沙子，又求敦睦仁义。所以我一直认为，立群所表现出来的圆并非出于功利的玲珑世故，而是源自善良的热忱周全。

我们家先后在我工作单位的两个家属院住过，在每个院里立群认识的人都比我多，因为她无论见到谁都热情招呼寒暄，特别是遇到工勤人员，还不时家长里短聊上一阵。我素来不喜如此，曾挖苦立群，说她与人寒暄说的都是废话。她反过来抢白我说，我们又不是啥了不起的人物，对别人就应该尊重和礼貌，招呼寒暄不过是个形式而已，像你那样把眼睛顶在脑门上走路才是没有修养呢。逢年过节，她会从家里拿一点东西送给院里传达室的门卫师傅，对他平日帮大家接收信件、快递表示感谢。立群住院及去世后，门卫师傅多次向我打听她，知道实情后连连感叹，多好的人怎么就摊上了这种命。

说到立群为人方正，我想起两件事。一件事发生在很久以前。一天她下班回来挺生气，我问原因，她给我讲了那天发生的事情。当时立群兼任所在部门党支部书记，一个同事和她套了几次近乎，就开门见山提出要发展他入党。立群认为这是件很严肃的事，要按入党标准和组织程序办，自己不能私下应承。结果对方反过来取笑她，说是都啥年代了还弄得像真格的一样。立群很感慨，这种人自己庸俗而不觉得，还以为别人都一样。另一件事发生在前几年，和我有直接关系。我侄子在一所还算不错的外语院校读英语，想考外交学院的硕士研究生，正好那年我们回老家过春节，哥嫂便向立群提起这事。立群当时没说什么，但回京后挺严肃地和我谈，表示可以尽力为侄子辅导，但最好动员他报考别的院校，因为自己分管研究生处，侄子来考难免瓜田李下之嫌，这样以后不好严格要求别人。结果侄子报别的学校没考上，我心里不高兴，几天都对立群沉着个脸。好在这孩子比较优秀，后来事业发展很顺利，我对哥嫂的歉疚之情才渐渐消除。

回忆立群，我眼前闪现最多的还是她伏案读书写作的画面。我觉得勤奋、追求，可以说是立群学术生涯中贯穿始终的两个主题词。立群1982年从南开大学历史系中国史专业毕业后，到北京外语学院分院（后调整为北京联合大学外国语师范学院、首都师大外语学院）教中外历史公共课。当时我还在天津读硕士，回北京通常乘晚班火车，每次我走过昏暗的楼道推开她宿舍的门，都见她就着一盏橘黄色的台灯，在温馨的灯光下静静地读书。我觉得正是这期间的大量阅读，进一步修养了她的心性，也为她后来走上学术道路打下了基础。靠着勤奋踏实，立群在教学上渐渐做出一些成绩，被评为北京市优秀中青年骨干教师，并取得副教授职称。但她心里越来越不满足，几次和我讨论这个问题，觉得沿着这条路走下去比较轻松安逸，但没太大意思，可能一辈子就混过去了。为此，她设法调往专业性更强的工作岗位，但因当时单位领导一直不放她走而迟迟未能如愿。那几年她虽一如既往认真教学，心里却常有几分时不我待的急迫和郁闷。

1995年，经过颇多周折后立群终于调入外交学院，从事国际关系研究和教学。她清楚自己在国际关系研究方面专业训练不足，基础薄弱，又人到中年，想在学术界站住脚就必须比别人更努力。为此，她几乎把一切可用的时间都放在读书上。在我记忆中，从她到外交学院以后，我们全家只外出游玩过两次，一次去张家界，一次去烟台，只看过一次电影，就是《集结号》。她主要的娱乐和放松，除了散步就是偶尔与我一起看看电视。我自认对立群的勤奋好学很了解，但她去世后，整理她的藏书时我还是有点吃惊。她收藏的几千册中英文图书基本都认真读过，从她在书中做的批注和标记来看，很多书显然不止读过一遍。可能我少见多怪，但想到她后来这些年终日忙碌的情形，我还是对她挤时间读了这么多书产生了几分敬佩。

经过几年摸索，特别是随导师周启朋教授读博士期间接受了系统训练，再有吴建民院长、秦亚青教授、曲星教授、宫少朋教授等名师提点，到本世纪初前后，立群在国际关系研究方面入了门径，上了轨道。她每写一篇文章通常会先让我看看，虽然很多问题我知之不深，但仅从文字、逻辑和思考深度来看，我能明显感到她在不断进步和提高。

2005 年后，立群担任了学校领导职务，繁杂的行政工作占用了她很多时间和精力，教学任务也不轻松，想继续在学术研究上出成果，就只有更狠地压榨自己。我看她太辛苦，于心不忍，几次半开玩笑地劝她，你不是才华横溢之人，成不了一流学者，况且你与同龄甚至更年轻的同行相比，起步晚了好些年，能当个二三流学者就很好了，别把自己弄得那么辛苦。如今回想，我这话虽出于好意，但对她多多少少可能会有些伤害。作为她最亲近、最信赖的人，我竟然没有完全懂得她的内心世界。其实，每当她想通了一个问题，琢磨出了一个概念，设计好一篇文章的结构安排，就马上和我谈论，兴奋之情溢于言表，我就应该懂得，她不仅在追求，也是在享受，她注重结果，更在乎过程。无论能不能成为一流学者，她都不会放慢追求的步伐。这几个月来我常想，以立群的悟性和韧劲，设若上苍再多给她一些时间，她一定能取得更多成果，拓展出自己的学术新天地。

对待工作，立群一贯认真负责。前些天收拾家里旧物，翻出了立群保存的备课教案，厚厚的牛皮纸袋装了十几袋，其中一些还是早年手写的。有好几份乍看课程名称一样，细看内容却不尽相同，应该是每次讲这门课时又做了充实修改。立群对教学的严谨，我早就听她的学生们说过，也经常看到她摊开多本参考书撰写教案的情景。所以对翻出的这些牛皮纸袋，并不觉得意外。真正让我深刻感受到立群工作责任心的，是一件我至今都难以释怀的事。

2013 年 7 月中上旬，也就是她被确诊为肺癌脑转移晚期的前一周多，国际关系学会要在云南开理事会。当时她头痛症状已经很严重，还出现过短时间的意识不清，加之前一个月还分别参团或率团去韩国、沙特进行学术交流，身体极为虚弱疲乏。我当时已预感她的健康出了问题，便再三要求她放下工作，抓紧时间检查治疗。但她说这次会议是学会年度工作的一件大事，多位副会长和理事出席，自己身为学会秘书长，一手操持了会议筹备，如果临阵换将，万一出现差错对学会和学校都影响不好。她执意要去，我只好尊重她的决定。后来回到北京她才告诉我，还没飞到云南她就头疼得难以忍受，脸色煞白，大汗淋漓，飞机落地后自己都无法行走，是被同事背下来的。会议那几天，她完全是硬撑着坚持。她没想到，我也没想到，这竟是她挣扎着给自己职业生涯画的一个句号。

由此，我又想到另一件事。2014年国庆前后，由于药物副作用，双目失明近一年的立群产生严重幻觉，感觉眼前看到了很多景象。她以为自己恢复了视力，急切地催我替她拨通电话，高兴地向院领导报告说，我眼睛好了，能看见了，过完节我就能去上班。那种回到工作岗位的殷切盼望之心，我至今想来仍唏嘘不已。

忆及我们家的日常生活，我一时竟想不好用个什么词，准确形容立群作为家庭主妇的特点。她骨子里既有很浓厚的传统中国妇女色彩，又具备现代知识女性的特征。她算不上典型的贤妻良母，但一直在努力尽到为人妻为人母的责任。她相信爱情，倚重亲情，但又始终保持着自立自强精神。她不会像很多母亲那样为孩子甘愿牺牲一切，但又充满了母性的慈爱。正因为有了立群，我们家如同夏日的一泓清水，不喧闹，不浪漫，却总让人感到很温暖。

女儿幼年时我经常在外地工作，是立群一肩挑起了带孩子的重任。因为她从未向我诉过苦，我除了知道生孩子时是她在冬天的凌晨，挺着肚子、冒着寒风，自己骑自行车然后转公交车赶到医院的以外，对那时她独自一人带女儿的情形基本没什么记忆。前些天我曾问过女儿，你小时候对你妈印象最深的事是什么？女儿说是夏天睡觉时我妈给我扇扇子。那时我家住在老式砖楼的顶层，当时空调不普及，但想不起为什么我家也没有电风扇，经过一天太阳暴晒，到晚上屋里还是酷热难耐。为了让女儿能睡好，立群就不停地给她扇扇子。有时女儿中间醒来，见妈妈困得眼都睁不开了，手中的扇子却还在摇着。

我再回北京工作时，女儿已稍大一些，开始懂事了。我记忆中，立群对女儿的衣食并不特别用心，温饱健康就好，她更在意的是对女儿精神上的教育培养。女儿小时候立群与她的两次谈话我至今印象很深。一次是上幼儿园时，园长动员小朋友提意见，女儿就提了几条，但老师却为此在全班批评了女儿。立群知道后表扬女儿做得对，鼓励她坚持说真话，自己经过思考认为不对的事，就要敢于提出来。另一次是女儿上小学二年级时，有一天我在院里见她提着个塑料袋到处捡东西，看到我就跑开了。女儿回家后立群问她在干什么，开始她不肯回答，后来有些不好意思地承认是想捡些废纸去卖。立群很诚恳地对女儿说，捡废纸并不丢人，想通过自己的劳动换取喜欢的东西更没有错，每个人只有通过自己的劳动，才能换来幸福的生活。所以，你能有这种想法妈妈非常高兴，不过要注意太脏的纸不能捡，别人放在外面的纸不能捡。还告诉女儿，如果她愿意，以后妈妈可以陪着一起去捡。女儿小学和初中时每学期写的计划和总结，还有老师的评语，立群一直细心收藏着。记得那时每个学期末，她都会认真地和女儿谈一次话，结合老师的评语，一点一滴地告诉女儿，哪些事做对了要继续坚持，还有哪些不足要注意改正。前几年女儿参加工作后，我从侧面了解到单位领导对她的评价是踏实负责。我和女儿聊到这件事，她挺自豪地说，那当然，我妈教育了我那么多，总得在我身上留下一些烙印吧。我想立群如果听到这句话，一定会非常欣慰。

在我和立群之间，我感触最深的不是她在生活上对我的关照，而是她的包容大度。在涉及我们俩的重要问题上，她都尊重我的选择和决定，即使有不同想法，也不强加于我。当年离开北京到外地工作，是我自己的选择。我和立群商量这件事时，她并没有因我走后带女儿的事落在她一人肩上而表示反对。她明白我当时的心思，告诉我尽管按自己的想法去做，开心就好，不用担心家里。今天想来，我当时对自己走后她面临的境况考虑确实不够多。还有一件更自责的事，结婚后不久我就向立群提出今后不要孩子，就我们俩过一辈子。她起初不太接受，见我坚持便不再明确反对。此后我不提这事，她也就不提这事，只是在家人朋友劝我还是要个孩子时，淡淡地附和几句。甚至在意外怀孕后，她也不喊不闹按我的意见去做了流产手术，以至于我认为她和我一样，并不期盼为人父母。七年多以后我同意要孩子了，她非常高兴，但直到她怀孕，我都没有真正理解即将到来的这个孩子对立群意味着什么。她离世后的一天，我端坐着凝望她的一幅照片，看她抱着几个月大的女儿，满脸阳光灿烂的笑容，我心里突然感到震颤。因为我发现，她的笑容是从心里流出来的，洋溢着初为人母的幸福。我这时才明白了，她其实一直都盼望有个孩子，只是不想让我做违心之事，宁可压抑自己当妈妈的渴望。

有一年我母亲来我家小住，见我常因一些小事向立群唠叨几句，觉得她受了委屈，便趁我不在家时做她的工作。母亲挺认真地对立群说，你不能一味纵容忍让，他再唠叨你就发火把他顶回去。立群回答说，夫妻哪能计较清楚，都是一些无关痛痒的小事，他唠叨的话我左耳进右耳出，根本不往心里去。随后，母亲和我说了这段对话的情形，告诫我不能因为立群大度就不注意克制自己。但江山易改本性难移，我这个爱唠叨的毛病终未完全改掉。而立群直到躺在病床上，才不用再听我唠叨了。

立群病中我与她相约，再携手共度二十年，她一直积极服药，努力锻炼，期望实现与我的约定，但命运最终还是让她爽约了。既然上天这样安排，就只好让记忆中的立群陪伴着我，共同走向地老天荒。

我很欣慰的是，立群的为人也得到学界同仁的认可。她生病后那么多同事、同行、朋友到医院或家里看望，给了她很大安慰和快乐。她去世后，那么多同事、同行、朋友去八宝山送别。她的学生在三年多时间里，从生活上到精神上都对她十分关照。借此机会，我向关心和帮助过她的各位师长、同行、朋友和学生表示诚挚的感谢。还要特别感谢外交学院陈志瑞教授，是他提议并不辞烦劳组织了这本文集的编辑出版工作，感谢秦亚青院长亲自执笔为文集作序。让我十分感动的是，立群的博士导师周启朋教授耗时四个多月认真审读了立群生前发表的大部分论著，精心梳理分析了立群的学术成长轨迹，为这本文集撰写了前言。这些深情厚谊，我都铭记在心，待与立群相逢的那天，一一讲给她听。

2017 年 11 月 22 日

君子朱立群教授

吴文成（执笔）

外交学院朱立群教授离开大家已经快一年了，诚如先贤所言"死是寻常事"，"堕地之时，死案已立，只是修短的缓刑期间人各不同而已"，"但逝者已矣，生者不能无悲"。而悲痛总是折磨人，使人总想说点什么，以告慰逝者。西谚有云："大山近处不显高。"在朱老师身边的亲人眼里，朱老师是一个说话"柔声细语"的"贤惠"妻子，她偶尔会"生闷气"，也会因为孩子的教育和丈夫争吵，甚至说一些善意的谎言。不过，作为朱立群教授指导的博士生，我们先后在朱老师门下学习了四年之久，既远慕朱老师治学为人的长者风范，又近距离感受恩师的谆谆教诲，这种恰到好处的距离让我们从另一面感悟朱立群教授的社会人格魅力，既不为尊者讳，为

---

* 本文系朱立群教授全体博士研究生对恩师的缅怀之作。在朱立群教授去世后，她的许多学生都以不同方式表达和寄托自己的哀思和怀念之情，传留了不少情真意切的纪念文字。本文即由吴文成博士执笔，文中引用来自赵广成、聂文娟、韩叶、曲丹、郭枭、孙豫宁、王娅奇博士以及贺弘景老师的回忆诗文。

** 朱立群教授在担任博士生导师期间，先后共招收博士研究生 24 名，现在他们都已学业有成、事业颇丰。他们是：（2002 级）狄会深，（2003 级）慕永鹏，（2004 级）惠耕田、朱杰进，（2005 级）胡晓明、林民旺，（2006 级）黄超、仲舒甲，（2007 级）赵广成、赵宇敏，（2008 级）冯继承、聂文娟，（2009 级）孙豫宁、吴文成，（2010 级）步少华、曲丹，（2011 级）刘匡宇、韩叶、黎旭坤，（2012 级）周玥晗、贺刚、王娅奇，（2013 级）佟巍、郭枭。

师者讳，为逝者讳，又不溢美，而力图还原一个"外圆内方"的真实的君子朱立群教授。

提起朱老师，大家头脑里不自觉便浮现她那浅浅的笑容和温和的声音。她总是严于律己、宽以待人，接人待物都让人如沐春风，具有典型的儒家君子人格。作为领导，"每当有工作需要和下属沟通，她总会亲自来到我们的办公室，认真地听取下属的意见，仔细地斟酌哪种方案更加合理可行。印象最为深刻的就是她短促的敲门声过后那温柔的声音：'我进来啦。'然后自然轻松地问候我们，拉拉家常。"作为师长，她非常关心学生的学习和日常生活，是言传身教的典范。"她会谆谆教诲我学术道德与规范是一个研究者安身立命的根本，会在她的课堂上深入浅出地谈到自己每个学术观点成型的过程，会从自己的研究经历中向我分享提炼为人处世的启示，会像个慈祥的母亲一样评价我穿着的一件亮色衣衫……"可以说，在朱老师身上，传道授业解惑的师者之道得到了近乎完美的体现。

君子怀德

朱老师特别看重一个人的品德，对于入门的学生首先考察的便是为人是否正派，而自己更是有高尚的人格魅力，真正做到了"据于德"。例如，在跟博士生们交流时，她会说，"文成，你读了一年书后，身上有一股气了"，她还会说，"你们几个学生都不错，都很正"。此外，"在所有的严格要求中，朱老师把学术道德看得最重。她是外交学院分管科研的校领导，在我们的博士学习开始之前，给全体研究生做了一次例行报告会。在一个多小时的演讲中，她再三强调的是学术规范和学术道德问题。她说，对于学术研究来说，学术道德是安身立命之本，如果在这方面出了问题，就会被永远地钉在耻辱柱上"。朱老师经常告诫我们，要堂堂正正做人，干干净净做学问。

所谓"君子有诸己而后求人，无诸己而后非诸人"，在和学生们交往时，朱老师总是从学生的角度出发，关心学生的成长，始终考虑学生的利益，教导自己的博士生将来"为人师要为学生着想"。即使在得知自己的病情后，仍念念不忘郭枭等几个未毕业博士生的学习安排，甚至深表内疚地说对不起最后一届学生，并多次强调要让民旺和文娟、文成单独给他们补课，自己更是抓住学生们探望的机会，病中也不忘辅导学生。"就在老师发现病情入院治疗的前几天，她还特地叫上文娟师姐一起讨论我的论文，而且一谈就是半天。很难想象，头痛欲裂的老师是怎样撑下来的。到了2014年初，老师已经双目失明，在病榻上的她还在关心我的论文进展，叮嘱其他师哥师姐为我的论文把关。"即使在病重后，她"也并未因此少操哪怕一份对学生学业与生活的关心。看望她时，总会提起这个学生或那个学生的近况和趣事。她会惦念惠师兄的研究才能因为移民生活而中断，关心匡宇在美国的学习情况，提到朱师兄在非正式制度研究上一步步的成就，谈起黄超论文开题时的努力；如数家珍地叙说林师兄在学术上的才情，还有文娟在博士生面试时的干脆利落的问题回答，文成扎实的历史学基础。也会时常担心广成师兄的烦恼，贺刚和旭坤的毕业去向；谈及玥晗在学术上沉稳的气质，欢欣亚奇小师妹三年来的学习进步；还会忆起少华朴实的性格，惋惜曲丹放弃美国学习的机会，叨念'抓回'豫宁写论文的趣事和对豫宁工作去向的欢喜。反正，每一个学生就如她的每一个孩子，熟悉每个人的优点缺点，记得每个人这样或那样的'点滴'"。

除了在学业上帮助学生之外，在生活上朱老师更是照顾有加，甚至在自己重病之时，还要资助生活一时困难的学生，真正做到了"君子无终食之间违仁"。因为考虑到学生大都没有工资收入，朱老师尽可能地在经济上补贴学生。与学生聚餐的时候，她坚持不让学生埋单。"有时候，她不愿辜负学生的一片心意，参加我们结账的聚餐时，就只点那些价格不高的饭菜。"据广成回忆，"在三年学习期间，她经常从家里带来各种各样的食品和水果，说是学习任务重的我需要补充营养"。"来到西安之后，因为囊中羞涩，我无力购买学校提供的房子。她得知情况后，再三表示要为我提供资金支持。"在朱老师病重期间，文成由于父亲遭遇车祸，一时限于困境，朱老师得知情况后，在自己治疗花费巨大的情况下，多次拿出钱来，嘱咐文成要好好给父亲看病。

君子不忧不惧

"我不怕死。"在得知自己罹患癌症后，朱老师多次对我们说，自己不畏惧死亡，坦然接受任何结果。在患病直到去世的三年多时间里，每次我们去探望老师，她总是保持着一贯的缓缓的语调，坦然地诉说自己的病情，脸上写满平静。可以说，"一向优雅从容的老师即使在面临死亡时，也没有战战兢兢，依然淡定而又坚强"。朱老师曾告诉同学们，"人生的意义在于宽度厚度而不是长度，即使现在从生命列车下来"，她也没有丝毫遗憾。

由于病情加重，在生命的最后两年里，朱老师眼睛逐渐失明了，在黑暗的世界里摸索一开始让朱老师倍感心痛，可是慢慢的老师再次变得乐观和开朗起来。有一次我们大家去看望她时，她说自己想通了，能够接受失明的现状，每天仍然可以摸索着在跑步机上锻炼，可以让别人给她朗读报纸和书刊。即使在眼睛失明的情况下，与同学们见面，老师也不曾流露出一丝的忧虑和悲伤。时值 2013 年 11 月，当同学们为朱老师庆祝生日时，"她的眼睛虽然依旧清澈而灵活，但已经几乎看不见东西了"。"根据医生的嘱咐，她原本是不能出来活动的。但得知有几位学生从外地赶来，她就非要参加这个生日宴会不可。"席间，"大家对朱老师的病情忧虑重重，餐桌上气氛有些沉重。而在当天早上状况不适的朱老师，却坚持赶来参与这个聚会，当看到轮椅上瘦弱的、已经基本看不到东西的朱老师时，我再也忍不住自己的眼泪，然而朱老师却是那么坚强与乐观，在整个过程中她没有说一句沮丧的话，而是同我们聊起国际形势的新变化和学术发展的新趋势，她一个一个地倾听着在场的每位师兄师姐最近的生活，开心地告诉我们哪道菜比较好吃"。

到了 2014 年，朱老师病况如旧，但老师心态一直很平和、乐观。6 月28 日，朱老师为当年毕业的几位博士生庆功。根据娅奇的回忆，"记得那次的聚会特别热闹，聂师姐和曲师姐的孩子满地跑，朱老师笑称'朱家军都有第三代啦'。她聚精会神地听取每个人汇报学习、工作和生活状况，并给予相应的评论和指导，与往日无异。在师姐们的帮助下，她乐呵呵地品尝了多种菜肴。临别之际，朱老师坐上曲师姐的车，一面挥手向我们告别，一面嘱托道：要开心每一天！我当时就站在老师的斜对面，也许她已经觉察不到我的存在，但我却直接而又真切地感受到了这鼓励大家积极生活的六个字居然出自一位重症病患之口那一刻的意外、心酸和由衷的敬仰"。

朱老师虽然说话柔和、不愠不火，但骨子里却是异常坚强，有着极其坚韧的意志力。贺老师在诗里就回忆到了这一点：

> 女儿出生时我没能在你身旁
> 半月后我才知道
> 马上做妈妈的你，为了不扰动年迈的公婆
> 在冬日凌晨的寒风里
> 挺着肚子，忍着疼痛
> 先骑自行车，又搭头班汽车，自己赶到了产房
> 即使因产后大出血差点丢掉性命
> 你也没向我流露过一丝怨言

这种坚韧的意志力同样表现在朱老师学英语的执着上面。在工作之余，因为非英语专业出身，朱老师坚持自学英语，每天收听英语新闻，几十年如一日，终于使自己的英语水平突飞猛进，达到了听说读写流利自如的程度。

天性乐观，与众不同的坚强意志也支撑着她走过了艰难的三年求医之路。在得知老师身患绝症后，几经辗转，贺老师找到了一位声名卓著的中医。那位中医开出的草药方剂虽然很有效，但每次外敷内服之后，都令她疼痛难忍，苦不堪言。这种巨大的痛苦并没有压倒朱老师，每次她都强忍剧痛，保持镇定，按期完成每个疗程的治疗。除了忍受草药治疗带来的剧痛，后期的针灸也疼痛异常，但是朱老师丝毫没有退却，勇敢地坚持做完了相应的疗程。在陪同朱老师一起前去扎针的文娟看来，"扎针那个疼啊，这辈子我再也不想见到第二次了，肚子上，额头上，脸上，鼻尖，胸前，

甚至脚心都扎着一扎长的针，您那个疼呀，在几乎已经没有意识的情况下突然喊出了'疼'，我觉得自己都快撑不住了"。

君子成人之美

朱老师无疑是关心学生的师长，她虽然对学生们的学业要求很严格，但从不把自己的意志强加于人，而是根据每个学生的爱好、特点和学术特长因材施教，尊重学生们的学术爱好，引导他们自己选题、自由进行学术研究。

对于精通波斯语的广成，"朱老师在学习上对我提出最严格的要求，但在学术上赋予我最大限度的自由。她根据我的知识结构，建议我把伊朗问题作为经验层面的研究方向，除此之外，任凭我的思维在知识的海洋里驰骋"。对于偏爱政策研究的豫宁，"老师对我的研究方向颇费了一番功夫，经过仔细斟酌之后，提出了两个建议：一是研究印度，二是研究国际河流。当时，这两个方向在国内并非热门，却很有价值，无论是作为毕业论文的题目，还是此后进一步研究的方向，都是有百利而无一害。老师甚至和我说，这两个方向日后会愈发重要，只要用心去做，三五年之内必有所成。事实也证明了老师的远见卓识。然而，我对这两个方向却不甚感冒，看了相关资料后，决定将北极作为毕业论文的题目。和老师沟通时，还是有些忐忑的，毕竟老师为我下了那么大的功夫，而且当时对北极也不是特别了解，也说不出个所以然来。谁料和老师谈了粗浅的想法后，老师并未有任何的不悦，反而对题目大加肯定，还提醒我要广泛阅读文献、确定合适的理论框架"。对于刚入门不久的郭枭，"老师根据我的研究兴趣为我的硕士论文设计提出了翔实的建议，每次见面或者邮件联系时她都会仔细地调整我的研究框架，向我推荐最新的文献材料。无论她的工作多么忙碌，我发出的邮件她都会在工作的时间迅速地回复反馈"。而对于曲丹来说，"2012年底，我面临人生的另一抉择，是去美国学习一年，还是留在学院继续发展。虽然当时朱老师倾向让我到国外深造，但是她仍然尊重我自己的选择，从来没有跟我提起过她是否对我的选择失望，仍然一如既往地关心我的学业和生活。直到老师去世后，我才从其他同门处了解到，她还是对我当年的选择感到惋惜"。

有关朱老师的包容精神和对学生们学术探索的鼓励，韩叶更有着细致入微的美好记忆："从基本的文献阅读，到研究方法的系统训练，朱老师耐心而又严格。时常会想起在 263 教室靠门第一排的座位上，老师认真聆听我们对每一篇文章发表的意见、和大家互相讨论，激发学生思考的场景。到论文开始构思的阶段时，朱老师更是多次组织同门的师兄师姐一起讨论我们在每一阶段的进展结果，以至于和我同届的许多博士生都为此羡慕不已，我更是常常在同学中进行炫耀。也因此，我在论文写作中，少了很多焦虑。能让每一个学生感激的不仅是朱老师对我们学术研究尽心尽力的培养，朱老师更注重对我们学术自信的鼓励。我记忆当中，朱老师对我们每次的思考都会给予很高的夸赞，你总能从她惊喜的眼神、温暖的笑容中获得'我原来也能做得很好'的信心。这种鼓励缓解了我的学术拘谨，也让我由此想要更加努力，只为做得更好。"

君子举案齐眉

如果说家是让我安心停泊的港湾，你就是那湾外的长堤。

如果说家是为我遮风挡雨的屋顶，你就是那顶下的栋梁。

在朱老师走后，贺老师一首深情的悼诗令无数人动容。而同学们多是在朱老师生病后，才认识了贺老师。在 1000 多个日夜里，为了照顾朱老师，贺老师披肝沥胆，殚精竭虑，尽了最后一份努力，没有放弃任何可能的治疗康复的希望，对此，同学们都深受感动，一致认为朱老师和贺老师的爱情与婚姻是现代版的举案齐眉。

朱老师常和学生们谈起自己的爱人，她会说"我家先生很有才，文笔很好，就是太实在了，写文章那是一个字一个字地抠"，老师偶尔也会戏言，"我家先生有时话特别多，我就一边看报纸，一边听，然后一个耳朵进，一个耳朵出"。朱老师还给我们说起过他们吵架的故事，那时候朱老师女儿刚刚出国，她心情本来就不好，那天晚上又把吹风机弄坏了，然后贺老师就开始唠叨，朱老师就躺在床上生闷气，越想越气，觉得自己难道还不值一个吹风机吗？朱老师事后告诉大家说，自己越想越气，一晚上都没睡。我们当时很惊诧，都问"那您干吗不把他叫起来直接吵架呢？"朱老师无辜地说，"我再气也得让他睡觉啊！"对于朱老师的这种宽容，贺老师在诗里写道：

> 你总是不愠不火，柔声细语
>
> 而我却时常为一些小事着急
>
> 面对我甚至有些无理的发火和琐碎的唠叨
>
> 你多半优雅地微笑，有时还露一点居高临下的不屑和鄙夷
>
> 轻轻地摇头而去
>
> 如一股暖暖的春风
>
> 把我带来的寒意吹拂得没有踪迹

当朱老师开始与病魔搏斗后，贺老师更是寸步不离，费尽心神，努力寻找治疗的希望。"他在为您采取西药的靶向治疗的同时，开始积极地联系中医，没有经历过的人真无法体会这是一项多么复杂艰难的工程，您几点几分吃药，吃多少药，中药要煎熬几次，每个药会对肾胃有什么副作用，缓解的药饭前还是饭后喝，饭后多长时间喝，这些工作丝毫都容不得一丝差错，您身体内的维生素如何变化，血蛋白怎么变化等等，尤其是中药太多会滋养您身体的癌细胞，太少您身体又没有与癌细胞做斗争的能力，这分寸的拿捏都得靠贺老师，他几乎成了一名医学专家，在医院甚至都被误认为是医生，他为了方便您，自己学会了打针，也开始在家自己给您理发，他还要求女儿每天给您读读英语，保姆每天给您读报，希望我和您聊聊学术，以防止您智力退化。您还记得吗，他也要求您每天要在跑步机上走多少步，深呼吸多少次，按虎口穴多少下等等。2014 年随着脑中癌细胞的扩散，骨积液的增多，您的眼角膜神经不断受到挤压，视力一天天弱化下去，直至完全失明，您也动摇过，觉得一个看不见的人生还有什么样的意义，但有一天您告诉我，您说，'我想通了，眼瞎了，贺弘景就是

我的眼。'" 对此，贺老师写道：

> 我太清楚，太清楚失明对你意味着什么
>
> 你的心里一定是万箭穿过般的痛苦
>
> 但你的脸上依旧是那么淡定
>
> 你饱含信任地对我说
>
> 你就是我的眼睛，有你在，我眼前照样一片光明

在朱老师患病后，贺老师每天都陪在身边，住院后更是每晚坚持自己陪护，后来抽空回家休息了几天，贺老师却说"他回家睡觉感到内疚，觉得把您一个人放在这儿"有愧。这种深情同学们闻之无不为之动容。贺老师坦言，"对待情感我还真的过于含蓄，在我们一起走过的三十四年中，你几乎没有从我这里听到什么甜言蜜语"，但在朱老师离开后，他淋漓尽致地表达了这份深情：

> 你是一本厚重的书，越读越入胜
>
> 你是一杯陈年的酒，越品越有味
>
> 在品读中，我看见了
>
> 辽阔的沧海波涛汹涌
>
> 壮美的巫山云雾翻腾
>
> 我要向所有人宣告
>
> 与你为伴，是我此生最大的成功和骄傲

朱老师和贺老师的这份情深意笃，在平日里看似平平淡淡，在危难时却显得异常的坚贞执着，于无声处见真心。而朱老师这种对待爱情、对待婚姻的态度，也再次感悟我们：君子之爱，虽不能厮守始终，却可以举案齐眉，相敬如宾。

君子风范长存

"别乃天常，哀兹远方。"朱立群教授虽然离开我们了，但老师的音容

笑貌依然留在大家心间，老师的一言一行仍在指导着我们后学继续前进，让我们鼓起勇气，摸索各自的人生旅程。不管我们身处何方，不管我们的生活是否彷徨，也不管我们是否找到自己的方向，朱立群教授宽厚仁德的君子人格魅力，无时无刻不在激励我们要勇敢面对一切挑战，平淡看待一切波澜，欣然接受一切苦难，从而以赤诚之心体验这个世界，以仁慈之心包容这个世界，以感恩之心回馈这个世界！

最好的告慰

陈志瑞

朱立群老师的文集即将付梓，是件很令人欣慰的事。

在她病重期间，我就在想除了去看望她，陪她说会话，我们还能为她做点什么。到后来，她不仅看不见，也不能再说什么了。我们仍会去看她，无奈而难过，勉力救治，但无力回天。现在她不在了，我们仍常常想起她，怀念她，回忆与她接触交往的片段和点滴。我们这样做，是敬重她的为人处世，也因为她的学问，作为国际关系研究的老师和学者，她同样是值得钦佩敬仰的。

通过家人及学生的回忆和缅怀，现在我们知道朱老师其实是学中国史出身，也教了好长一段时间历史课，但大家今天想到她、提起她，是她作为中国国际关系研究知名学者的身份。她的著作目录显示，她真正转向国际关系学习和研究，也就二十多年时间，主要集中在世纪之交的两个年代，其间得照顾家庭孩子，还得分身行政工作，然而，她的成就和贡献是有目共睹的、令人惊叹的。而且，或许更重要的是，她倾力于国际关系教学和研究的这段时间，正是我们国家改革开放进入新阶段、从崛起走向伟大复兴的重要时期。且不说别的，2001 年中国加入世界贸易组织，2008 年北京举办夏季奥运会，2010 年上海举办世界博览会，单提这么几件中国与世界之间发生的大事，我们就能感知和触摸这一非凡的历史进程。中国不仅向世界开放、学习，而且开始融入国际体系，参与国际社会和全球治理。作为新时期中国国际关系研究的一个亲历者，一位佼佼者，朱老师的研究和思考是紧跟和把握时代的脉动的，她的学术旨趣和方向恰与时代形成某种平行和互动，这个时代的理想、特色和气质在她的著述中多有体现，当然即时的、现实的重大问题和挑战也会有所反映吧。

从文集的选文中可以看出，朱老师的国际关系研究是以欧洲安全与欧洲一体化为真正起点的，其后她扩展了研究的视野和范围，开始分析和探究诸如中欧关系、中美关系以及国际关系理论问题，到后来，其学术重心可以说完全转向了对中国与国际体系的关系以及中国外交的观念、能力和行为的深入思考。随着国际关系理论研究的"实践转向"，最后她试图运用实践理论集中理解和阐释中国与国际体系的关系问题，即便现在，这也仍然是中国国际关系学者所必须面对的重大时代课题。因而，置于中国融入世界、与国际体系互动的时代背景下，朱老师的学术历程可以说具备一定的典型性，有了某种镜像和符号的意味，从中我们还能真切感受到她的家国情怀和使命感。

因而，"从欧洲安全到中国外交"，我们以此为书名，是希望借此勾勒和概括朱老师终其一生的学术和思想轨迹，世界与中国，起点与终点，这个时空的交错大体可以框定并打开朱老师的学术和思想世界。这是一个小小的世界，也是一个博大的世界。

为朱老师编选这个文集，是为了纪念，更是为了重新出发，去体察、理解朱老师的为人为学，吸收、借鉴乃至传承她所思考和研究的那些时代的、现实的也是历史的重大问题。作为后学和同行，我们一如既往，仍要肩负历史的使命，听从时代的感召，像朱老师一样，努力去做想做而可以做的有意义的事情，为国家和社会的发展和进步贡献绵薄之力。而在这样的时空序列中，我们深知，朱老师仍然和我们大家在一起，直到永远。

大家可以看到，编选这个文集是一件齐心协力的集体工作。从各自不同的角度，朱老师的家人、导师、同事以及众多学生为文集的汇集、甄选和编辑做了大量工作。特别是外交学院院长秦亚青教授为文集作序，其持论公允、情理交融、格调高雅，是对我们这项工作的充分肯定和大力支持。周启朋教授为文集撰写前言，对朱老师的学术历程和成就做出了全面系统、平实客观、重点突出的梳理和评析。社会科学文献出版社资深编辑高明秀女士也为文集的立项和编辑出版尽心尽责。此时此刻，所有这些的确是告慰朱老师的最好方式。

2017 年 11 月 27 日

图书在版编目（CIP）数据

从欧洲安全到中国外交：朱立群文集／朱立群著
. -- 北京：社会科学文献出版社，2018.4
ISBN 978 - 7 - 5201 - 2276 - 4

Ⅰ.①从… Ⅱ.①朱… Ⅲ.①中外关系－欧洲－文集
Ⅳ.①D822.35 - 53

中国版本图书馆 CIP 数据核字（2018）第 025992 号

从欧洲安全到中国外交
　　——朱立群文集

著　　　者／朱立群

出 版 人／谢寿光
项目统筹／高明秀
责任编辑／高明秀　何晋东

出　　　版／社会科学文献出版社·当代世界出版分社（010）59367004
　　　　　　地址：北京市北三环中路甲 29 号院华龙大厦　邮编：100029
　　　　　　网址：www. ssap. com. cn
发　　　行／市场营销中心（010）59367081　59367018
印　　　装／北京季蜂印刷有限公司

规　　　格／开　本：787mm × 1092mm　1/16
　　　　　　印　张：21　字　数：304 千字
版　　　次／2018 年 4 月第 1 版　2018 年 4 月第 1 次印刷
书　　　号／ISBN 978 - 7 - 5201 - 2276 - 4
定　　　价／79.00 元